高等院校通识教育
新形态系列教材

大学生
职业生涯规划

慕课版·双色版·第2版

彭彦华 彭海滨◎主编

张国迎 陈兆熙 蒋卓琳◎副主编

人民邮电出版社

北　京

图书在版编目（CIP）数据

大学生职业生涯规划 ：慕课版 ：双色版 / 彭彦华，彭海滨主编. -- 2版. -- 北京 ：人民邮电出版社，2022.9

高等院校通识教育新形态系列教材

ISBN 978-7-115-59686-4

Ⅰ．①大… Ⅱ．①彭… ②彭… Ⅲ．①大学生－职业选择－高等学校－教材 Ⅳ．①G647.38

中国版本图书馆CIP数据核字(2022)第119830号

内 容 提 要

本书通过系统的知识讲解和丰富的拓展阅读内容，全面介绍了大学生职业生涯规划的准备、制订、实施及管理等方面的内容。全书共分为9章，内容包括转变角色、开启职业生涯规划、深入剖析自我、全面探索职业世界、提升个人能力、做出职业决策、制订职业生涯规划、实施职业生涯规划、管理职业生涯规划。本书在讲解理论知识的同时，还提供了大量的课堂活动、阅读材料、自我评估等内容，以帮助大学生提高职业生涯规划意识，掌握职业生涯规划技能，最终能够合理地规划并开展自己的职业生活。

本书可作为高等院校"大学生职业生涯规划"课程的教材，也可供对相关内容感兴趣、有需要的社会人士参考阅读。

◆ 主 编　彭彦华　彭海滨

副主编　张国迎　陈兆熙　蒋卓琳

责任编辑　祝智敏

责任印制　王 郁　陈 犇

◆ 人民邮电出版社出版发行　　北京市丰台区成寿寺路 11 号

邮编　100164　电子邮件　315@ptpress.com.cn

网址　https://www.ptpress.com.cn

三河市兴达印务有限公司印刷

◆ 开本：787×1092　1/16

印张：13.75　　　　　　　　2022 年 9 月第 2 版

字数：296 千字　　　　　　2022 年 9 月河北第 1 次印刷

定价：49.80 元

读者服务热线：(010)81055256　印装质量热线：(010)81055316

反盗版热线：(010)81055315

广告经营许可证：京东市监广登字 20170147 号

前言

PREFACE

　　近年来，大学生就业压力进一步增大。为了提高毕业生的竞争优势，提升其就业竞争力，国内高校也越来越重视大学生职业生涯规划方面的教育，旨在为大学生就业问题提供一些解决思路。

　　实际上，大学生职业生涯规划并不单纯地等同于就业指导。职业生涯规划是一个长期的、动态的过程，贯穿了人生的绝大部分时间，而就业只是其中的一小部分。因此，高校需要在解决当下大学生就业问题的同时，帮助大学生从根本上认识职业生涯规划的重要性，并养成在未来的职场中根据实际情况不断调整和完善自己的职业生涯规划的好习惯。为此，我们邀请了长期工作在高等院校教学和管理一线的资深老师，本着实用、新颖的原则共同编写了这本书，为大学生学习职业生涯规划尽一份微薄之力。

　　自《大学生职业生涯规划》出版以来，已经过去了一段时间。大学生所面临的职业环境、社会环境等已经发生了变化。为了适应这些变化，我们对教材的内容进行了优化，如调整章节结构，删减部分冗余内容，增添近两年公布的新职业、就业政策和就业趋势内容，增加新的案例和拓展阅读等内容。

　　作为大学生职业生涯规划教育的教材，本书具有以下特点。

　　（1）内容切合实际。本书从当前大学生就业环境出发，帮助他们对自身的职业生涯规划有一个全面、系统的认识。书中对大学生职业生涯规划的动态过程进行了全面阐述，包括制订职业生涯规划前的准备工作、制订职业生涯规划及后续职业生涯管理的问题，引导大学生树立与培养自己在认识自我、提高自身素养和完善职业生涯规划等方面的意识与能力。

　　（2）知识分布合理。为了帮助大学生全面了解职业生涯规划的内容，本书讲解了职业生涯规划的准备、制订和管理等方面的知识和技能。第一章引导大学生转变角色，对职业生涯规划给予重视。第二章介绍职业生涯规划的基础知识。第三章和第四章帮助大学生认识职业生涯规划的内外部环境，为职业生涯规划做好准备。第五章和第六章引导大学生提高自身能力，并以自身实力为基础进行合理的职业决策。第七、第八、第九章引导大学生制订、实施和管理职业生涯规划。本书知识讲解连贯、全面，有利于大学生学习。

（3）案例丰富。本书附有大量阅读材料。这些案例真实典型，具有很强的可读性和参考性。大学生可以从中得到感悟和经验教训。

（4）寓教于乐。本书配有课堂活动和自我评估内容。课堂活动的作用是引导大学生在活动中理解课堂知识，提升对知识的认知；自我评估则用于大学生进行自我测试，加深对自我的认识。课堂活动和自我评估既具有教学作用，又可以增加阅读的趣味性，使大学生在学习理论知识的同时，能够保持轻松、愉悦的心情，增加对理论知识的学习兴趣。

（5）丰富的配套资源。本书配有丰富的拓展资源，学生通过扫描书中的二维码，可以获取更多的学习资源。此外，本书还提供 PPT、教学教案、教学大纲和练习题库等教学资源，授课教师可从人邮教育社区网站（www.ryjiaoyu.com）免费下载。

本书由彭彦华、彭海滨任主编，张国迎、陈兆熙、蒋卓琳任副主编。本书编写过程中参考和使用了大量相关资料，在此谨向这些资料的作者致以诚挚的谢意。

编者

2022 年 5 月

目录

CONTENTS

04

05

第一章 转变角色

学习目标

认识学生角色和职场角色各自的特点及其差异；
掌握角色转变的方法。

素养目标

树立科学、正确的职业观和职业理想，规划好
自己的职业生涯。

案例导入

冉雪梅在大学毕业后，经历了漫长的求职过程，终于在当地的一家外贸公司找到了一份工作。

虽然最终的工作与毕业时预期的相差甚远，但冉雪梅还是松了一口气，为自己能够找到工作而庆幸。听闻大学同班同学小刘在毕业后进入了上海的某家外企，工资比自己高出一倍左右，冉雪梅心理不平衡，都是同一个学校相同专业毕业的，小刘的成绩也不是很突出，为什么就能找到更好的工作，而自己选择这份工作仅仅是因为不想再继续待业下去。

带着这种心理，冉雪梅觉得工作事事不如意，开始对自己的工作产生懈怠情绪，同时也不禁怀念起大学期间的美好时光。后来，冉雪梅在工作中出了一次差错，经理批评了她，要求她自己加班改正，冉雪梅既感到委屈又生气，便选择了辞职。目前，冉雪梅还在积极地寻找工作。

案例思考

1. 结合案例，思考大学生应如何完成从学生到职场工作者的转变。

2. 案例中的冉雪梅在就业过程中遇到了什么问题？如果是你，该如何解决？

冉雪梅要想找到工作并且稳定地进入职场生活，就需要从学生的身份中走出来，调整自己的心态，成为一个合格的"职场人"。从"学生"转变到"职场人"是大学生就业必须经历的环节，就如同毛毛虫一样，要经历化蛹蜕变才能变成蝴蝶。大学生要进行自我蜕变才能变成职场精英。

从学生到职场人的角色转变

✍ **课堂活动**

活动主题：你心中的"职场人"。

活动内容：每位同学想必都对自己的职场生活产生过憧憬，也通过影视作品、文学作品等了解过相关的职场人物形象。请同学们说一说自己心中的"职场人"形象，并与同学交流。

大家心中都有一个"职场人"的形象，但自己要变成职场人并不容易。从学校走向社会是大学生人生中一个重要的转折点，它对每个大学生的意义都非比寻常。大学生要正式告别学业生涯，从一个相对单纯的学校环境进入复杂的社会环境中，完成从"学生"到"社会人"再到"职场人"的转变。可能一部分人最开始会非常不适应这种转变，甚至产生畏惧、抗拒的心理。其实，这是每个人一生中的必经过程，是大学生迈向成熟的真正开始。所以，大学生应该积极地去适应这个过程，顺利地完成角色的转变，从而快速进入职业状态，为自己职业生涯的有序发展奠定良好的基础。

一　学生角色与"职场人"角色

在个人发展历程中，人们会随着年龄的增长而扮演不同的角色。在大学期间，大学生的主要角色是"学生"，而大学毕业后，大学生就需要转变为"职场人"。

大学生想要顺利进行角色的转变，首先要了解两者之间的差异。

1. 社会责任的不同

作为大学生，主要责任是在学习知识的同时努力提升自己各方面的能力。在学校，大学生不仅需要完成学校安排的课程学习，还要通过空闲时间参与实践活动来锻炼、提升自己的综合能力。并且，大学生在探索的过程中，学校对其有一定的容错性，即学校鼓励大学生去积极探索、创新，不怕失败与走弯路。

而作为职场人，主要责任是服从企业的安排，通过自己付出劳动为企业创造劳动价值，获取一定的报酬，在岗位上的行为后果都需要自己承担，若在工作中犯了错，则需要自己承担责任。

2. 所处环境的不同

大学生生活在相对单纯封闭的校园当中，生活学习氛围较为轻松，每天可以自行安排上课以外的时间，做自己想做的事情，生活较为自由。

而职场人处于紧张、激烈的职场环境中，每天都面临大量的职场工作，以快节奏的工作方式度过，自己能够支配的时间较少，因此常常会感到压力大。

3. 生活管理方式的不同

大学生在校园里有学校和院系监督管理，如定时熄灯查寝等，能帮助大学生强制性形成良好的生活方式；在学业上，有老师已经计划好的学习任务和大纲，大学生只需要按照老师的布置完成，就能完成学业。

而职场人的生活里，只有工作时间内要遵守用人单位的相关要求和规定，工作时间外全由职场人自由安排，想要规律的生活，全靠自我控制，因此职场人在业余生活中不会受到过多约束，享有很大程度的自由。

4. 人际圈子与人际关系的不同

大学生在校园中，每天基本上只与学校里的人打交道，如同学、朋友、老师等，社交范围小。虽然大学生在学校里免不了进入许多竞争关系中，但是进入这种竞争关系的本质是为了促进学习和提高能力，并不会从根本上影响同学们的利益，因此大学生的人际关系总体来说较为简单与单纯。

社会上的人际关系就要相对复杂。职场人在职场世界里，尤其是销售和服务行业，每天要面对形形色色的人，与不同的人进行接触。职场生活里的竞争直接和职场人的个人利益挂钩，关系到利益的分配，因此职场人的人际关系是较为复杂的。

5. 认识世界方式的不同

大学生作为学校里的受教育者，对世界的主要认识方式以学习理论知识为主、实践为辅。大学生对世界的了解大多来自书本、课堂和网络，其认识基本是间接的、理论性的，因此对这个世界与自己的未来有着浪漫主义的期待。

而职场人认识世界的主要方式则以亲身实践为主、理论知识学习为辅。他们通过工作当中的实际操作、生活中的一件件琐事来加深对世界的认识，其认识的内容通常是直接与具体的，带有鲜明的现实主义色彩。

有些大学生在刚步入社会的时候，可能会因为学生与职场人身份各方面的差异而产生不适应感，这是很正常的。大学生需要了解其中的差异，只有在了解的前提下才能更好更快地实现角色的转变，早日适应职场生活。

二、角色转变中容易出现的问题

如同破茧成蝶需要历经磨难，大学生的角色转变往往也并不是一帆风顺的。大学生在进行角色转变的过程中可能会遭遇一些问题，这是由心理或身体上不适应所带来的。对此，大学生不必惊慌，需要做的是找到问题，并且克服、解决它。以下是5个常见的问题。

1. 眼高手低

这是部分大学生的通病。部分大学生有高远的个人理想与职业目标，不屑去做基础性工作，觉得自己的能力远高于此。长此以往，他们会缺乏完成工作的基础能力，不能很好地胜任本职工作，这在很大程度上会影响自身职业生涯的发展。要知道，"不积跬步，无以至千里"，只有在完成一件件小事中积累扎实的基础，才能使自己有长久的进步与发展。

2. 封闭自我

有的大学生在刚开始工作的时候，由于人际关系的变化，不能正确处理好与领导、同事之间的关系，不知道要如何与工作中遇到的各类人士进行沟通交流，觉得人际交往过于复杂，从而开始封闭自我。

3. 心态不稳

有的大学生初到工作岗位上有爱表现的心理，急于证明自己的能力，但是当真正面对这样的机会时，又担心自己能力有限会受到大家的嘲笑，产生畏惧失败的心理。这种心态的不稳定会对自己产生束缚作用，限制自己工作能力的发挥，且给人留下不踏实的感觉。

4. 情绪浮躁

有的大学生在毕业后，由于缺乏社会与工作经验，在就业时会心浮气躁，喜欢和别的同学进行攀比。若某同学找到了好工作或工资高于自己，就会产生类似嫉妒的情绪。其实大可不必这样，每个人的人生轨迹不一样，只要按照自己制订的职业生涯规划，脚踏实地地为之努力奋斗，就一定会有收获。

5. 抗挫折能力弱

对刚参加工作的大学生来说，大家都想在企业有好的表现，希望自己在工作中能够不犯错，一旦在工作中遇到挫折，就会胡思乱想，认为自己什么事情都做不好，灰心丧气，对工作提不起兴趣，并形成恶性循环。

郝慧的村官路

郝慧在大学毕业后参与了大学生村官计划，被分配到某村担任书记助理。刚到岗几天，郝慧就感到不适应，农村工作的复杂性远超她的想象，村民的不信任、工作的琐碎、乡村落后的条件乃至当地的气候、饮食、口音等都成为了郝慧面临的难题，甚至是"折磨"。

对村官生活适应不佳，工作开展也不顺利，"是否留在大学所在城市就业会更好？"郝慧一度对自己的选择产生质疑，但"思想上松一尺，行动上退一丈"，郝慧下定决心，一定要做出一番成绩。

郝慧一方面立足村情实际，把支部建设工作作为突破口，积极推行党员承诺制，为在村党员设岗定责，利用微信、QQ等为流动党员"送学"；另一方面用双脚丈量民情，通过多次走访村民，了解当地实际情况，解决问题，终于得到了当地党员和居民的认可。

在2018年任村党支部副书记后，郝慧结合该村土地平整、光照充足、交通便利等优势，积极协调、争取项目，在镇党委、镇政府和相关部门的大力支持下，在村上新建了日光型大棚165座，有效解决了该村无产业难题。针对村里部分养殖户技能不足的现状，为保障农户收益，她每年都会协调县、镇畜牧部门对村民进行养殖方面的技术培训，并给大牲畜免费注射疫苗，帮助村民进行防疫，有效提高了养殖户的养殖效益。当前，该村产业发展已经初具规模，村民的收入也大大提高。

点评：郝慧在刚刚到岗时，出现了身份转变的问题，无法适应自己的岗位，但她最终调整好了自己的心态，克服了问题，取得了不俗的成绩。

 角色转变与心理调适

📝 课堂活动

活动主题：如何做好"职场人"。

活动内容：要想成为一名合格的职场人，并不是一件简单的事。请和同学讨论，一个优秀的职场人需要具备哪些条件？大学生要想做好职场人，应该从哪里入手？采取哪些措施？

在大多数情况下，大学生都能完成从学生到职场人的角色转变，但这种转变往往是被动的、缓慢的、不自觉的、低效率的，甚至可能对大学生造成一定的困难和心理负担。为了高效、快速地完成角色转变，大学生需要主动、自觉地进行角色转变。

一、角色转变的方法

每个人都要经历从学生到职场人角色转换的过程，这个过程可能是一个困难的过程，因此每个人都要做好充分的心理准备，并以积极的心态去面对，努力适应变化。针对大学生在角色转变过程中可能出现的问题，本书总结了以下5种应对方法。

1. 学会虚心学习

不管在学校里取得多好的成绩，有多么厉害的经历，在工作后都需要调整好自己的心态，要从工作中的小事做起，虚心向其他同事学习，不断积累工作知识和经验。大学生只有虚心学习，才会不断进步。

2. 学会控制情绪

每个人都有情绪糟糕的时候，人在情绪不佳的时候，思维和行为都会受到影响。作为一个成年且步入职场的大学生，需要学会控制自己的情绪，不要把日常的情绪带到工作当中，要认真努力地完成日常工作。

3. 重视岗前培训

很多企业在新员工入职前都会对他们进行岗前培训。大学生一定要重视岗前培训，它能帮助你了解工作内容、职责及有效的工作方法，使你快速融入职场生活，大大缩短角色转换的时间。

4. 避免工作失误

刚步入社会的大学生，由于经验不足，在工作岗位上犯错是在所难免的，但是，这并不意味着犯错是理所应当的。在工作时，大学生应当认真完成工作，尽可能避免工作失误，不要给企业和团队造成不必要的损失。

5. 勇于挑战自我

对刚走上工作岗位的大学生来说，应该胸怀大志，并严格要求自己，要在工作岗位上不断挑战自我，主动接受新的工作内容，锻炼自己；遇到问题要勤于思考，要在工作中逐步形成自己的见解，养成独立工作的能力。只有这样，大学生才能在职业生涯道路上节节攀升，最终取得事业的成功。

二、角色转变期间的心理调适

大学生在就业过程中往往会遇到预想不到的挫折与问题，从而产生一系列心理方面的问题。解决这些心理问题对大学生就业的成功有良好的促进作用。下面列举一些大学生在就业过程中容易出现的心理问题及调适方法。

1. 难以接受理想与现实之间的差距

心理问题：大学生在学校接受教育期间，常常会设想在未来的职业生涯中大展宏图，成就一番事业，对未来充满了热情与期待。然而理想总是过于美好，大学生步入社会，看到了理想与现实之间的差距，甚至遭遇了挫折的时候，就会心态不平衡，严重者开始抑郁。

调适方法：针对理想与现实之间的差距问题，大学生要提前做好心理准备，要勇于面对现实，接受现实。理想的存在是好的，它能给我们提供奋斗的动力，指明前进的道路，但是我们不能活在理想世界里，要理性地看待理想与现实之间的差距，并通过努力将其缩小。

2. 有想法却又缺乏行动的勇气

心理问题：有些大学生对自己的职业生涯有较好的规划，也明确每个阶段该做些什么，可是当真正开始实施时却畏首畏尾，缺乏自信与勇气。他们畏惧挑战，不想承担失败的后果，究其原因，其实是个人还不够努力，缺乏信心，没有对就业做好心理准备。

调适方法：大学生首先要了解自己缺乏自信和勇气的原因，是因为过于追求完美、害怕失败，还是因为自己并没有准备充分？如果是前者，大学生就需要调整自己的心态，要知道不完美才是人生的常态，失败乃成功之母，要勇于接受失败，从失败中学习；如果是后者，则需要完善自己没有准备充分的地方。

3. 面对选择时不知所措

心理问题：一些大学生在就业求职过程中，当几家公司都向其抛出"橄榄枝"的时候，就会优柔寡断、举棋不定，不知道如何进行选择，迟迟不能决定与哪家企业签约，导致机会错失。

调适方法：大学生因为不能客观认识自己，缺乏分析与解决问题的能力，所以才会在面对多种选择时犹豫不决。大学生在接到多个工作邀请的时候，需要认真对比每个工作的特点，再根据对自己性格、兴趣和价值观等因素的了解，选择最适合自己的工作；如果实在难以下决定，可以寻求家人的帮助。

4. 和他人进行盲目攀比

心理问题：一些大学生往往会将自己的工作和别人从事的工作进行对比，一旦发现别人的工作各方面都好于自己的，就会产生不健康的心态，进而产生许多负面情绪，影响自己的生活与工作。

调适方法：个人在生活中，免不了不自觉地将自己和他人进行对比。这种对比产生的应该是个人自我提升的动力，而不是消极甚至自暴自弃的心态。大学生要多与过去的自己进行纵向对比，这样才能对自己有清楚的认识，同时还需要不断增强自身实力，克服负面的攀比心理。

三、树立正确的就业观

就业观是个人在进行职业选择时观念、认识、心态的体现。正确、科学的就业观能够帮助大学生摆正心态，有利于大学生更好地实现角色转变，因此，树立正确的就业观是每个大学生在就业之前需要做的。

1. 要对待业保持良好的心态

由于某些原因，极少数大学生并不能按时就业，因此处于暂时待业的状态。在待业的时候，尤其是看到周围的同学纷纷找到工作、感受到来自家庭的压力时，个别大学生会产生焦躁情绪。这时候大学生需要积极调整自己的心态，就业不是能一步到位的，要放平心态，要相信适合自己的工作就在前方。

2. 要转变传统的就业观念

许多大学生受到父辈的影响，认为工作就要去党政机关、国企和事业单位，这样工作有保障，自己也拿到了"铁饭碗"。其实，国家发展和改革委员会（简称国家发改委）的统计数据表明，我国的中小企业现在是提供就业岗位的主力军，提供了75%以上的就业岗位。同时，去基层、乡镇民营企业也是大学生就业的好选择。

3. 要大胆把握所遇机会

我国经济发展正处于良好的态势，这种良好的态势能给大学生带来许多就业与创业的机遇。如今全国掀起了创业热潮，大学生应该大胆把握机遇，选择适合自己的创业项目，进行充分的调研，同时注意避免做出盲目跟风的创业行为。

4. 要勇于接受挑战和竞争

大学生在就业过程中一定要树立强烈的竞争意识，面对挑战和竞争不要有畏惧心理，要把外在竞争的压力化作自己进步的动力，从而在提升自己的同时也能向用人单位展示自己的能力。

四、明确职业理想

职业理想是人们在职业上依据社会要求和个人条件而确立的奋斗目标，即个人渴望达到的职业境界，是个人的价值观、世界观、人生观，以及职业目标、职业成就、职业期待的一种反映。例如，有的大学生的职业理想是做一名为人民服务的公务员，有的大学生的职业理想则是当一名济世救人的医生，有的大学生的职业理想则是当一名认真负责的老师、一名技艺精湛的手工艺人等。

职业理想是个人对未来职业的向往和追求，它决定人们在职业生活中事业心和责任感的高低，对于大学生转变角色有重要的作用，甚至会深刻影响大学生的整个职业生涯。总而言之，职业理想是一个人在职业生涯中不断奋斗的动力，是其实现生活理想、道德理想和社会理想的重要指引。

1. 导向作用

职业理想体现的是个人对未来职业的向往。个人一旦确立了科学的职业理想，就应该朝着实现这一理想努力。例如，大学生在学习过程中，一旦学习目标明确，学习热情就会高涨，学习效果自然就会显著。这里所说的学习目标就好比大学生的职业理想。由此可见，一个人有了明确、切合实际的职业理想，再经过努力奋斗，人生发展目标终会实现。所以，职业理想起着非常重要的导向作用。

2. 推动作用

职业理想的内容不仅包括工作的部门、工作的种类，还包括工作成就。无论是从业，还是创业，每个人都要有自己的职业理想。为了实现自己的职业理想，从学生时代起，个人就要积极进行相关知识的积累和相关能力的培养，为选择自己理想中的职业做好准备；走上工作岗位后，还要利用所学知识和所掌握的能力，努力做好岗位工作，最终取得职业成功。总之，职业理想是取得职业成功的推动力，它会让你不管是在顺境还是在逆境中都奋发进取、勇往直前。

3. 激励作用

职业理想是成就事业、推动社会进步的精神力量。这样的精神力量，无论是在职业准备、职业选择还是在就业或创业的过程中，都会激励大学生朝着既定的职业目标前进，直到事业成功。

大学生需要注意的是，个人由于知识能力、道德观念、家庭背景、对外界影响的接受程度不同，不可能形成统一的职业理想。个人首先要用科学的世界观作为指导，即一切从实际出发，实事求是地确立自己的职业理想；其次，在确立职业理想时，还应该学以致用或选择与个人能力相近的职业作为自己理想的职业。

第三节　拓展阅读——如何适应职场

大学生角色转变过程中，遭遇的最大难题往往是对职场环境不适应。确实，面临新的环境、新的同事、陌生的工作内容，大学生感到不适是很正常的。但是，大学生也要认识到，只有成功适应了职场，才算完成了从学生到职场人的角色转变。

要适应职场，大学生就要处理好职场的人际关系。在职场中，人际关系是一种最基本的关系，也是一种最复杂的关系。大学生越能正确处理好自己与领导和同事的关系，就越能使自己得到帮助和温暖，增加自己的智慧和力量。良好的人际关系不仅可以成就一个人的事业，使其步步高升，也能使一个人更有信心。首先，在职场中，大学生要学会尊重与服从领导，并主动与领导沟通，主动询问和汇报工作，执行领导安排的任务。同时，大学生要处理好与同事的关系，争取得到同事的支持。

其次，在工作和生活中，人与人之间有时会难免心生嫌隙、产生隔阂。产生隔阂不可怕，重要的是要首先弄清楚产生隔阂的原因，然后针对原因找到对策消除隔阂。如果是因双方缺乏了解而产生隔阂，大学生应该与对方坦诚相处、以心换心。如果是因双方误会而产生隔阂，大学生应该宽容、大度、善意地进行解释，以此来消除误会。如果是因为自己的不慎伤害了对方，大学生应该诚恳地向对方道歉，请求原谅。总之，大学生积极消除隔阂，能够让职业生活更加顺利。

再次，作为职场新人，大学生难免会遭到来自上级或同事的批评。"只要你说得对，我就照你说的办"应该是大学生对待批评的基本态度。笑纳批评是对初涉职场的大学生更高的要求。总之，对善意的批评，大学生不应反击，否则会造成尴尬的局面，伤害感情；大学生也不能找借口推脱责任，或默不作声。无论采取什么方法，大学生都要认真诚恳、心平气和。如果批评者没有道理，大学生也不应该耿耿于怀，更不应寻机报复。

从根本上来说，要提高职业适应度，大学生应该努力钻研业务，业务能力才是大学生在职场的立身之本。对涉世尚浅、经验不足的大学生来说，工作中出现某些差错和失误在所难免，但这并不意味着可以毫不在意出现差错和失误。在实际工作中，大学生应该尽可能地避免差错和失误。要想避免工作中出现差错和失误，大学生就要在现任岗位上努力钻研业务、履行职责，很好地完成领导下达的任务。

同时，提高职场情商也对大学生的职场适应有所助益。职场情商就是指一个人掌控自己情绪的能力，在职场中，表现为对自己和他人的工作情绪的了解和把握。职场情商是一个职场人不可或缺的素质，大学生要学会管理自己的情绪，同时也要维护他人的情绪，使双方能够相处融洽。

拓展启发

　　完成从大学生到职场人的角色转变，是开启大学生职业生涯的第一步，也是质变的一步。如何适应职场，可以说是大学生在就业后面临的首要问题。了解职场适应的相关方法，对于大学生成功完成角色转变、开启职业生涯有一定的帮助。同时，这些方法本身也涉及了日常工作和生活中的技能，大学生合理运用这些技能，能够让职业发展更加顺利。

第四节　自我评估

以下的测验将帮助读者了解自己的心理承受能力。心理承受能力是一个人很重要的个性心理品质，个人心理承受能力的强弱往往决定了其对待挫折的态度。心理承受能力较强的大学生往往更容易适应和融入职场环境。

 心理承受能力测试

〖测试说明〗

表1-1所示是心理承受能力的测试题，请你根据自己的实际情况，做出"是"或"否"的回答。注意，本测试仅供参考，不代表最终结论。

表1-1 心理承受能力题目

题目	是	否
1. 你认为自己是弱者吗？		
2. 你是否喜欢冒险和刺激？		
3. 你生活在使你感到快乐和温暖的班级里吗？		
4. 如果现在就去睡觉，你担心自己睡不着吗？		
5. 生病时你依旧乐观吗？		
6. 你是否认为家人需要你？		
7. 晚睡两小时会使你第二天明显精神不振吗？		
8. 看完惊险片很长一段时间内，你会一直觉得心有余悸吗？		
9. 你常常觉得生活很累吗？		
10. 你是否有一些无话不谈的知心朋友？		
11. 当考试成绩不理想时，你会感到非常沮丧吗？		
12. 你认为自己健壮吗？		
13. 当你与某个同学闹意见后，你一直无法消除与其相处时的尴尬吗？		
14. 在大部分时间里你对未来充满信心吗？		
15. 你有一个关心、爱护你的家吗？		
16. 当你在课堂上回答不出问题时，你在课后会久久地感到烦恼吗？		
17. 每到一个新地方，你是否常常出现一些问题，如吃不下饭、睡不着觉、拉肚子、头晕等？		
18. 即使在困难时，你还是相信困难终将过去吗？		
19. 你明显偏食吗？		
20. 当你与父母发生不愉快时，你是否曾想离家出走？		
21. 你是否每周进行至少一次体育运动？		
22. 你觉得自己有些神经衰弱吗？		

续表

题目	是	否
23. 你认为你的老师喜欢你吗?		
24. 心情不痛快时,你的饭量与平时差不多吗?		
25. 看到苍蝇、蟑螂等讨厌的东西,你会常常感到害怕吗?		
26. 你相信自己能够战胜任何挫折吗?		
27. 你是否常常与同学们交流看法?		
28. 你会因为想心事而躺在床上久久不能入睡吗?		
29. 在人多的场合或陌生人面前说话,你是否感到窘迫?		
30. 你是否认为你受到的挫折与其他人相比,根本算不了什么?		

〖测试分析〗

记分方法:

第 2、3、5、6、10、12、14、15、18、21、23、24、26、27、30 题答"是"记 1 分,答"否"记 0 分;其余各题答"是"记 0 分,答"否"记 1 分。各题得分相加得出的总分即为你的测验得分。

测试结果:

总分在 0～9 分,说明你的心理承受能力较差,遇到困难易灰心,常有挫折感;

总分在 10～20 分,说明你的心理承受能力一般,你能轻松地承受一些小的压力,但遇到大的打击时,还是容易产生心理危机;

总分在 21～30 分,说明你的心理承受能力较强,你能在各种艰难困苦面前保持旺盛的斗志。

第 五 节　　思考与练习

1. 有的大学生会认为:"等毕业找到工作,我自然就成职场人了,这种角色转变不是顺理成章的吗?哪需要自己刻意'转变角色'?"请你思考,这种想法合理吗?合理或不合理的原因是什么?

2. 有一位大学生,他的职业理想是当一名快递员,每天骑着车去送货。可是有的大学生认为当快递员根本不算职业理想。你认为这样的职业理想合理吗?说一说你的理由。

3. 请和同学一起讨论：大学生在进行角色转换的过程中还会出现什么样的问题？该如何调整自己和解决遇到的问题？

4. 大学生是中国特色社会主义现代化的建设者，未来，大学生必将在各个岗位上发光发热。请同学们根据自己的情况，讨论并分享：如何成为一个合格的职场人？

5. 阅读以下材料，回答问题。

易霜是一位应届大学毕业生，在大三实习时，她就感到明显的不适应。一到办公室，她就有各种文件需要处理，在工作中不时有人来催促进度，甚至中途插入新工作任务。一天，经理找易霜要一份文件，易霜发现由于穿插了其他工作，这份文件只做了一半，她向经理说明情况，经理却批评了她，并让她不要找理由。

被经理批评后，易霜觉得很委屈，于是在下班回到学校后向职业规划老师倾诉，老师告诉易霜："在职场上，每个人都要做好自己的本职工作，领导和同事不会在意你在工作期间经历了什么，如果你的工作安排不合理或是遇到困难，无法按时完成工作，应该在事前向领导汇报并做好沟通，而不能像在学校里一样，到时间了才告诉老师自己没有完成。"

（1）案例中的易霜在职场角色适应上出现了什么问题？

（2）易霜应该如何改变自己，积极适应工作环境？

第二章 开启职业生涯规划

了解职业生涯规划的概念并认识其重要性。

掌握职业生涯规划的指导理论。

成为有理想、有担当的进步青年。

案例导入

赵飓在大学毕业短短两年内已经换了3份工作。刚毕业时，赵飓通过校招进入某工程单位担任施工员，但没半年他就嫌弃混凝土浇筑的活太脏太辛苦，于是辞职了。

辞职后，由于几次找工作碰壁，加上高提成的诱惑，赵飓选择到某房地产公司担任房产经纪人，从事房产销售工作。可是连续两个月没有业绩，赵飓只能拿到底薪，无奈的赵飓再次选择了离职。

通过网络，赵飓了解到现在程序员的薪资较高，想到自己具备计算机基础，他决定学习编程。于是他注册成为外卖骑手，在三餐高峰期送外卖挣钱，其余时间通过网络自学编程，但学习的不顺利又让他有点灰心。

过年回到家，母亲问赵飓在"折腾"些什么，到底要干什么工作。赵飓一时答不上来。母亲又说村里建起了合作社，集体种果树，去年收益不错，让他也回来一起干，赵飓听了又有点动心。

案例思考

1. 案例中的赵飓对自己的未来有明确规划和方向吗？
2. 请给案例中的赵飓提几点职业生涯规划建议。

　　案例中的赵飓频繁地更换职业，却在每一份职业中都没能有所成就，其根本原因就是缺乏职业生涯规划。大学作为职业生涯规划的第一站，大学生首先要树立正确的职业目标，一旦确定了职业目标，就可根据职业目标来规划自己的学习和生活，并为获得理想的职业和生活积极地准备。要开启自己的职业生涯规划，大学生就需要先了解职业生涯规划的相关知识。

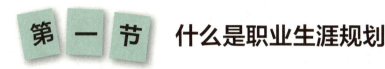

第一节　什么是职业生涯规划

📝 课堂活动

> 活动主题：漫谈职业生涯。
>
> 活动内容：选择一个你感兴趣的人物，收集相关信息，了解他（她）的职业生涯，然后将这个人物的职业生涯故事分享给班里的同学。
>
> 示例：姚明，1998 年成为职业篮球运动员，效力上海队；2002 年，加入 NBA 休斯敦火箭队，直至 2011 年退役；2009 年，成为上海大鲨鱼篮球俱乐部出资人；2016 年，出任中职联公司董事长兼经理；2017 年，当选中国篮协主席，同年成为 CBA 公司董事长；2019 年，当选亚篮联委员会主席。

　　通过课堂活动，我们可以发现这些人物的职业生涯经历都非常丰富，同时他们职业生涯中的各个职位都具有一定相关性，如示例中的姚明，从职业球员到俱乐部出资人，再到担任中国篮协主席，其整个职业生涯都围绕篮球运动事业，能有这样的职业生涯得益于自身准确的规划。当代大学生应该认识到，获得良好的职业生涯不是靠碰运气，而是需要进行规划。

一　职业生涯与职业生涯规划

　　职业生涯，是一个人一生的工作经历，是人生中最主要和最重要的身心历程，决定个人追求自我和实现自我的内容。在职业、职位的变动及工作理想实现过程中，个人需要对职业生涯进行具体的设计，以实现个人职业生涯的合理规划。职业生涯贯穿每个人的生命历程，而职业生涯规划则是对这一过程的策划、管理与经营。

1. 职业生涯的概念

　　生涯："生"即生活；"涯"即边界、范围。职业生涯可理解为人生道路、生活经历和事业发展等的总和。人的一生包含幼年、少年、成年、中年、老年几个阶段，人从成年开始便进入职业发展的高峰期，这一时期也是人们追求自我、实现自我的重要阶段，职业生涯也随之变得丰富起来。

从事某种职业是个人赖以生存和发展的主要途径，职业处于职业生涯的核心位置，对个人的生存和发展起关键作用。人的一生可能有各种各样的职业历程，职业生涯的成功与否取决于多种因素，其中包括社会环境的影响、个人能力和价值观的综合作用，以及对机遇把握的能力等。总之，职业生涯是围绕学习、生活、就业和发展等方面展开的；作为大学生，应该对职业生涯及其规划有清楚的认识。

职业生涯的含义并不是一成不变的，随着时间的推移，其含义也发生过相当明显的变化。20世纪70年代，职业生涯专指个人生活中与工作相关的各个方面。如今，生活中关于个人、集体和经济生活的各个方面都被纳入"职业生涯"的概念。可见职业生涯是一个动态发展的过程，它包含个人一生中所有职业岗位和与工作相关的生活经历。不论职位高低、职业生涯成功与否，每个人的职业生涯都是独一无二的。

从经济的观点来看，职业生涯就是指个人在人生中所经历的一系列职位和角色。它和个人的职业发展过程与经济生活相互关联，又与个人接受的教育培训和成长过程中的心理历程密不可分。个人的成长和受教育的过程，也是对自身进行生理、心理、智力、能力等方面一系列潜能开发的过程，这些潜能将会对个人职业生涯产生极大的影响。但无论个人职业生涯如何发展，最终都会以工作内容的变化、工作业绩的评价、工资待遇、职称和职务为标准，从社会的角度来对其进行经济方面的考量。个人方面则会更加注重工作经历、内心体验、职业理想和人生目标的达成。

2. 职业生涯规划的概念

职业生涯规划（career planning）简称生涯规划，又叫职业生涯设计，指对职业生涯和人生的发展进行系统而持续的计划。一个完整的职业生涯规划由职业定位、目标设定和通道设计3个要素构成。个人的职业生涯规划可表述为：个人结合外部环境，对职业环境等外在因素进行测定、分析和总结，再结合个人的兴趣、爱好、能力和个性等内在因素进行综合分析与权衡，然后根据个人的职业倾向和时代特点，确定最佳的职业定位和人生目标，并为实现这一目标做出行之有效的安排和策划。

制订职业生涯规划，最主要的目的是帮助个人真实全面地了解自己，从而引导个人寻找最合适的方式和方法，实现人生目标。特别是当代大学生，在为自己订下事业大计、筹划未来、选择人生职业道路时，需结合主观条件和客观条件，设计出科学、可行的职业生涯发展方案；在朝着目标奋斗的过程中，需明确把握发展方向，制订相应的培训、教育和工作计划，并按照职业生涯发展的方案实施具体的行动，把达到目标作为人生的核心任务。由于职业生涯贯穿人的一生，因此，对职业生涯进行规划，就是给自己的未来绘制理想蓝图的过程。个人职业生涯规划的步骤如下。

（1）对职业生涯及其规划有清楚的认识。

（2）对外界环境有相对透彻的分析。

（3）了解自己的特质，尤其是优势与长处。

（4）通过沟通、分析、心理测评找到自己感兴趣的职业方向。

（5）进行全方位的综合素质与个人职业能力的精确评估，确定自己的发展方向，并最终确定自己的职业定位。

（6）围绕人生理想、愿望和价值观取向，确立人生及职业目标。

（7）对职业生涯进行具体的解析和明确的管理，设计出最优发展途径，并在实施过程中结合实际情况，对目标和发展方向进行适当调整。

（8）进一步发掘自己的特质和优势，提高自己的职业适应能力。

（9）扮演好自己的社会角色，为职业生涯的成功坚持奋斗。

职业生涯规划最明显的作用是有利于引导个人完成职业生涯发展过程中的阶段性任务，并为后续阶段发展做出预先策划和准备。按时完成人生各个阶段的职业生涯发展目标和任务就是"生涯成熟"的表现。对大学生而言，参照自身的目标完成情况，评估职业生涯实际的发展状态，采取行之有效的对策和行动，是职业生涯的主要任务。

阅读材料

导演饺子的职业生涯规划

2019 年 7 月，动画电影《哪吒之魔童降世》横空出世，引起极大反响，上映 4 天票房就突破 9 亿元，口碑节节上升，最终其票房超过 50 亿元，是 2019 年夏天当之无愧的"票房赢家"、现象级动画。在这部电影大火的同时，其导演饺子也逐渐走入人们视野。

饺子本名杨宇，1980 年生，四川泸州人，毕业于华西医科大学药学院（现四川大学医学院）。他从小就热爱绘画，学生时代经常在课本上涂鸦，但在报考大学时，因为父母都在医院工作，出于遵照父母的要求，他报考了华西医科大学药学院。

但在学校学医的同时，杨宇也没有放弃自己的绘画理想。大二时，杨宇曾向《科幻世界》的画刊投稿，不料画入选了，却恰逢那期停刊，处女作就此夭折。虽如此，杨宇并没有气馁，反而觉得自己的作品入选是对自己的一种肯定。在大三下学期时，一位同学向杨宇推荐了一款三维动画软件，接触学习之后，杨宇觉得"有种全身经脉逐渐疏通的畅快感"。同时，他也敏锐地察觉到了三维动画在我国的潜在市场，打算投身其中。从此，他便开启了自己的自学之路，打算"弃医从画"。

2005 年一毕业，杨宇就进入广告公司做动画师，然而，杨宇发现自己是非动画专业出身，在行业内难免会被别人质疑。因此，杨宇打算制作一部能够展现自己能力的动画作品。为此，他辞职在家做动画，这一做就是 3 年零 8 个月。2008 年，他创作的《打，打个大西瓜》动画短片在国内外获得 27 个专业大赛的 30 多个奖项。

随着 2008 年末这部动画短片的传播，杨宇被业内熟知。后来光线传媒邀请其做一部动画，杨宇想到了用少年英雄——"哪吒"为其动画"代言"，最终创作出以"打破成见，做自己的英雄，我命由我不由天"为主题的《哪吒之魔童降世》。

点评：动画导演饺子（杨宇）的成功得益于他出色的职业生涯规划意识，他在学习期间不断尝试、不断学习，积极为投身动画行业做准备。在就业后，他更是苦心钻研，最终以一部动画获得了业界的认可，获得了成功。

二 职业生涯规划的特点与原则

凡事预则立，不预则废。规划是必需的，尤其是对职业的规划。大学生能否通过自身的努力获得良好的成长，取决于职业生涯规划的质量和在职业生涯规划引导下的具体行动，这是关系到其日后生存和发展的重大课题。因此，大学生需要把握职业生涯规划的特点和原则，为规划职业生涯厘清思路，寻找合理的航行方向。

1. 职业生涯规划的特点

职业生涯规划应有具体的内容和措施，如设立具体的职业目标和确定实现目标的途径。大学生需要考虑目标的合理性、方向的准确性，把相关的条件和问题梳理清楚。良好的职业生涯规划应该具备的特点如下。

（1）可行性，即规划是根据实际情况（自己的能力、兴趣、性格等）做出的，而非脱离实际的幻想。

（2）适时性，即确定的目标符合当时的情况，所进行的各种活动都有实施的措施与时间规划。

（3）适应性，即适当地考虑职业环境的变化因素，规划有一定的弹性和伸缩性。

（4）持续性，即职业生涯规划过程中的各种活动应持续、连贯，在不同年龄阶段有不同的发展目标与步骤，需根据具体的情况和需要逐一完成。

2. 职业生涯规划的原则

职业生涯规划对大学生而言，就是在自我认知的基础上，根据专业特长和知识结构，结合社会环境与市场环境，对所要从事的职业以及职业目标做出指向性的方案。如果一个人从事的是自己喜欢的事情，同时也是自己擅长的领域，并且觉得做这件事很有价值，那么其就具备了成功的基本条件。若该领域有很好的发展前途，自己又能找准努力的方向并为之坚持不懈，那么成功就有了保障，能为获得长久的发展奠定基础。

因此，大学生在制订职业生涯规划的具体方案时，可以依照如下 8 个原则。

（1）实际性原则。制订职业生涯规划需要根据个人特质、社会环境和其他相关因素，从实际出发，有确实可行的发展依据。

（2）适应性原则。职业规划目标的制订要符合个人的性格、兴趣和特长等，从而产生内在的激励作用，并使其与外在职业环境相契合。

（3）清晰性原则。各阶段的目标与措施要清晰，实现目标的步骤和方法要明确、得当。

（4）一致性原则。发展目标要与个人意愿相一致，实际行动也应遵循职业生涯规划方案。

（5）变动性原则。目标与措施应具有弹性和缓和性，可根据环境的变化进行调整。

（6）合作性原则。个人的目标与他人的目标应具有适当的合作性与协调性。

（7）整体性原则。职业生涯规划要兼顾个人的整个生命发展历程，为人生做全程的量化考虑。

（8）可评估原则。职业生涯规划的设计应具备相应的时间限制和评估标准，以便个人能实时进行检查，掌握情况，并以此作为修正职业生涯规划的依据。

第 二 节 认识职业生涯规划的重要性

📝 课堂活动

活动主题：规划生活事务。

活动内容：假如你的父母临出门前给你安排了 4 项任务，烧开水（需 10 分钟）、扫地（需 15 分钟）、整理房间（需 25 分钟）、使用洗衣机洗衣服（需 30 分钟），剩下的时间你可以自行安排。请你安排上述各项任务，以最短的时间完成，获得尽量多的自由支配时间。

通过刚才的活动，同学们可以发现，有计划的安排能够有效地提高效率，减少需要的时间，从而获得更多的自由支配时间。大学生的职业生涯活动较日常生活更为复杂，因此更需要合理规划。大学生应该充分意识到职业生涯规划的重要性，以便在职业生涯探索过程中更好地把握职业发展方向，探寻人生价值。

一　有利于自我定位

认识自我是职业生涯规划的前提。大学生应充分了解和认识自我，根据自身的能力和需要对职业发展方向进行探索，不盲目从众、随大流。

职业生涯规划中的认识自我，需要大学生对自身进行深层次的剖析，以便对自己的能力、优势和劣势加以掌控，根据掌握的经验解析未来的工作方向，从而彻底解决"我想干什么"和"我能干什么"的问题。

在此基础上，大学生应通过对就职要求、就业渠道、工作内容和职业发展前景，以及行业的薪资待遇等的了解，找到自己的职业和人生定位，理性分析自己具备的能力和条件，从而做出长远打算。这是职业生涯规划得以实现的理论依据，正所谓"知己知彼，百战不殆"。

二　有助于确定职业目标

个人的事业成功在于能尽早地明确职业生涯的目标，并且为之坚持和奋斗。英国哲学家伯特兰·阿瑟·威廉·罗素(Bertrand Arthur William Russell)说过："选择职业是人生大事，职业决定一个人的未来。"事实上，明确的目标能激励人们积极地去创造条件，为这一目标的实现努力。

大学生在进行职业生涯规划时，首先要对自己进行了解，分析自身的长处和兴趣所在，同时发现缺点与不足，然后结合社会的发展变化和环境特征，制订符合个人实际情况且切实可行的目标。

如果一个人缺少对职业生涯的规划，便不能明确自己的理想，失去职业发展方向的引导，导致浪费宝贵的时光，造成人生的失败。若有了明确的职业生涯规划，大学生便能在朝着职业目标努力的道路上充分发挥自己的才能，从而增加事业和人生成功的筹码。

三　有助于挖掘个人潜能

每个人都有自己的潜能。潜能大多数时间里都是沉睡着的，甚至个人自己都不了解自己的潜能。

通过对职业生涯的规划，对未来的憧憬，实现理想的强烈愿望便在个人心中扎根。在努力奋进的过程中，一个人若能克服困难险阻、坚持信念、持之以恒地拼搏下去，即使不能取得令人瞩目的成就，也能把潜能激发出来，获得可喜的成绩。

一般来说，职业目标会对个人有强烈的吸引力，个人要获得职业的成功，就需要努力工作，克服出现的困难。当个人专注于自己热衷的事情时，潜能和优势便会得到进一步激发与发挥，增加前进的动力。

四、有助于合理安排工作和生活

合理地规划职业生涯，需要大学生安排和处理好日常学习、工作和生活中各项事务，集中精力去做必须做的事，将生活的重心偏向有助于实现和发展职业目标的事务上。

有了合理的安排，大学生的生活就会越发充实；理清头绪，职业目标也会随之变得形象具体。通过职业生涯规划，大学生会明确生活和学习的重点，从而进行科学合理的安排，提高学习效率，增加成功的可能性。

在实际工作后，职业生涯规划也会发挥同样的作用。根据职业生涯规划，大学生可以明确地安排自己的工作，同时也能安排自己利用业余时间继续学习、进修等，将生活和工作安排得井井有条。如果大学生没有明确的职业生涯规划，则可能得过且过甚至陷入浑噩，工作和生活也就变得一团糟。

五、有利于实现人职和谐发展

职业生涯规划的目的是促进个人健康、持续、协调和全面发展，将人与职业的发展有机结合起来，从而在人职和谐的基础上，将职业发展作为实现人生价值的内容和工具，让个人的发展成为推动和促进职业发展的主导力量，达到职业与自我的双赢。个人的人生目标是多样的，如生活目标、职业发展目标、社会地位目标、人际环境目标等。所有目标构成的体系中，各目标之间相互交叉影响。

职业发展目标是整个目标体系中最核心的部分，它的实现与否，直接关系个人对成功与挫折、愉悦与遗憾的感受，影响生命的宽度和质量，人与职业的和谐发展是事业成功的保证。

六、有助于评估个人成绩

评价人们学习和工作成绩的状况，需要有相对明确的参照。通过职业生涯规划的前后分析，大学生对自己目前学习和工作的状况便能有明确的认知。

大学生可以根据规划实施的进程来评价当前的学习和工作成效，分析自身的收获和不足，并针对性地进行修正。如果大学生的学习和工作成绩与预期的效果和所花费时间相适应，这便是对大学生最好的肯定；在处理后续的学习和工作任务时，大学生的目标会更加明确并拥有信心。若大学生当前的学习和工作成绩与目标有差距，则需要找出原因，结合实际情况做出适当的调整。

大学生缺少职业生涯的合理规划，必然会缺少对自身取得的进展进行评估的标准，往往难以感知到进步和不足，得不到激励，或进展缓慢，或半途而废，最终导致职场的平庸和人生的碌碌无为。

第三节 学习职业生涯规划的指导理论

课堂活动

活动主题：人生的旅途。

活动内容：畅想一下你未来的人生，为自己勾勒人生的旅途。

示例：在大学期间通过法律职业资格考试，毕业后成为律师助理，之后转为正式律师，接着在工作中一边学习，提升自己的等级，一边扩大案源，成为律所的合伙人。当具备一定条件后，考虑自己创立一家律师事务所，或者担任高校法学讲师。

在感受职业生涯发展历程的同时，大学生需要学习借鉴职业生涯规划的相关理论知识，以建立起关于职业生涯规划的完整概念。20 世纪初，美国在职业生涯规划方面兴起了大范围的辅导运动，职业生涯规划辅导领域开始建立并逐渐形成了丰富的理论模型，为个人在职业和生活方面做出正确决策提供了大量的理论支持。每一套理论中，专家都试图通过各自的观点来指导人们进行合理的职业生涯规划，对人们进行职业生涯规划有现实性的参考意义。这里主要介绍对职业生涯的探索和实践具有较大影响的 5 个理论。

一 帕森斯特质因素论

帕森斯特质因素论是职业选择与职业指导领域中经典的指导性理论。1909 年，美国波士顿大学教授弗兰克·帕森斯（Frank Parsons）在《选择一个职业》一书中提出，个人和职业具有稳定的特征，职业选择就是指在这二者之间进行适当的取舍，即"人与职业相匹配是职业选择的焦点"。

帕森斯的特质因素论明确阐述了职业选择的 3 大要素：第一要素是个人特质，个人应清楚地了解自己的兴趣、能力、态度、价值观和其他身心特征；第二要素是外界条件，个人应把握好职业选择成功的条件、所需知识及自己在不同职业工作岗位上的优势和劣势、机会和前途；第三要素则是上述二者的平衡。帕森斯认为，职业选择的关键在于个人特质与职业的匹配。只有个人特质与外界条件和环境相协调，才是个人和职业的最佳搭配形式，并且使个人和用人单位最大程度受益。由这个理论出发，学术界发展出了职业选择和职业生涯规划的 3 大基本原则。

（1）了解自我：即对自我进行探索，包括了解自己的性格、能力、资源、优势和劣势等。

（2）了解工作：了解职业能力素质和知识经验、工作环境、薪酬、晋升机会及发展前途等。

（3）协调匹配：将资料进行综合分析，得出个人特质与外界条件相协调和匹配的最佳职业。

二、霍兰德职业兴趣理论

约翰·霍兰德（John Holland）提出了职业兴趣理论，更为直接地将职业与兴趣相关联。经过近60年的实践验证，该理论已发展成为影响力较大的理论。霍兰德在帕森斯特质因素论的基础上，进行深入分析后认为，人的人格类型、兴趣与职业密切相关，而职业方面的兴趣与人格之间存在很高的相关性，兴趣有促使人们活动的作用，凡是具有吸引力的职业都可以提高人们的工作积极性，从而促使人们积极、愉快地从事该职业。

霍兰德把人格与兴趣结合起来研究，将个人特质分为现实型特质、研究型特质、艺术型特质、社会型特质、企业型特质和传统型特质。同样，他把人所处的外界环境和工作条件也进行了归类，划分出对应的6种职业环境类型，即现实型职业环境、研究型职业环境、艺术型职业环境、社会型职业环境、企业型职业环境和传统型职业环境。每一种个人特质与对应的职业环境类型最协调和匹配，个人在这种情况下所获得的职业满意度、职业稳定性与职业成就感也最高。职业生涯规划的首要目标便是寻求这种个人特质与职业环境类型的适配与一致。

无论是个人特质类型还是职业环境类型，并不是孤立存在的。这6种类型按现实型、研究型、艺术型、社会型、企业型、传统型的顺序依次围成六边形，各类型相互之间存在3种关系：相邻、相隔、相斥，如图2-1所示。

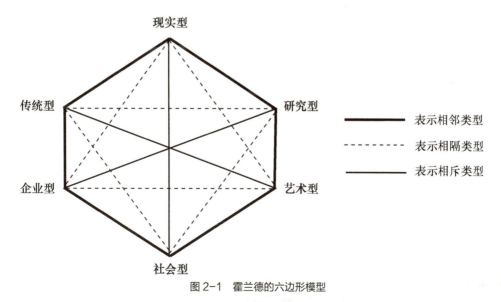

图2-1 霍兰德的六边形模型

> **提醒**　从图2-1中可以看出，在六边形上，相邻的两种职业类型相似性最大，如现实型和传统型；处于对角的两种职业类型相似性最小，可视为二者相互抵触，如艺术型和传统型。

三　舒伯职业生涯发展理论

自20世纪50年代起，舒伯（Super）以新的方式对职业生涯发展进行思考，经过不断研究，最终确立了一套围绕职业生涯过程的彩虹理论，该理论较好地概括了个人的职业生涯发展历程。舒伯指出，职业生涯发展是个人成长历程的一部分，除了职业角色，个人在生活中还扮演孩子、学生、休闲者、公民、持家者、配偶、伴侣、退休者、父母或祖父母等角色。由此，他将职业生涯发展分为成长阶段、探索阶段、建立阶段、维持阶段与衰退阶段5个主要阶段。

1. 成长阶段

成长阶段是4～14岁。该阶段的孩童逐渐发展起"自我"的概念，尝试以各种不同的方式来表达自身的需要，通过对现实世界不断摸索和探究，开始试图对自身角色加以修饰。个人在这个阶段的发展任务是塑造自我形象，形成对工作世界的正确态度并开始了解工作的意义。该阶段共包括3个时期。

（1）幻想期（4～10岁）。这个时期主要考虑"需要"方面的因素，是对幻想中的角色进行扮演的时期。

（2）兴趣期（11～12岁）。这个时期主要考虑"喜好"方面的因素，决定个人的抱负和理想的方向。

（3）能力期（13～14岁）。这个时期主要考虑"能力"方面的因素，能力逐渐发展成为主导力量。

2. 探索阶段

探索阶段是15～24岁，该阶段的青少年从学校、社会等活动中逐步对自我能力及所扮演的社会角色有了尝试性的探索和了解，因而扩展了在其职业生涯规划上的选择范围。个人在这一阶段的发展任务是使职业偏好逐渐趋于明确和具体并将其实现，共包含以下3个时期。

（1）试探期（15～17岁）。尝试考虑将需要、兴趣、能力与机会等因素相结合，并在幻想和讨论之后加以尝试。

（2）过渡期（18～21岁）。进入专业技能培训或就业市场，更加重视实际，并力图实现自我观念，将一般性的选择转为特定的选择。

（3）试验期（22～24岁）。生涯概念初步形成，并对其成为长期职业生活的可能性加以验证，若不适合则可能再经历上述各时期，以确定方向。

3．建立阶段

建立阶段是 25 ～ 44 岁，经过探索阶段的验证和新的尝试，不合适者会谋求改变或做其他探索。因此，个人在该阶段通常能明确整个职业生涯中适合自己的目标和属于自己的位置，并逐步建立自己的地位；在 40 ～ 44 岁这段时期，开始考虑如何保住这个"位子"，并使之稳固。个人在该阶段发展的任务是稳固并求上进，可细分为以下两个时期。

（1）试验稳定期（25 ～ 30 岁）。这个时期的个人趋于安定，也可能因生活或工作上的变动而尚未感到满意。

（2）建立期（31 ～ 44 岁）。这个时期的个人致力于工作上的稳固，极具创造性价值，资历渐深，业绩优良。

4．维持阶段

45 ～ 65 岁，在面对新生力量挑战的同时，个人仍希望继续维持属于自己的工作和职位，因而这一阶段的发展任务就是维持既有的成就和地位。

5．衰退阶段

衰退阶段是 65 岁以后，由于生理与心理机能的衰退，个人不得不面对现实，开始逐步隐退。个人在这一阶段往往注重新角色的建立和发展，通过寻求不同的生活方式来替代和满足原有的身心需求。

通过学习舒伯职业生涯发展理论，个人可以清楚地了解自己所处的生涯发展阶段。大学生在职业生涯发展的探索阶段，经历了试探期、过渡期，即将迈入试验期，因此，在这一阶段，一定要对自己进行充分探索，同时积累足够的社会实践经验，这样才能在以后顺利地实现个人与职业的合理匹配。

随着研究的深入和时间推移，舒伯认为，职业生涯发展的阶段与阶段的发展任务是环环相扣的，前面任务的完成状况将会影响后续阶段任务的具体实施。所以，各个阶段都需要达到或取得相应的发展水准或成就。舒伯通过对各个阶段都会面临的成长、探索、建立、维持和衰退问题进行研究，提出了"成长－探索－建立－维持－衰退"的循环式发展任务理论，如表 2-1 所示。

表 2-1　循环式发展任务理论

生涯阶段	青年阶段	成年阶段	中年阶段	老年阶段
成长阶段	发展适合的"自我"概念	学习与他人建立关系	接受自身的限制	发展非职业性的角色
探索阶段	从许多机会中学习	寻找心仪的工作机会	辨识问题并设法解决	寻找适合的退隐处所
建立阶段	在选定的领域中起步	投入选定的工作	发展新的技能	从事未完成的梦想
维持阶段	确定目前所做的选择	致力维持工作的稳定	巩固自我，防备竞争	维持生活乐趣
衰退阶段	减少休闲活动时间	减少体能活动时间	专注于必要的活动	减少工作时间

1976—1979 年，舒伯在英国开展了一系列的跨文化研究活动，随后提出了一个更为广阔的新观念——生活空间与广度的生涯发展观。除了综合原有的职业生涯发展阶段理论，舒伯还引入了"角色理论"概念，并将生涯发展阶段与角色之间交互作用的状况，描绘成一幅伴随角色成长的生涯发展综合图。这个涉及个人生活空间与生活广度的生涯发展综合图，舒伯将它命名为生涯彩虹图，如图 2-2 所示。

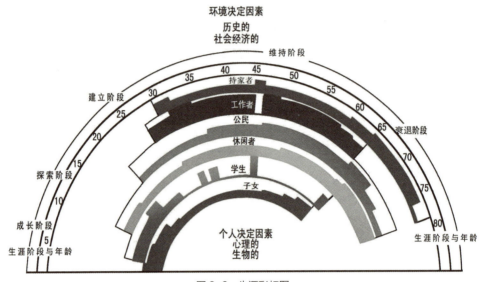

图 2-2　生涯彩虹图

生涯彩虹图的构建以生涯的成长阶段、探索阶段、建立阶段、维持阶段和衰退阶段为前提，构建出一个随成长过程而延伸的"生活空间"，并将个人在不同成长时期扮演的角色，包括子女、学生、休闲者、公民、工作者、持家者等角色植入其中。从图 2-2 中可以看出，各个角色时期并非孤立存在，而是相互涵盖、相互作用的。一个角色的成功，特别是早期角色的成功，如学生角色扮演得出色，便可为其他角色的扮演提供良好的基础。若个人在某一角色扮演上花费的时间或精力过多，如休闲过度，则会对其他角色的扮演和成功造成严重的影响。

从生涯彩虹图的阴影区也可以看出，在成长阶段，主要是子女角色和学生角色。随着年龄的增长，个人担任的社会角色会随之增多，内容也逐渐变得广泛；到 25 岁以后，大学毕业，学生角色暂告结束，开始正式以工作者的身份进入社会；到 30 岁以后，开始操持家业，独当一面，职业生涯模式也正式搭建成型并逐渐趋于稳定；到 45 岁左右可能会出现"中年危机"，工作者角色扮演可能会突然中断，主要精力再次转移到学生角色上，同时持家者的角色内容比重增大，暗示此时需要再进行学习和调整，从而处理好职业与家庭生活所面临的问题。

将职业生涯的实际发展过程参照生涯彩虹图进行分析可知，角色在成长、转变、发展和消长的过程中，除了受到年龄增长、社会经济对个人发展的影响，往往还与个人在各个角色上所花的时间、精力和感情的投入程度有关。这就为大学生职业生涯规划的总体构建指明了方向。

四、克朗伯兹的职业决策社会学习论

社会学习论原本由班杜拉（Bandura）所创，主要强调的是个人的学习经验对人格的形成作用和对行为方式的影响。克朗伯兹（Krumboltz）在对个人职业决策进行研究的过程中，将这一理论引用到职业生涯发展与规划领域，并把影响职业选择的因素归纳为以下4个方面。

（1）遗传因子与特殊能力：包括身体素质、音乐天赋和艺术能力等。

（2）环境情况与特殊事件：技术的进步、社会环境变化和家庭状况的变动等。

（3）学习经验：个人在行为、认知、学习和观察学习的过程中获得的经验。

（4）工作取向技能：个人的工作目标、职业价值观（应对工作的方式）以及情绪的反应和表达方式。

受到社会学习论的启发，克朗伯兹提出并逐步建立职业决策的完整模式，将职业决策划分为以下7个步骤。

（1）界定问题：认识自我并理清自己的需求，分析个人的优势与不足，在此基础上制订明确的目标和实现目标的时间表。

（2）拟订行动计划：在明确自身需求的基础上，思考并拟订行动计划。

（3）找到可能的选择：搜集资料，列出可能实现目标的各种行动方案，拟订达成目标的方法和途径。

（4）理清价值取向：整理并弄清楚个人的选择标准，将自己的实际需要作为衡量方案的依据。

（5）评价各种可能的选择：依据自己的选择标准和评分标准，逐一评价各种可能的选择，找出可能的结果。

（6）系统地删除：有根据地系统地删除不合适的方案，挑选最合适的选择。

（7）开始行动：开始执行选定的行动方案，并对自身进行经营和管理。

随着对社会学习论的研究，克朗伯兹开始注意到，在进行职业决策的过程中，个人可能会面临诸多的问题与困难，他将其总结为以下5种类型。

（1）人们在辨认已有的问题或可解决的问题上存在困难。

（2）人们不努力做决策或想办法解决问题。

（3）由于担心出错，人们可能会将潜在的选择方案或令人满意的选择方案排除。

（4）由于担心出错，人们可能会选择较差的方案。

（5）在感到没有能力达到目标时，人们可能会饱受焦虑和痛苦。

在进行职业决策时，大学生需要重视以上困难，特别是克服不努力做决策和不积极解决问题的困难；只有勇于面对，通过自身的努力寻求解决方法，才能找到最适合自己的选择。职业决策社会学习论在个人特质和外界条件的研究基础之上，对职业生涯中的潜在问题进行了详细的分析，这便为大学生职业生涯规划的评估和维护指明了方向。

职业决策社会学习论主要侧重于研究社会因素和遗传因素对个人决策的影响，同时指出在做决策时不仅要明确个人目标，而且要考虑个人的兴趣和能力等因素。该理论还特别强调学习的重要性和经验对职业选择的影响，把职业决策视为一种可学习的技能，主张职业决策能力是可以通过接受教育和上职业辅导课程加以引导和提升的。克朗伯兹在职业决策社会学习论的发展过程中，较为全面地将职业生涯规划过程中涉及的影响因素、决策方式和面临的困难类型进行了归纳与总结。

五、认知信息加工理论

从前面的学习和认识过程中我们可了解到，职业生涯规划的相关理论都会对生涯决策的模式进行强调。然而，即使个人充分掌握了自身的内在特质和外部环境的信息，也未必就能做出好的决定。同时，在个人的整个职业生涯发展过程中，会不断需要做出各种重大决定；因此，决策能力是个人整个职业生涯发展过程中最重要的能力。

1991 年，盖瑞·彼得森（Gary Peterson）、詹姆斯·桑普森（James Sampson）和罗伯特·里尔登（Robert·Reardon）合著了《生涯发展和服务：一种认知的方法》（Career Development and Services : A Cognitive Approach）一书。该书围绕认知信息加工金字塔模型展开论述，如图 2-3 所示。

图 2-3　认知信息加工金字塔模型

在认知信息加工金字塔模型中，中间部位被称为决策技能领域，是做出良好决策的方法，即 CASVE 循环。CASVE 循环是一种职业生涯规划决策技术，包括沟通、分析、综合、评估和执行 5 个步骤（CASVE 是这 5 个步骤英文名称首字母大写的组合），如图 2-4 所示。各步骤之间具有层层递进的顺承关系。

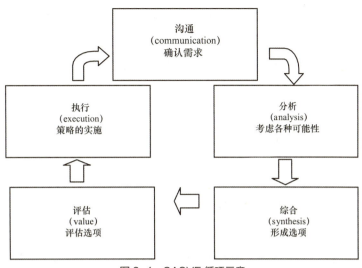

图 2-4　CASVE 循环示意

（1）沟通：确认需求，意识到问题的存在，并着手于需求的探索。

（2）分析：考虑各种可能性，对所有的信息进行整理。

（3）综合：形成选项；综合分析，寻找解决问题的方法。

（4）评估：评估选项，评估各选项的优劣，选出最优选项并进行适应性调整。

（5）执行：策略的实施，依照方案行动。

从认知信息加工金字塔模型和 CASVE 循环示意图中可看出，认知信息加工理论重点关注的是职业生涯的决策问题。作为职业生涯规划的向导理论，它能够引导大学生做出科学合理的判断和选择，从而为职业生涯的健康发展提供保障。在后面职业决策方法的阐述中，将对 CASVE 循环进行详细的介绍。

 **拓展阅读——职业生涯成功的定义**

通常情况下，职业生涯成功指个人的追求和人生目标的实现。然而，职业生涯成功的含义却是因人、因时、因势而异的，即使是同一个人，在不同的人生阶段对成功也有不同的定义。但每个人又对各自的职业生涯成功有明确的界定，包括成功的意义、成功的时间、成功的范围、成功与身体健康的平衡、被认可的方式和社会地位等。由此可见，职业生涯的成功是一个抽象的、不能量化的概念。从评判角度和人际关系来看，可以对职业生涯的成功进行自我、家庭、企业和社会 4 个方面的界定。若一个人在这 4 个方面都能得到肯定的评价，则其职业生涯无疑是成功的。当大学生把职业生涯的成功结合自身、家庭、企业和社会方面因素进行综合分析和考量时，便能更好地对职业生涯进行规划和把控。

　　对个人、家庭、企业和社会来说，职业生涯成功的判定标准存在或多或少的差异，所以，判定职业生涯成功的方式和标准具有多样性。从现实角度来看，成功的职业生涯能使人产生自我满足和自我实现感，从而有利于促进个人素质的提高和潜能的发挥。目前，大众共识的职业生涯成功类型有以下 5 种。

　　（1）进取型。成为某一集团或系统的最高领导。

　　（2）安全型。追求社会认可、工作安稳和受人尊敬。

　　（3）自由型。在工作过程中能有最大的自由，没有牵绊与控制。

　　（4）攀登型。满足个人刺激、挑战和冒险的心理需要。

　　（5）综合型。兼顾个人、家庭和社会的评判，希望工作愉快、家庭幸福和获得社会认可。

　　每个人的价值观念和实际需要以及所面临的现实情况不同，对于职业生涯成功的评判也不相同。个人职业生涯的成功并非偶然，无论对成功的标准持何种态度，大学生都应记住以下 9 条忠告。

　　（1）敬职是前提。无论你现在或将来从事的职业是什么，最重要的是对自己的职业负责，包括敬业认真、勇挑重担、兢兢业业和恪守职责等。

　　（2）交际技能很重要。优秀的交际能力可大幅提高个人的工作效率和成功概率。

　　（3）融洽的人际关系非常重要。融洽和谐的同事关系会使个人的工作效率倍增。

　　（4）要善于观察和分析。不管周围环境或人生发生何种变化，个人都应该善于适应，发现并抓住其中的各种机遇。

　　（5）灵活。未来时代的工作者们可能需要经常转换职业角色，也就是说个人必须善于从一个角色迅速转换为另一个角色，这样才能更好地适应时代与环境的变化。

　　（6）善于学习。在当今时代，个人必须不断地学习并掌握新知识、新技能，比如具备计算机文字处理能力、精通一门以上外语等，这样才有更多机会获得成功。

　　（7）善于汲取有用知识，摒弃各种错误观念。当个人在考虑新领域、新问题时，观点一定要清晰，防止被错误的思维误导。

　　（8）要不断开拓进取，全面武装自己。目前，社会不仅需要具备专业知识的人才，更需要通用型的复合人才。一名专业工作者也需要借助专业知识及通用技能全面武装自己，才能更好地适应即将到来的挑战和竞争；在"低头拉车"的同时，更重要的是多"抬头看路"。一般来说，以长远眼光看问题、多掌握几种技能要比只精通一门专业知识更有前景。

　　（9）将个人价值和社会价值结合起来。个人的成功如果不能为社会谋求福祉，那么不算真正的成功。个人在职业发展的同时也要为社会创造价值，这样既可获得精神上的满足，也是对自己人生的一种鼓舞。

拓展启发

　　每个人都追求成功，而成功不是绝对的、单一的，如果一味地追求经济上的"发达"，那么整个职业生涯也难以称得上是成功的。当代大学生应该自己思考自己想要的成功到底是什么，然后向着这个方向努力。在整个职业生涯中，大学生都应该牢记上述 9 条忠告，遵循这 9 条忠告行动。这样，哪怕最终离职业生涯成功仍有差距，也将度过充实、有价值的职业生涯。

第五节　自我评估

　　以下测试能够反映大学生职业生涯规划的情况。通常，大学生对职业生涯越了解，准备越充分，越有利于自己今后的职业发展。

 测试　职业生涯规划情况测试

〖测试说明〗

　　请根据自己的个人特质和实际情况，客观地对以下问题作答。以下问题均为单选题，不能多选，不能漏选。注意，本测试仅供参考，结果不代表最终结论。

1. 你选择现在的专业，最主要的依据是（　　）。

　　A．适合自己　　　　B．好就业　　　　　　C．他人推荐　　　　D．感觉还行

2. 你现在所学的专业和自己最喜欢的职业之间的相关度是（　　）。

　　A．密切相关　　　B．比较相关　　　　　C．不相关　　　　　D．没考虑过

3. 你能够列举（　　）与自己专业对口的工作。

　　A．5 个及以上　　B．2 ～ 4 个　　　　　C．1 个　　　　　　D．0 个

4. 你现在对自己未来 3 ～ 5 年的学习和工作的计划（　　）。

　　A．非常清楚　　　B．清楚　　　　　　　C．不太清楚　　　　D．没怎么想过

5. 你对自己的能力、性格等方面的优势与劣势（　　）。

　　A．非常清楚　　　B．清楚　　　　　　　C．不太清楚　　　　D．没怎么想过

6. 你对未来自己的工作有（　　）的设想。

　　A．清晰　　　　　B．较为清晰　　　　　C．模糊　　　　　　D．没有

7. 你对自己专业所涉及的相关职业资格、职业等级以及相关的考试、考核、晋升要求等信息的了解程度是（　　）。

　　A．非常了解　　　B．较为了解　　　　　C．不太了解　　　　D．不了解

8. 对于社会实践和实习，你的参加情况是（　　）。

A．参加过与本专业相关的社会实践和实习

B．参加过与自己兴趣相关的社会实践和实习

C．参加过社会实践和实习，但仅仅是参加过而已

D．没有参加过社会实践和实习

〖测试分析〗

对于以上8个问题的答案，选"A"的记4分，选"B"的记3分，选"C"的记2分，选"D"的记1分。将8道题的分数相加，计算出总分。

总分达到28分及以上，说明你已经初步具备职业生涯规划意识，虽然可能有很多不合理之处，但已经对自己的职业生涯发展有了一定的思考和准备，你的职业生涯规划有了一个不错的开头。

总分在20～27分，说明你对于职业生涯规划有一定的认知，认识到了职业生涯规划的重要性，但是你的思考或许是浅尝辄止，或许是不够全面，有非常明显的缺陷。

总分在12～19分，说明你对于职业生涯的发展有一定的思考和准备，但这种思考和准备通常是下意识的或是跟随性的。你需要有条理地、全面地考虑今后的职业发展。

总分在12分以下，说明你对于职业生涯规划并没有足够的了解和重视，职业生涯规划的意识淡薄。

第六节　思考与练习

1．有的大学生认为："只有那些成绩好、能力强的人才需要进行职业生涯规划，自己很平庸，只需要找份普通工作，做一天算一天，直到退休。"你怎样看待这种想法？请就这个问题提出你自己的观点。

2．在我国实现"十四五"规划、继续向着第二个百年奋斗目标迈进的当下，作为时代主人翁的大学生也面临新的局面，遇到新的挑战。请同学们讨论并分享：如何在对个人和社会环境因素进行分析的基础上，发展完整且适当的自我职业观念。

3．图2-5所示为生涯彩虹图草稿，请按照你自己的想法，使用6支不同颜色的笔（分别代表子女、学生、休闲者、公民、工作者及持家者6种角色），在上面绘制出你自己的生涯彩虹图。

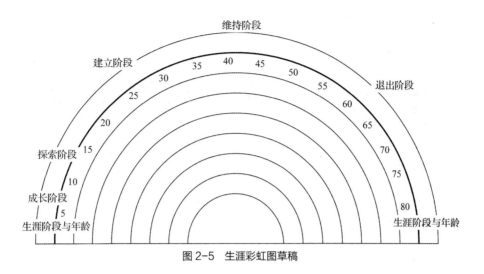

图2-5　生涯彩虹图草稿

4. 阅读以下材料，回答问题。

　　廖岑并不是一位天资聪颖的学生，但并不气馁，他刚进入大学时就迅速明确了"读研 – 科研"的职业生涯规划路径，并朝着这个目标一步一个脚印地奋斗。廖岑面对学习上的短板，采取"死磕到底"的办法，他在数九寒冬仍坚持6点起床，6点40分开始读书、背单词。在完成大学课业的同时，他还为考研做准备。

　　大学4年坚持下来，廖岑最终以优异的成绩考上了某知名大学的研究生，并在研究生学习期间发表了多篇论文，在研究生毕业后应聘上华东某研究院的助理研究员职位。大学期间的刻苦学习也帮助他更好地适应了研究院的工作，他的工作很快走上了正轨，他对自己未来的职业生涯发展更有信心了。

　　（1）职业生涯规划对廖岑的职业发展起到了哪些作用？

　　（2）廖岑在职业生涯规划上有哪些值得我们学习的地方？

第三章 深入剖析自我

学习目标

了解认识自我的内容。
掌握分析自己的兴趣、性格、能力和职业价值观的方法。

素养目标

能够较为全面、客观地认识自我,做到知行合一。

案例导入

　　小张从小就对互联网技术感兴趣,高中时计划报考相关大学专业。但由于高考成绩不是很理想,只能退而求其次。经过综合考虑,他选择到某职业技术学校学习信息技术,以满足自己的愿望。毕业后,因为求职不顺利,加上家人劝说,小张决定回家乡寻求发展。然而,小张最拿得出手的编程技能在家乡没有太大的施展空间。出于生活方面的考虑,小张最终接受了高中同学的邀请,到同学开的小广告公司从事广告设计工作。

　　经过一段时间的发展,小张在广告行业的工作还算稳定,通过个人的努力和学习,甚至在设计方面也有了很大进步,但是小张开始感到困惑。原来,随着时间的推移,他开始对自己的工作有了强烈的排斥感。经过多方面考虑,小张决定改变当前的工作方式和状态,重新寻找一份工作,开启自己喜欢的生活。根据对自己状态的分析,小张觉得从事导游工作是自己喜欢的,便辞去了工作,开始备战导游资格考试。

案例思考

1. 为什么案例中小张的职业生涯没有取得理想的效果?
2. 大学生应该如何制订自身的职业发展规划?

正所谓"亡羊补牢，为时未晚"。在这种情况下，小张需要对自己进行深刻的分析，否则导游工作也不会做得长久。现在的大学生中，有一部分和小张一样，对自己的认识处于朦胧状态。对未进入职场的大学生来说，更多的是要未雨绸缪，全面了解自身特点。那么，大学生需要从哪些方面对自己进行认识呢？

 **认识自我的内容和方法**

📝 **课堂活动**

> 活动主题：我是谁？
>
> 活动内容：最了解自己的人通常是自己，那么，你是否能准确描述自己呢？每位同学拿出一张白纸，在上面以"我是……"的格式写出 10 句最能代表自己的句子（不涉及姓名、性别等个人基本特征），然后全班同学随机交换纸张。每个拿到纸张的同学根据上面的内容推测纸张的主人是谁。

《道德经》有言："知人者智，自知者明。"（见图 3-1）这告诉我们：真正有智慧的人既善于认识他人，又能正确地认识自己。认识和了解自己非常重要，却不太容易。当代大学生中有一部分人直到毕业时仍然会有"我不知道自己想干什么"的困惑。这是对知识的浪费，也是对自己极不负责的表现，其根源就在于对自己的认识不够充分。

知人者智　自知者明

——《道德经》

图 3-1 《道德经》名句

为什么要在开始职业生涯规划之前提出认识自我这一概念呢？"自我"这一概念涉及多个学科领域，包括哲学、临床心理学和社会心理学等，因此，"自我"一词具有多种不同的含义。其中，社会心理学强调：自我是认知组织和动机激发的源泉。换句话说，认识自我对认知自己并协调个人与外界环境、养成正确的人生观、激发上进心和成功欲望具有积极的催化作用。大学生通过认识自我，进而对自己的内在需求进行分析，便可合理地安排学习和生活，很多个人困惑和就业问题就都能迎刃而解。可以说，认识自我是大学生职业生涯健康发展的基础。

"人贵有自知之明"。个人正确地认识自己，对待人接物和处理问题大有裨益。若一个人不能客观地评价自己，就可能产生心理障碍，对事物表现出极端的态度，或对自我不满和排斥，变得消极待物；或盲目自大，变得目中无人。两种情况都是个人成长和发展道路上的障碍。正确地认识自我可促使个人对自身能力、特长、兴趣和性格进行认识和管理，对才能的发挥和性格的发展有积极的意义。通过自我认识，个人可以找到控制自身情绪的有效方法和途径，避免或减少因外界的干扰而迷失，或产生过度的反应。因此，对自己身心状态进行体察，可实现对情绪的良好管理，从而加强自省和自控能力。认识自我可以让个人特质更好地为职业生涯规划服务。

一　认识自我的内容

认识自我建立在个人自我观察与自我分析的基础上，是对自身条件和状态的全面评估，这些因素影响个人对待自身和外界的态度与方式。人们需要认识和了解的自身内容很多，主要包括性别、年龄、健康状况、兴趣、性格、能力和价值观等。

大学生在对职业生涯进行规划的过程中，通过对自我的认识，可以将个人从"我想干什么"转变到"我能干什么"。这一过程需要采用适当的途径和方法，以达到正确认识自身优点与不足的目的，从而实现对个人能力的管理。要认识自我，就必须运用科学合理的方法。心理学家将认识自我的内容划分为4个部分，并以橱窗的形式展现出来，如图3-2所示。

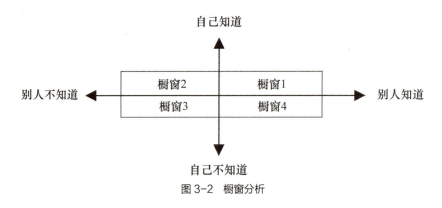

图3-2　橱窗分析

（1）橱窗1：是"公开我"，即自己知道、别人也知道的部分，指个人的外在表现。

（2）橱窗2：是"隐私我"，即自己知道、别人不知道的部分，指个人的内在隐私。

（3）橱窗3：是"潜在我"，即自己不知道、别人也不知道的部分，指个人未经开发的部分。

（4）橱窗4：是"背脊我"，即自己不知道、别人知道的部分，指个人对自己认识的盲区。

个人对自身的认识是有据可依的，通过橱窗展示的形式，可以更好地对"公开我""隐私我""潜在我"和"背脊我"进行认识，这将促进个人对个人能力的管理和运用。

二、认识自我的方法

自我是由态度、情感、信仰和价值观等众多成分构成的。除了自己进行分析外，征询他人的意见或看法也是认识自我较有效的方法。大学生可以采取与家人、朋友和老师等交流的方式来进行自我认识。

虽然认识自我的途径很多，但总的说来可以归纳为经验法和职业测评法两类。通过这两种方法，大学生可以逐步加深对自身的了解，并把自身的各种特定习惯、能力、思想和观点等组织起来，为自己的职业生涯规划提供参考和帮助。

1．经验法

经验法指在人际交往中，依据过去活动的成果，由他人或本人对自己进行主观的分析和评价，主要有以下两条途径。

（1）自我反省。自我反省是通过自我反思、自我总结、自我比较的方法来了解自己、认识自己。曾子就说过："吾日三省吾身。"大学生通过对自己成长过程的回顾，总结做什么事情使自己感觉快乐、比较感兴趣、更有优势，从而发现自己的职业兴趣和能力优势等。

（2）他人评价。大学生可以通过他人评价来认识自己。"以铜为镜，可以正衣冠；以人为镜，可以明得失。"通过他人对自己的评价，大学生可以了解他人眼中的自己，也就是对前面橱窗分析中所说的"背脊我"的完善，从而对自身有客观中肯的认识。这将有助于大学生客观清醒地认识自己的优点与不足，从而找到改进的方法和进步的方向。

2．职业测评法

职业测评法是心理测评在职业测评上的具体运用。这种方法就是使用一些心理量表进行心理测验，通过个人处理问题的方式对个人心理特征进行推断，也就是从个人的外在行为模式推知自己的内在心理特征。为了发挥测评的最大效用，需要选用权威性较高的心理测量工具。

第 二 节　兴趣与职业

✎ **课堂活动**

活动主题：兴趣分享。

活动内容：很多人出于延续自己年少时的兴趣爱好的心理走上了职业道路，如牛顿等科学巨匠。请每位同学向其他组员分享自己的兴趣爱好，介绍自己对自己兴趣爱好的认识，以及其对自己职业生涯发展的助益。各组员轮流发言。

人们常说"兴趣是最好的老师"，兴趣可以为一个人从事职业提供持久的动力，是提高工作满意度的重要因素。一个人清楚地了解自己的兴趣所在，对于提高自我认识、进行职业生涯规划都有非常重要的意义。

一　兴趣与职业兴趣

兴趣和职业兴趣存在一定的差别；兴趣是指人们力求认识和掌握某种活动，并经常参与该种活动的心理倾向。职业兴趣是指人们对某种职业或工作所抱有的积极态度，是有关职业偏好的认识倾向。比如，娱乐休闲兴趣一般只是业余兴趣，不一定能发展成为职业兴趣，但又或多或少与职业生涯存在一些联系。

根据霍兰德职业兴趣理论，人们一般倾向于寻找与自己的个性类型相协调的职业，追求能充分施展个人能力、价值观匹配、令人愉快的工作和角色。大学生可以采取一些手段对人的行为进行预测，包括职业的选择、工作的变化、业绩的达成、受教育的方式和社会行为等。然而，职业兴趣类型受到个人行为和个人特质限制，通过对个人行为和个人特质进行分析，霍兰德对人的个性特点、适宜的职业环境和匹配度较高的典型职业进行了整理和归纳，如表3-1所示。

表3-1　霍兰德职业兴趣理论对照

类型名称	个性特点	职业环境	典型职业
现实型（R）	此类型的人通常具有较好的身体技能。他们可能在自我表达和向他人表达方面感到困难，不善于与人打交道。他们喜欢在户外活动，喜欢使用和操作工具，尤其是操作大型机械。他们愿意从事操作性工作，偏好于具体任务，动手能力强，做事手脚灵活，动作协调	喜欢使用工具、机器，需要基本操作技能的工作，倾向于需要技能、体力和合作等方面的职业	计算机硬件人员、飞机检修工、汽车驾驶员、工地检查员、钳工、建筑工、制图员、机械装配工、木匠、厨师、技工、修理工等

续表

类型名称	个性特点	职业环境	典型职业
现实型（R）	他们遵守规则，对新观点和新变化兴趣不大。这种类型的人不善言辞，喜欢独立做事		
社会型（S）	此类型的人关心社会的公正和正义，比较看重社会义务和社会道德，责任感强，关心社会问题，渴望发挥自己的社会作用，具有较强的人道主义倾向，社会适应能力强。 他们善于表达，善于与周围的人相处，追求编织广泛的人际关系网，喜欢处于集体的中心地位，喜欢通过与他人交流讨论来解决存在的难题。他们不喜欢需要剧烈的身体运动的工作，不喜欢与机器打交道，具有与他人相处共事的能力	喜欢参加提供信息、启迪、帮助、咨询、培训、开发、治疗、教学和各种帮助他人的活动，倾向于需要人际交往技能的、与人打交道的工作	教师、临床医师、导游、营业员、教育行政人员、咨询人员、公关人员、临床心理学家、就业指导顾问、护士和律师等
企业型（E）	此类型的人通常精力充沛、热情洋溢，做事有较强的目的性，喜欢竞争，富有冒险精神，自信，支配欲强，有野心和抱负。 他们喜欢争辩，总是力求使别人接受自己的观点，通常追求权力、财富、地位，有领导才能，为人务实，习惯以利益得失，如权力、地位、金钱等，来衡量做事的价值	善于辞令、爱好商业或与管理人有关的职业，倾向于要求具备经营、管理、监督和领导才能的工作，适合做推销工作和领导工作	经理、推销员、主持人、宣传人员、营销管理人员、企业领导、法官、律师和社会活动家等
传统型（C）	此类型的人通常谨慎保守、忠诚、尽职尽责、忠实可靠、自我控制能力强，尊重权威和规章制度，喜欢按计划办事，细心、有条理，习惯接受他人的指挥和领导，不喜欢冒险和竞争，缺乏创造性，富有自我牺牲精神。 他们既不喜欢从事笨重的体力劳动，也不喜欢在工作中与别人形成过于紧密的联系，对于明确规定的任务可以很好地完成，喜欢关注实际和细节情况，不喜欢模棱两可的指示，希望能精确地了解自己所要做的事情	倾向于规则较多、具有高度有序性的工作，包括语言方面和数量方面等规范性较强的工作，倾向于要求注意细节、有系统、有条理的职业	秘书、计算机操作员、办公室人员、统计员、打字员、记事员、会计、行政助理、出纳员、投资分析员、审计员、图书管理员、税务员和交通管理员等
研究型（I）	此类型的人抽象思维能力强，求知欲强，善于思考，对科学研究和科学探索有热情，并表现出对工作的极大热情，对周围的人并不感兴趣。他们习惯于通过思考来解决所面临的难题，而并不一定实现具体的操作	倾向于各种与生物、物理科学有关的活动，不喜欢必须遵循许多固定程式的任务，倾向于需要认知能力、独立和富有创造性的工作	科学研究人员、教师、工程师、计算机编程人员、医生、系统分析员、工程设计、生物学研究人员、社会科学研究人员、实验研究工作者、物理学研究人员、气象学者等

续表

类型名称	个性特点	职业环境	典型职业
研究型（I）	他们常常具有非传统的观念，倾向于创新和怀疑。此类型的人知识渊博，不善于领导他人，考虑问题理性，做事喜欢做得精确，喜欢逻辑分析和推理，并不断探讨未知的领域		
艺术型（A）	此类型的人天资聪慧，喜欢具有较多自我表现机会的艺术环境，不喜欢从事粗重的体力活动和完成高度规范化与程式化的任务，喜欢单独活动，有强烈的自我表现欲望，往往过于自信。 他们的独立性、自主性、自发性、非传统性和创造性都较强，好表现，不拘小节，自由放任，不受常规约束，情绪变化大，比较敏感	具有语言、美术、音乐、戏剧或写作等方面的技能，倾向于能发挥创造才能的职业，倾向于需要艺术修养、创造力、表达能力和直觉性的工作，不善于事务性工作	艺术设计师、雕刻家、建筑师、摄影师、广告制作人、画家、作家、作曲家、歌唱家、戏剧导演、诗人、记者、演员、音乐演奏家、剧作家等

二、职业兴趣与职业环境的联系

霍兰德六边形认为，人和职业环境都可以大致分成6种类型。但是每个人和每种职业环境都比较复杂，一个人不会是单一的某种类型，所以在霍兰德职业兴趣理论中，一个人的职业兴趣和职业环境特点一般是用3个类型的字母来表示的，第一个字母为主类型，这3个字母的组合就是这个人的职业类型，如你的职业兴趣编码是RIA，那么牙科医生、陶工等职业就符合你的职业兴趣。另外，你还可以寻找与R、I、A组合对应的职业，如IAR编码对应的职业等，这些职业也较符合你的兴趣（详见本章第七节表3-6）。

阅读材料

兴趣成就梦想

苏翊鸣4岁时被父亲带到雪场滑雪，经过尝试后，他逐渐爱上了滑雪。后来，苏翊鸣涉足演艺行业，参与了多部电影的拍摄，在电影《智取威虎山》中饰演"小栓子"一角，颇有些知名度。他一度想走专业演员的道路，将单板滑雪作为兴趣爱好。

但后来，苏翊鸣对滑雪的兴趣不可遏制。随着北京冬奥会申办成功，他萌发了成为职业滑雪运动员的念头。2018年8月，苏翊鸣入选跨界跨项单板滑雪国家集训队，成为国家队一员。2022年2月7日，苏翊鸣在北京冬奥会上获得了单板滑雪男子坡面障碍技巧亚军和男子大跳台金牌，成为第一位中国男子单板滑雪金牌得主。

点评：兴趣的力量是巨大的，苏翊鸣本身在演艺界取得了一定的成就，拥有光明的前途，但他无法割舍自己的兴趣，踏上了职业运动员的道路，实现了梦想。

三、兴趣与现实的冲突

兴趣的重要性是毋庸置疑的，从事自己感兴趣的工作是大学生保持工作热情的动力，但也不能片面地强调兴趣的意义，不能将兴趣作为跳槽的借口，更不能将"没有兴趣"的心态带到正在从事的工作中。除了兴趣，职业生涯规划中，还有多种因素需要大学生考虑。同时，不是所有的兴趣都可以发展成自己的职业，大学生在进行职业目标选择时还需要考虑各种现实情况，比如自己有无该项能力、行业的整体情况等，并且需要明白职业兴趣是可以在工作中逐渐培养的。

兴趣与现实的冲突让冯可找不到如意的工作

冯可从营销专业毕业后，并不想从事营销类的工作，而是想要找一份自己感兴趣的工作。冯可最想从事两种工作，第一种和电子游戏相关，第二种是当星探。对于第一个兴趣，他试做过一份游戏测试的工作，但由于专业不对口，也没有专门的知识技能来达到职位要求，只能作罢。而星探这一行业在我国还没有发展成规模化产业，也不具备发展成为专门职业的条件。冯可对这一行业的了解只停留在想象阶段，因此也就欲投无门。虽然他找过几份和销售相关的工作，但最终都以"没有兴趣"而辞职。就这样，冯可一直没有找到"称心如意"的工作。

点评：从例子中可以看出，想要找到"称心如意"的工作，除了要考虑个人兴趣，还要考虑个人能力和行业的状况等多方面的因素。并非所有兴趣都可以发展成职业，就冯可而言，他需要多花工夫来了解自身的能力并分析现实的环境。

第三节　性格与职业

📝 课堂活动

活动主题："职业－性格"接龙。

活动内容：合适的性格能够为工作提供帮助。请全班同学以"职业－适合的性格"的形式，一人一句进行接龙。示例："卡车司机－小心专注""内科医生－严谨细致""销售－热情开朗"。

通过刚才的接龙游戏，你是否对职业和性格的关系有了一些了解？事实上，性格影响一个人对职业的适应性，每一种性格的人都有适于从事的职业。同时，不同的职业对人也有不同的性格要求。因此在选择职业时，性格也是一个重要的考虑因素。

一、什么是性格

每个人都有对客观现实稳定的态度和与之相适应的习惯化的行为方式。如有的人总是热情周到，有的人总是沉默寡言。这些对人对己稳定的态度和习惯化的行为方式所表现出来的心理特征就是这个人的性格。性格的形成是一个长期的、复杂的过程，不仅受遗传因素的影响，也反映了一个人的生活环境和生活经历。性格具有一定的稳定性，也就是说，在相近的情形下，人的态度和行为具有一致性。虽然人的本性是比较难改的，但人可以在一定程度上改变自己的性格。

1. 内向型性格和外向型性格

性格可以分成多种类型。最基础、最直观、最传统的划分方法是瑞士心理学家卡尔·古斯塔夫·荣格（Carl Gustav Jung）的性格划分方法。他按照个人心理能量倾向，将性格划分为内向型性格和外向型性格，并对这两种性格的特征和其适合的职业进行了初步的归纳总结，如表3-2所示。

表3-2　内向型和外向型性格的特征及其较适合的职业

性格类型	性格特征	较适合的职业
内向型	感情比较深沉，待人接物小心谨慎，喜欢单独工作，喜欢思考，具有自我分析和自我批判精神；不善于表达自己的思想、不善社交、对新环境的适应不够灵活	较适合从事有计划的、稳定的、不需要与人过多交往的职业，如自然科学家、技术人员、会计师、打字员、程序设计员、统计员、资料管理人员、一般事务性工作人员等
外向型	活泼开朗、善于交际、心直口快、感情外露、待人热情，与人交往时随和、不拘小节，适应环境的能力较强；注意力不稳定、兴趣容易转移、活动不能持久	较适合从事与外界广泛接触的职业，如管理人员、律师、推销员、警察、记者、教师、人力资源工作者等

提醒　　需要注意的是，具有典型外向型性格或典型内向型性格的人并不多，大多数人的性格属于混合型性格，即兼具内向型和外向型性格的部分特征。同时，性格的内向与外向是相对而言的，只有从表现程度来进行比较分析才有一定的参考意义。

2. 9种典型职业性格

近年来，一些教育学、心理学研究人员根据我国居民的实际情况，将职业性格总结为9种基本类型，这9种职业性格的主要特征及其较适合的职业如表3-3所示。

表3-3 9种典型职业性格的性格特征及其较适合的职业

职业性格类型	性格特征	较适合的职业
变化型	在新的或意外的活动或工作情境中感到愉快，喜欢多样化的工作，善于转移注意力	记者、推销员、演员、装调员等
重复型	适合连续从事同样的工作，按固定的计划或进度办事，喜欢重复的、有规律的、有标准的工作	纺织工、机床工、印刷工、电影放映员、运维员、技术员等
服从型	愿意配合别人或按别人的指示办事，而不愿意自己独立做出决策、担负责任	办公室职员、秘书、翻译等
独立型	喜欢计划自己的活动与指导别人活动，喜欢对未来的事情做出决定，在独立负责的工作情境中感到愉快	管理人员、律师、警察、侦察员、经纪人、调饮师、碳排放管理员等
协作型	在与人协同工作时感到愉快，善于引导别人，并想得到同事们的喜欢	社会工作者、咨询人员、易货师、职业培训师、社群健康助理员等
劝服型	通过谈话或写作等方式使别人认同自己的观点，对别人的反应有较强的判断力，善于影响别人的态度和观点	辅导员、行政人员、宣传工作者、作家、专业顾问等
机智型	在紧张和危险的情况下能自我控制与沉着应付，发生意外和差错时能不慌不忙、出色地完成任务	驾驶员、飞行员、公安员、消防员、救生员等
自我表现型	喜欢表现自己的爱好和个性，根据自己的感情做出选择，通过自己的工作来表现自己的思想	演员、诗人、音乐家、画家、设计师、架构师等
严谨型	注重工作过程中各个环节与细节的精确性。愿意按一套规划和步骤工作，希望尽可能做得完美，倾向于严格、努力地工作，以看到自己出色完成工作的效果	会计、出纳员、统计员、校对员、图书档案管理员、打字员、程序员、分析师等

 提醒　绝大部分职业同时与几种性格特征相符合，而一种性格特征也同时对应几种职业。在实际匹配的过程中，应根据个人的性格与职业的要求，具体情况具体处理，不能一概而论。

3. 麦尔斯－伯瑞格斯类型指标

麦尔斯－伯瑞格斯类型指标（Myers-Briggs type indicator, MBTI）是凯瑟林·伯瑞格斯、依莎贝尔·伯瑞格斯·麦尔斯根据瑞士心理学家荣格的心理类型理论建立的指标体系。该指标体系根据4组维度8个向度，即外向（E）－内向（I）、感觉（S）－直觉（N）、思维（T）－情感（F）、判断（J）－知觉（P），将人的性格分为 16 种类型。其主要特征及与之较适合的职业如表 3-4 所示。

表 3-4　MBTI 性格类型 - 特征 - 职业对照表

性格类型	性格特征	较适合的职业
ISTJ 型（内向、感觉、思维、判断型）	安静、严肃，通过全面性与可靠性分析获得成功；有责任感，决定有逻辑性，并一步步地朝目标前进，不易分心；喜欢将工作、家庭和生活安排得井井有条；重视传统和忠诚	信息系统执行官、天文学家、会计、房地产经纪人、行政管理者、信用分析师、数据库管理员、数据分析师
ISFJ 型（内向、感觉、情感、判断型）	安静、友好、有责任感和良知，坚定地致力于完成他们的义务；全面、勤勉、精确、忠诚、体贴，留心人的细节，关心他人的感受；努力把工作和家庭环境营造得有序而温馨	内科医生、营养师、图书管理员、档案管理员、室内装潢设计师、特殊教育教师、酒店管理者、职业培训师
INFJ 型（内向、直觉、情感、判断型）	寻求思想、关系、物质等的意义和联系，希望了解能够激励人的方法，对人有很强的洞察力；有责任心，坚持自己的价值观；在对目标的实现过程中有计划且果断坚定	建筑设计师、建筑幕墙设计师、培训经理、培训师、职业策划咨询顾问、心理咨询师、作家
INTJ 型（内向、直觉、思维、判断型）	在实现自己的想法和目标过程中有创新的想法和非凡的动力；能很快洞察到外界事物间的规律并形成长期的远景计划；一旦决定做一件事就会开始规划直到完成为止；对自己与他人的能力和表现要求都非常高	首席财务执行官、知识产权律师、设计工程师、精神分析师、新媒体策划运营人员、网络管理员、集成电路工程技术人员
ISTP 型（内向、感觉、思维、知觉型）	灵活、忍耐力强，是个安静的观察者，一旦有问题发生，就会立即行动，找到实用的解决方法；善于分析事物运作的原理，能从大量的信息中很快地找到关键症结所在；对原因和结果感兴趣，用逻辑的方式处理问题，重视效率	信息服务业经理、计算机程序员、服务机器人应用技术员、密码技术应用员、警官、软件开发员、律师助理、消防员、私人侦探、药剂师
ISFP 型（内向、感觉、情感、知觉型）	安静、友好、敏感、和善，享受当下，喜欢有自己的空间，喜欢能按照自己的时间表工作；有责任心；不喜欢争论和冲突，不会将自己的观念和价值观强加到别人身上	按摩师、客户服务专员、服装设计师、厨师、护士、牙科医生、旅游管理者、调饮师、在线学习服务师
INFP 型（内向、直觉、情感、知觉型）	理想主义，希望外部的生活和自己内心的价值观是统一的；好奇心重，能很快看出事情的可能性，能够加速想法的实现；善于理解别人并乐于帮助他们开发潜能；适应力强，灵活，善于接受，除非是有悖于自己的价值观的	心理学家、人力资源管理者、翻译人员、大学教师（人文学科）、社会工作者、服装设计师、编辑、网站设计师
INTP 型（内向、直觉、思维、知觉型）	对于自己感兴趣的任何事物都寻求合理的解释；喜欢理论性和抽象的事物，热衷于思考而非社交活动；安静、内向、灵活、适应力强；对于自己感兴趣的领域有超凡的精力与深度解决问题的能力；多疑，有时会有点挑剔，喜欢分析	软件设计师、风险投资家、独立制作人、企业合规师

续表

性格类型	性格特征	较适合的职业
ESTP 型（外向、感觉、思维、知觉型）	灵活、忍耐力强，为人实际，注重结果；觉得理论和抽象的解释非常无趣，喜欢采取积极的行动解决问题；注重当下，自然不做作，享受和他人在一起的时刻；喜欢物质享受和时尚；认为学习新事物最有效的方式是亲身感受和练习	企业家、股票经纪人、保险经纪人、土木工程师、职业运动员、教练、经纪人、电子游戏开发员、房产开发商
ESFP 型（外向、感觉、情感、知觉型）	外向、友好、接受力强，热爱生活及物质上的享受；喜欢和别人一同将事情做成功；在工作中讲究常识和实用性，并使工作显得有趣；灵活、自然不做作，对于任何新事物都能很快适应；认为学习新事物最有效的方式是和他人一起尝试	幼教老师、公关专员、职业策划咨询师、导游、促销员、演员、海洋生物学家、销售人员、互联网营销师
ENFP 型（外向、直觉、情感、知觉型）	热情洋溢、富有想象力，认为人生有许多可能性；能很快地将事情与信息联系起来，自信地根据自己的判断解决问题；需要得到别人的认可，也给他人赏识和帮助；灵活、自然不做作，有很强的即兴发挥的能力，言语流畅	广告客户管理师、平面设计师、艺术指导师、公司团队培训师、心理学家
ENTP 型（外向、直觉、思维、知觉型）	反应快、睿智，有激励人的能力，警觉性强、直言不讳；在解决新的、具有挑战性的问题时机智而有策略；善于找出理论上的可能性，然后用战略的眼光分析；善于理解别人；不喜欢例行公事，很少用相同的方法做相同的事情，倾向于发展不同的新爱好	投资银行家、广告创意总监、文案策划者、广播主持人、电视主持人、二手车经纪人、易货师
ESTJ 型（外向、感觉、思维、判断型）	为人实际、现实主义；果断，一旦下决心就会立即行动；善于将项目和人组织起来完成任务，并尽可能用最有效率的方法得到结果；注重日常的细节；有非常清晰的逻辑标准，有系统性地进行遵循，并希望他人也能同样遵循；在实施计划时强而有力	公司首席执行官、军官、预算分析师、药剂师、教师（贸易/工商类）、物业管理者、工业视觉系统运维员、管廊运维员
ESFJ 型（外向、感觉、情感、判断型）	热心肠、有责任心、喜欢合作；希望周边的环境温馨和谐；喜欢和他人一起精确并及时地完成任务；事无巨细，能体察到他人在日常生活中的需要并通过帮助他人来得到满足；希望自己能受到他人的认可和赏识	零售商、理货员、采购员、运动教练、饮食业管理者
ENFJ 型（外向、直觉、情感、判断型）	热情、为他人着想、易感应、有责任心，非常注重他人的感情、需求和动机；善于发现他人的潜能，并乐于帮助他们开发出来；能成为个人或群体成长与进步的催化剂；忠诚，对于赞扬和批评都会积极地回应；友善、好社交，在团体中善于帮助他人，并有鼓舞他人的领导能力	广告客户管理者、杂志编辑、公司培训师、电视制片人、记者、市场专员

续表

性格类型	性格特征	较适合的职业
ENTJ 型（外向、直觉、思维、判断型）	坦诚、果断，有天生的领导能力，能很快看出公司、组织、程序或政策中的不合理性和低效能性，发展全面有效的系统来解决问题并实施；善于设定长期的计划和目标；通常见多识广、博览群书，喜欢拓展自己的知识面并将此分享给他人；在陈述自己的想法时强而有力	管理咨询顾问、教育咨询顾问、投资顾问、法官、公司金融顾问

（1）外向（E）–内向（I）：指我们与世界相互作用的方式和能量的疏导方式。

（2）感觉（S）–直觉（N）：指接受信息的方式。

（3）思维（T）–情感（F）：指做决策的方式。

（4）判断（J）–知觉（P）：指日常的生活方式。

二、性格与现实的冲突

　　人的性格具有一定的稳定性，但又不是一成不变的，客观环境的变化和个人的主观调节都会使性格发生改变，所以性格与职业的匹配也并非绝对的。每个人在现实中应发挥自己的性格优势，找准适合自己性格的职业。但若某项职业不是百分之百地适合自己的性格，个人也可以培养并发展相适应的职业性格。

职业VS性格

阅读材料

"追求完美"也能导致职业困惑

　　李楠成绩优异，在毕业后进入了一家公司担任人力资源培训师。很快公司经理就发现，李楠虽然业务能力很强，工作热情很高，培训课程效果很好，但是很多接受培训的员工对她不满，认为她要求太高。同时，李楠与同事的关系也不佳，常因为一些小事与同事产生争执，且不退让。

　　这也成为李楠的苦恼，她求助于职业规划咨询师。经过测试，咨询师发现李楠是"严谨型"职业性格，MBTI 性格类型则是"INTJ 型"（内向、直觉、思维、判断型），有较强的"追求完美"的倾向，对他人比较苛求。

　　点评："追求完美"无可厚非，但过度地追求完美也会阻碍工作的开展。李楠作为人力资源培训师，需要忍受学员的"不完美"，如果无法改变自己的性格，或许应该考虑换一个岗位。

第四节　能力与职业

课堂活动

活动主题：职业运动员能力分析。

活动内容：2022 年北京冬季奥运会上，冬奥健儿争金夺银，奋勇为国争光。请同学们选择一位在北京冬季奥运会取得优异成绩的运动员，分小组讨论成为一位职业运动员所需要具备的能力。

能力是目前用人单位对求职者最感兴趣的部分，在职场中大学生可以把能力看作自身的资产与本钱，它决定大学生能否胜任工作。

一、什么是能力

能力是一个人解决问题的个性心理特征，是完成任务或达到目标的必备条件。能力直接影响活动的效率，是活动顺利完成的重要内在因素。能力中有天赋的成分，也有后天训练的技能成分。一个人的能力可以从多个角度去描述，如观察力、注意力、记忆力和理解力等。心理学家在关于能力的研究中，根据个人能力特点与职业成就之间的规律，将与职业成就和职业满意度相关的能力分为以下 3 种。

（1）知识性能力。知识性能力是指与工作内容相关的，具体的、专业化的、针对某一特定工作的基本能力。大学生了解自己这方面的能力并不困难，在学校学习的具体科目，如计算机编程、质量检测等，就是为了培养大学生的知识性能力。它的特点是不容易被迁移到其他工作中去，一般需要经过有意识的、专业的培训，并通过记忆掌握一些特殊的词汇、程序和学科知识。如你虽然拥有计算机编程的能力，但是无法做一名合格的服装设计师。

（2）适应性能力。适应性能力是指人们进行自我管理的能力，也被称为情商，指的是个人的特质。通常认为其包括自我觉察、情绪管理、自我激励、认知他人情绪和理解他人情绪这 5 大能力。这种能力能帮助大学生更好地适应周围环境，以及在环境中更好地调整自己。适应性能力可以从日常生活领域迁移到工作领域，发挥作用。

（3）可迁移能力。可迁移能力是指在日常活动中就能够获得或改善的，并对所有工作都适用的有价值的能力，一般用行为动词来描述，如沟通、组织、计划、决策、装配、修理、调查和操作等。这种能力可以从一项活动迁移到其他工作中去，发挥作用。比如说你拥有好的沟通能力，那么在其他工作中你也具备该项能力。

一个人要想胜任一项工作，仅仅拥有知识性能力是不够的，所以择业时还要考虑适应性能力和可迁移能力，看是否能够胜任某项工作。另外，对于自己某一方面能力不足，大学生要做到中心有数，并进行进一步培养。

二、提升自己的能力

前文已经讲了能力的分类。一个人的知识性能力主要通过其在学校学习专业知识来获得，除此之外的其他能力是在生活中获得的。那么如何提升自己的能力呢？下面有几点可供参考。

（1）为自己的生活和工作设立目标。目标是给自己树立标杆，使自己有个奋斗的方向。有个明确的目标能够让自己清楚地认识自身与目标之间的差距，从而去努力提高、缩小差距，提升自己的能力。

（2）积极组织、参与各种校内外活动。大学生会在活动中提高自己的组织管理能力和人际交往能力等。

（3）积极参与竞选班级或学生会的干部。在平时的管理班级的工作或者学生会的工作中，大学生会让自己的工作能力、组织协调能力等得到充分培养。

总的来说，能力的提升方式是多种多样且不固定的。只有当你发现某种能力有所欠缺的时候，你才会有针对性地去提升这种能力。所以，在平时的生活当中，大学生应该不断地对自己进行反思和总结，及时发现自己能力的不足，完善自我。

第五节 价值观与职业

📝 课堂活动

活动主题："全国敬业奉献模范"李俊贤价值观分析。

活动内容：2021年，我国评选出了22名"全国敬业奉献模范"，其中包括中国工程院院士、化工合成专家李俊贤。李俊贤院士长期从事推进剂及聚氨酯研究分析，在我国艰苦的西北环境中默默付出几十年，累计取得50多项成果，在军民两端都做出了重要贡献。同时，他还留心团队建设、人才培养，在90岁高龄时捐赠毕生积蓄设立青年创新基金，被誉为"国家腾飞的助推剂""国家精神的造就者"。请进一步了解李俊贤院士的事迹，说一说其中体现了他什么样的价值观。

很多人认为，价值观跟自己想从事的职业没有关系，其实这是个错误的观点。价值观对个人动机有导向的作用，动机的目的方向受到价值观的支配，只有那些经过价值判断并被认可的价值观才能转换为具体的动机，并使个人以此为目标引导自己的行为。为什么李俊贤院士能够扎根大西北，数十年如一日地开展研究，最终取得突破性的成果呢？这其实是价值观在起作用。下面就让我们一起来学习价值观，并对自身的价值观加以了解和分析。

一、什么是价值观

价值观是基于个人思维和感受做出的评价、判断、理解或选择，主要以潜在的方式对个人的思想和行为进行主导和影响。价值观具体表现为对事物的看法、对是非的判别和对利益与道德的取舍等。职业选择方面的价值观叫作职业价值观，一个人在考虑对职业的认识、对职业目标的追求与向往、乐趣、收入和工作环境等时，对这些职业因素的判断和取舍便是其职业价值观的具体表现。

价值观是怎么形成的呢？研究表明，价值观既受遗传因素影响，也受后天环境影响。影响因素主要包括民族文化、父母行为、教师教导、朋友影响和社会环境等。价值观一旦形成，是相对持久且稳定的，并会在个人的行为中表现出来，推动其做出与价值观相符的行为，甚至突出表现为一定的行为模式。

职业研究机构和职业专家通过调查，对职业价值观进行了总结，我国学者阚雅玲将职业价值观分为以下12类。

（1）收入与财富。通过工作能够明显有效地改变自身财务状况，将薪酬作为选择工作的重要依据。工作的目的或动力主要来源于对收入和财富的追求，并借此改善生活质量，显示自己的身份和地位。

（2）兴趣特长。以自己的兴趣和特长作为选择职业最主要的衡量因素，能够扬长避短、趋利避害、择己所爱，能从工作中得到乐趣和成就感。有此类价值观的人通常会拒绝做自己不喜欢、不擅长的工作。

（3）权力地位。有较强的权力欲望，希望能影响或控制他人，使他人按照自己的想法行动；希望拥有权力地位而受人尊重，从中可以得到强烈的成就感和满足感。

（4）自由独立。希望工作有弹性，不想受太多的约束，希望可以充分掌握自己的时间和行动，自由度高，既不想治人也不想受制于人。

（5）自我成长。要求工作能提供受培训和锻炼的机会，使经验与阅历能够按照自己的意愿得到丰富。

（6）自我实现。看中工作提供的机会和平台，使自己的专业知识和能力得以全面运用和施展，实现自身价值。

（7）人际关系。将工作单位的人际关系看得非常重要，渴望能够在一个和谐、友好的环境中工作。

（8）身心健康。工作安全、劳逸适当、无紧张感和恐惧感，使自身身心健康不受工作影响。

（9）环境因素。看中的是舒适安逸的工作环境，或对工作地域有特别的要求。

（10）工作稳定。工作相对稳定，不用担心裁员和被辞退，免于经常奔波找工作。

（11）组织和社会需要。愿意根据组织和社会的需要响应号召，为集体和社会作贡献。

（12）追求新意。希望工作的内容经常变换，有丰富多彩的工作和生活。

当然，每个人的条件和需求不同，表现出的职业价值观实际上是多样性的，以上类型都十分具有代表性，为大学生分析自己的职业价值观指明了方向，对职业生涯规划有积极的意义。

刘长城回乡记

刘长城出生于江西省赣州市寻乌县晨光镇高布村。高布村是罗霄山脉中一个典型的山村。刘长城从小的心愿就是走出大山，到城市里过上好日子。通过自己的努力，刘长城考上了赣南师范高等专科学校，成为村里少有的大学生，距离梦想近了一步。

2018年年初，在高布村的首届在读大学生座谈会上，刘长城获悉了村里的政策，对家乡近年来的变化及未来的发展有了更深的了解。他决定回到家乡，为家乡作贡献。"自己的家乡自己不建谁来建？"这句话被他挂在嘴边。

毕业后，刘长城回到了家乡，顺利入职驻村公司。经过两年的历练，刘长城已经成为在销售、策划、管理等各方面都能独当一面的经营能手，并且是全村最年轻的预备党员。未来，刘长城将继续为家乡发展贡献力量。

点评：从这个例子我们可以看出，刘长城原本的职业价值观以工作环境为主要考虑因素。但后来其职业价值观转变为以"社会需要"和"自我实现"为主要考虑因素，返乡发展，成为建设家乡的一分子。

二　价值观与现实的冲突

价值观对于大学生选择职业有非常重要的影响。从本质上讲，价值观用于解决"为什么活着"这样的终极命题，涉及人的理想和追求。

可在现实中，并不是所有的理想都能够实现的。因为在现实生活中，人们除了要遵从价值观，还需要承担起各种责任，如对家人与社会的责任。这种时候大学生只能暂时放下自己的理想，将它延后实现。

第六节　拓展阅读——最美奋斗者

2019 年，为隆重庆祝新中国成立 70 周年，学习英雄事迹、弘扬奋斗精神、培育时代新人，中共中央宣传部、教育部、国务院国资委、中央军委政治工作部等党政部门决定，授予张富清等 278 名个人、西安交通大学"西迁人"爱国奋斗先进群体等 22 个集体"最美奋斗者"称号。

在这些"最美奋斗者"个人和集体中，既有基层优秀党员干部，也有做出重要贡献的各行各业代表人士，还有在平凡的岗位上做出不平凡业绩的工人、农民、知识分子、干部和各界人士，以及人民解放军指战员、武警部队官兵、公安干警、消防救援队伍指战员等。

于漪，成长于抗日战争时期，从小就深刻地感受到了民族的危亡和人民的苦难，于是立志求学，希望能解救民族于水深火热之中，并使人民走向更加文明的社会。1951 年，22 岁的于漪从复旦大学教育系毕业，随即走上了语文教师的岗位。在教育岗位上，于漪长期躬耕于中学语文教学事业，坚持教文育人，推动"人文性"写入全国《语文课程标准》；主张教育思想和教学实践同步创新，撰写数百万字教育著述，许多重要观点被教育部门采纳，为推动全国基础教育改革发展做出了突出贡献。

王文教，祖籍福建南安，1933 年出生于印度尼西亚（印尼），20 世纪 50 年代初成为印尼家喻户晓的羽毛球明星，功成名就。但在 1953 年随印尼体育观摩团参加了在天津举办的全国四项球类运动会后，王文教意识到了中国羽毛球与世界顶尖水平的巨大差距，次年，不顾印尼方面的阻拦和家人的反对，与搭档陈福寿一起毅然归国。归国后，王文教以发展中国羽毛球运动为己任，其与陈福寿合写的有关羽毛球训练方法的文章（后结集成书，名为《羽毛球》）成为全国各省市羽毛球队的训练指导材料。退役后，王文教先后执教福建羽毛球队、国家羽毛球队，在他任总教练期间，中国羽毛球队产生了 56 个世界单项冠军，王文教也因此荣获国际羽联"终身成就奖"。

邓前堆，1964 年出生，在 1983 年患上了严重的痢疾，在村里的诊所躺了 4 天。当时给他看病的乡村医生友向叶问他："生病痛不痛苦？想不想当医生？"邓前堆就此找到了人生的方向，走上了乡村医生的道路。经过乡卫生院批准后，他成为友向叶医生的学徒，正式跟着友向叶医生当起了乡村医生。邓前堆热爱农村卫生事业，为了村民的健康，他节假日从没休息过。几十年来，邓前堆不顾危险，靠一套滑轮、一根绳子，借助距怒江江面 30 米高 100 多米长的溜索来往于拉马底村，为百姓送医送药，累计出诊 5000 多次，步行约 60 万千米，诊治患者 13 万余人次，被当地群众称为"索道医生"。

谢晋，1923 年出生于浙江省上虞县。谢晋从小就对戏曲有浓厚的兴趣，后来随父母迁居上海继续读小学，对戏曲的痴迷逐渐转向电影。中学时，谢晋便利用业余时间到华光戏剧专科学校、金星电影训练班学习，并参加由于伶等人支持的学生戏剧活动。大学时代，谢晋进入四川江安国立戏剧专科学校学习，后来又在南京国立戏剧专科学校学习导演专业。毕业后，谢晋开始了长达数十年的导演生涯，先后执导了《天云山传奇》《牧马人》《芙蓉镇》《高山下的花环》《鸦片战争》《红色娘子军》等一批思想性、艺术性相统一的优秀电影，集中展现了我国改革开放以来人民思想解放、时代风云激荡的历程，为我国社会主义文艺事业繁荣发展和人民群众思想文化建设做出了突出贡献。

这些"最美奋斗者"个人和集体扎根基层、奉献人民，在各自岗位上做出了非凡业绩，不仅实现了自己的职业生涯理想，而且赢得了人民的广泛赞誉，受到了党和政府的表彰，是大学生进行职业生涯规划的榜样。

案例启发

　　"最美奋斗者"个人和集体是新中国成立以来，各地区、各行业、各领域涌现出来的先进人物和集体。这些奋斗者身份不同，所在领域不同，但相同的是，他们都对自己有充分的认识，找到了自己的追求与梦想。大学生也应该以"最美奋斗者"们为目标，自觉把自己的职业生涯发展同国家和民族的发展与兴盛紧密联系在一起，在实现自己的人生价值的同时，为中华民族伟大复兴贡献力量。

第七节　自我评估

　　以下的几个测试将帮助你发现并确定自己的职业兴趣、性格、能力和价值观，从而使你在职业生涯规划过程中更好地确定职业方向。

 测试一　职业兴趣测试

〖测试说明〗

请根据自己的实际情况对以下问题作答，不要花时间去思考答案。回答时如果符合，记 1 分；不符合，记 0 分。回答结束后将分数填入表 3-5。注意：本测试结果仅供参考，不代表最终结论。

1. 我喜欢不时地夸耀一下自己取得的成就。　　　　　　1（　）　0（　）
2. 在工作中我喜欢独自筹划，不希望别人干涉。　　　　1（　）　0（　）
3. 我喜欢在做事情前对事情做出细致的安排。　　　　　1（　）　0（　）
4. 我喜欢从事广告、音乐、歌舞等方面的工作。　　　　1（　）　0（　）
5. 每次写信我都反反复复，不能一挥而就。　　　　　　1（　）　0（　）
6. 我经常不停地思考某一问题，直到想出正确的答案。　1（　）　0（　）
7. 我喜欢小心谨慎地做每一件事。　　　　　　　　　　1（　）　0（　）
8. 我喜欢抽象思维的工作，不喜欢动手的工作。　　　　1（　）　0（　）
9. 我喜欢成为人们注意的焦点。　　　　　　　　　　　1（　）　0（　）
10. 良好的人际关系对我来说非常重要。　　　　　　　　1（　）　0（　）
11. 在集体讨论中，我常常积极主动，表现活跃。　　　　1（　）　0（　）
12. 当我一人独处时，会感到不舒服。　　　　　　　　　1（　）　0（　）
13. 我曾经渴望有机会参加探险。　　　　　　　　　　　1（　）　0（　）
14. 我喜欢修理机械的工作。　　　　　　　　　　　　　1（　）　0（　）
15. 我不喜欢参加各种各样的聚会。　　　　　　　　　　1（　）　0（　）
16. 我喜欢说服别人依计划行事。　　　　　　　　　　　1（　）　0（　）
17. 音乐能使我陶醉。　　　　　　　　　　　　　　　　1（　）　0（　）
18. 我办事总是瞻前顾后。　　　　　　　　　　　　　　1（　）　0（　）
19. 我喜欢经常请示上级。　　　　　　　　　　　　　　1（　）　0（　）
20. 我喜欢需要运用智力的游戏。　　　　　　　　　　　1（　）　0（　）
21. 我很喜欢做那种需要持续集中注意力的工作。　　　　1（　）　0（　）
22. 我喜欢亲自动手制作一些东西，并从中得到乐趣。　　1（　）　0（　）
23. 我的动手能力很强。　　　　　　　　　　　　　　　1（　）　0（　）
24. 和不熟悉的人交谈对我来说毫无困难。　　　　　　　1（　）　0（　）
25. 和别人谈判时，我不轻易放弃自己的观点。　　　　　1（　）　0（　）
26. 我很容易结识同性别的朋友。　　　　　　　　　　　1（　）　0（　）
27. 对于社会问题，我很少持中庸的态度。　　　　　　　1（　）　0（　）
28. 当我开始做一件事情后，碰到再多的困难，我也要执着地做下去。

　　　　　　　　　　　　　　　　　　　　　　　　　1（　）　0（　）
29. 我是一个沉静而不易动感情的人。　　　　　　　　　1（　）　0（　）
30. 当我工作时，我喜欢避免干扰。　　　　　　　　　　1（　）　0（　）
31. 我的理想是当一名科学家。　　　　　　　　　　　　1（　）　0（　）

32. 与推理小说相比，我更喜欢言情小说。　1( )　0( )

33. 我有时候太倔强，明明知道对方是对的，也要和他们对着干。　1( )　0( )

34. 我爱幻想。　1( )　0( )

35. 我总是主动地向别人提出自己的建议。　1( )　0( )

36. 我喜欢使用锤子一类的工具。　1( )　0( )

37. 我乐于解除别人的痛苦。　1( )　0( )

38. 我愿意冒一点险以求进步。　1( )　0( )

39. 我喜欢按部就班地完成工作。　1( )　0( )

40. 我不希望经常换工作。　1( )　0( )

41. 我总是留有充裕的时间去赴约。　1( )　0( )

42. 我喜欢阅读自然科学方面的书籍和杂志。　1( )　0( )

43. 如果掌握一门手艺，并能以此为生，我会感到非常满意。　1( )　0( )

44. 我不希望当一名汽车司机。　1( )　0( )

45. 听到别人说"家中被盗"一类的事时，我会感到同情。　1( )　0( )

46. 如果待遇相同，我宁愿当商品推销员，而不愿当图书管理员。　1( )　0( )

47. 我喜欢跟各类机械打交道。　1( )　0( )

48. 我小时候经常把玩具拆开，把里面看个究竟。　1( )　0( )

49. 当接受一项新任务后，我喜欢以自己独特的方法去完成它。　1( )　0( )

50. 我有文艺方面的天赋。　1( )　0( )

51. 我喜欢把一切安排得整整齐齐、井井有条。　1( )　0( )

52. 我喜欢做一名教师。　1( )　0( )

53. 在大家面前，我总能找到恰当的话来说。　1( )　0( )

54. 看情感影片时，我常常禁不住眼圈湿润。　1( )　0( )

55. 我喜欢学物理。　1( )　0( )

56. 在实验室独自做实验会令我很高兴。　1( )　0( )

57. 对于急躁、爱发脾气的人，我仍能以礼相待。　1( )　0( )

58. 遇到难解答的问题时，我常常能坚持到底。　1( )　0( )

59. 大家公认我是一个勤劳踏实、愿为大家服务的人。　1( )　0( )

60. 我喜欢在人事部门工作。　1( )　0( )

表 3-5　得分汇总

类型	对应的题号及得分	合计得分
现实型（R）	2（ ）3（ ）14（ ）22（ ）23（ ） 36（ ）43（ ）44（ ）47（ ）48（ ）	

续表

类型	对应的题号及得分	合计得分
传统型（C）	5（　）7（　）18（　）19（　）29（　） 39（　）40（　）41（　）51（　）57（　）	
企业型（E）	11（　）13（　）16（　）24（　）25（　） 28（　）35（　）38（　）46（　）60（　）	
社会型（S）	10（　）12（　）15（　）26（　）27（　） 37（　）45（　）52（　）53（　）59（　）	
研究型（I）	6（　）8（　）20（　）21（　）30（　） 31（　）42（　）55（　）56（　）58（　）	
艺术型（A）	1（　）4（　）9（　）17（　）32（　） 33（　）34（　）49（　）50（　）54（　）	
得分最高的3项	（1）　　　　　　（2）　　　　　　（3）	
得分最低的3项	（1）　　　　　　（2）　　　　　　（3）	

〖测试分析〗

测试完毕后，计算得分最高的3种类型，并按分数由高到低的顺序依次排列，此排列编码便是你的霍兰德职业兴趣编码。据编码对照表3-6，便可查找出与你的性格匹配度较高的职业。当然，这个测试只是对自身局部的探索，要想进一步明确职业方向，还需要在此基础上综合其他方面的能力，通过学习和实践来进一步明确。

表3-6　职业兴趣-类别索引

编码	对应的职业类别
RIA	牙科医生、陶工、建筑设计员、模型工、细木工、制作链条人员
RIS	厨师、林务员、跳水员、潜水员、染色员、电器修理员、眼镜制作者、电工、纺织机器装配工、服务员、装玻璃工人、发电厂工人、焊接工
RIE	建筑和桥梁工程人员、环境工程人员、航空工程人员、公路工程人员、电力工程人员、信号工程人员、电话工程人员、一般机械工程人员、自动工程人员、矿业工程人员、海洋工程人员、交通工程技术人员、制图员、计量员、农民、农场工人、农业机械操作工、清洁工、无线电修理工、汽车修理工、手表修理工、管工、线路装配工、工具仓库管理员
RIC	船上工作人员、接待员、杂志保管员、牙医助手、制帽工、磨坊工、石匠、机器制造工、机车（火车头）制造者、农业机器装配人员、汽车装配工、缝纫机装配工、钟表装配和检验员、电动器具装配员、鞋匠、锁匠、货物检验员、电梯机修工、钢琴调音员、装配工、印刷工、建筑钢铁工作人员、卡车司机
RAI	手工雕刻、玻璃雕刻、制作模型人员、家具木工、制作皮革品人员、手工绣花人、手工钩针纺织者、排字工作者、印刷工作者、图画雕刻者、装订工
RSE	消防员、交通巡警、警察、门卫、理发师、房间清洁工、锻工、开凿工人、管道安装工、出租汽车驾驶员、货物搬运工、送报员、勘探员、娱乐场所服务员、起卸机操作工、灭害虫者、电梯操作工、厨房助手

续表

编码	对应的职业类别
RSI	纺织工、编织工、农业学校教师、某些职业课程教师（如艺术、商业、技术、工艺课程教师）、雨衣上胶工
REC	抄水表员、家政服务员、实验室动物饲养员、动物管理员
REI	轮船船长、航海领航员、试管实验员
RES	旅馆服务员、家畜饲养员、渔民、渔网修补工、水手长、收割机操作工、搬运行李工人、公园服务员、救生员、登山导游、火车工程技术员、建筑工作者、铺轨工人
RCI	测量员、勘测员、仪表操作者、农业工程技术人员、化学工程技师、民用工程技师、石油工程技师、资料室管理员、探矿工、煅烧工、烧窑工、矿工、保养工、磨床工、取样工、样品检验员、纺纱工、炮手、漂洗工、电焊工、锯木工、刨床工、制帽工、缝纫工、油漆工、染色工、按摩工、木匠、电影放映员、勘测员助手
RCS	公共汽车驾驶员、水手、游泳池服务员、裁缝、建筑工作者、石匠、烟囱修建工、混凝土工、电话修理工、爆炸手、邮递员、矿工、裱糊工人、纺纱工
RCE	打井工、吊车驾驶员、农场工人、邮件分类员、铲车司机、拖拉机司机
IAS	普通经济学家、农业经济学家、财政经济学家、国际贸易经济学家、实验心理学家、工程心理学家、心理学家、哲学家、内科医生、数学家
IAR	人类学家、天文学家、化学家、物理学家、医学病理学家、动物标本制作者、化石修复者、艺术品管理者
ISE	营养学家、饮食顾问、火灾检查员、邮政服务检查员
ISC	侦察员、电视修理服务员、验尸室人员、医学实验室技师、调查研究者
ISR	水生生物学者、昆虫专家、微生物学家、配镜师、矫正视力者、牙科医生、骨科医生
ISA	实验心理学家、普通心理学家、发展心理学家、教育心理学家、社会心理学家、临床心理学家、皮肤病专家、精神病专家、妇产科医师、眼科医生、五官科医生、医学实验室技术专家、民航医务人员、护士
IES	生理学家、化学专家、地质专家、地理物理学专家、纺织技术专家、医院药剂师、工业药剂师、药房营业员
IEC	档案保管员、保险统计员
ICR	质量检验技术员、地质学技师、工程师、法官、图书馆技术辅导员、计算机操作员、医院听诊员、家禽检查员
IRA	地质学家、声学物理学家、矿物学家、古生物学家、石油学家、地震学家、原子和分子物理学家、电学和磁学物理学家、气象学家、设计审核员、人口统计学家、数学统计学家、外科医生、城市规划家、气象员
IRS	流体物理学家、物理海洋学家、等离子体物理学家、农业科学家、动物学家、食品科学家、园艺学家、植物学家、解剖学家、动物病理学家、作物病理学家、药物学家、生物化学家、生物物理学家、细胞生物学家、临床化学家、遗传学家、分子生物学家、质量控制工程师、地理学家、兽医、放射性治疗技师
IRE	化验员、化学工程师、纺织工程师、食品技师、渔业技术专家、材料和测试工程师、电气工程师、土木工程师、航空工程师、行政官员、冶金专家、原子核工程师、陶瓷工程师、地质工程师、电力工程师、口腔科医生、牙科医生

编码	对应的职业类别
IRC	飞机领航员、飞行员、物理实验室技师、文献检查员、农业技术专家、动植物技术专家、生物技师、油管检查员、工商业规划者、矿藏安全检查员、纺织品检验员、工程技术员、计算机程序员、工具设计者、仪器维修工
CRI	会计、计时员、铸造机操作工、打字员、按键操作工、复印机操作工
CRS	仓库保管员、档案管理员、缝纫工、讲述员、收款人
CRE	标价员、实验室工作者、广告管理员、打字机操作员、电动机装配工、缝纫机操作工
CIS	记账员、顾客服务员、报刊发行员、土地测量员、保险公司职员、会计师、估价员、邮政检查员、外贸检查员
CIE	打字员、统计员、支票记录员、订货员、校对员、办公室职员
CIR	校对员、工程职员、检修员
CSE	接待员、旅馆服务员、商学教师、旅游办事员
CSR	运货代理商、铁路职员、交通检查员、办公室通信员、簿记员、出纳员、银行财务职员
CSA	秘书、图书管理员、办公室办事员
CER	邮递员、数据处理员
CEI	推销员、经济分析家
CES	银行会计、记账员、法人秘书、速记员
ECI	银行行长、审计员、信用管理员、地产管理员、商业管理员
ECS	信用办事员、保险人员、各类进货员、海关服务经理、售货员、购买员、会计
ERI	建筑物管理员、工业工程师、农场管理员、农业经营管理人员
ERS	仓库管理员、房屋管理员、货栈监督管理员
ERC	邮政管理员、渔船船长、机械操作领班、木工领班、瓦工领班、驾驶员领班
EIR	科学、技术、有关周期出版物的管理员
EIC	专利代理人、鉴定人、运输服务检查员、安全检查员、废品收购人员
EIS	警官、侦察员、交通检验员、安全咨询员、合同管理者、商人
EAS	公证人
EAR	展览室管理员、舞台管理员、播音员、动物训练师
ESC	理发师、裁判员、政府行政管理员、财政管理员、职业病防治者、售货员、商业经理、办公室主任、人事负责人、调度员
ESR	家具售货员、书店售货员、公共汽车的驾驶员、日用品售货员、自然科学和工程的行政领导
ESI	博物馆管理员、图书馆管理员、古迹管理员、饮食业经理、地区安全服务管理员、技术服务咨询者、超级市场管理员、零售商品店店员、批发商、出租汽车服务站调度员

续表

编码	对应的职业类别
ESA	博物馆管理员、报刊管理员、音乐器材售货员、导游（轮船或班机上的）、事务长、空乘、船员、法官、律师
ASE	戏剧导演、舞蹈教师、广告撰稿人、报刊编辑、专栏作者、记者、演员、英语翻译者
ASI	音乐教师、乐器教师、美术教师、管弦乐指挥、合唱队指挥、演奏家、哲学家、作家、广告经理
AER	新闻摄影师、电视摄影师、艺术指导、录音指导、丑角演员、魔术师、木偶戏演员、跳水员
AEI	音乐指挥、舞台指导、电影导演
AES	流行歌手、舞蹈演员、电视节目主持人、舞蹈教师、口技表演者、喜剧演员、模特
AIS	画家、剧作家、编辑、评论家、时装设计师、演员、文学作者
AIE	花匠、皮衣设计师、工业产品设计师、剪影艺术家、复制雕刻品大师
AIR	建筑师、画家、摄影师、绘图员、环境美化工、雕刻家、包装设计师、陶器设计师、绣花工、漫画画家
SEC	社会活动家、退伍军人服务官员、工商会事务代表、教育咨询者、宿舍管理员、旅馆经理、饮食服务管理员
SER	体育教练、游泳指导员
SEI	医院行政管理员、历史学家、家政经济学家、职业学校教师、资料员
SEA	娱乐活动管理员、国外服务办事员、社会服务助理、一般咨询者
SCE	福利机构职员、生产协调人、环境卫生管理人员、戏院经理、餐馆经理、售票员
SRI	外科医师助手、医院服务员
SRE	体育教师、职业病治疗者、体育教练、专业运动员、房管员、儿童家庭教师、警察、引座员、传达员、家政服务员
SRC	护理员、医院勤杂工、理发师、学校儿童服务人员
SIA	社会学家、心理咨询者、学校心理学家、政治科学家、大学或学院的系主任、大学或学院的教育学教师、大学农业教师、大学工程和建筑课程的教师、大学法律教师、大学数学（医学、物理、社会科学和生命科学）教师、研究生助教、成人教育教师
SIE	营养学家、饮食学家、海关检查员、安全检查员、税务稽查员
SIC	描图员、兽医助手、诊所助理、体检检查员、监督缓刑犯的工作者、娱乐指导者、咨询人员、社会科学教师
SIR	理疗员、救护队工作人员、手足病医生、职业病治疗助手

 测试二　性格测试

〖测试说明〗

　　阅读表3-7至表3-10中每一对描述，选择其中在大多数情况下符合你的那一项。

你必须设想最自然状态下的自己，或你在没有别人观察的情况下的举止。注意：本测试结果仅供参考，不代表最终结论。

第一部分：下面是关于情感和内心的描述，E 代表外向开放，I 代表内向内敛。

表 3-7　关于情感和内心的描述

E	I
喜欢行动和多样性	喜欢安静和思考问题
喜欢通过讨论来思考问题	喜欢在讨论之前先进行思考
采取行动迅速，有时不做过多的思考	在没有搞明白之前，不会很快地去做一件事
喜欢观察别人是如何做事的，喜欢看到工作的结果	喜欢理解这项工作的原理，喜欢一个人或很少的几个人一起做事
很注意别人是怎么看自己的	为自己设定标准

第二部分：下面是一些关于处理信息的方式的描述，S 代表感觉，N 代表直觉。

表 3-8　关于处理信息的方式

S	N
主要通过过去的经验来处理信息	通过分析，用逻辑思维去处理信息之间的关系
愿意用眼睛、耳朵和其他感官去观察、感受事物	喜欢用想象去发现新的做事方法和新的可能性
讨厌出现新问题，除非存在标准的解决方法	喜欢解决新问题，讨厌重复地做一件事
喜欢用已会的技能去做事，而不愿意学习新知识	相比运用旧技能，更愿意练习新技能
对于细节很有耐心，但当出现复杂情况时则开始失去耐心	对细节没有耐心，但不在乎复杂的情况出现

第三部分：下面是关于做出决定的方式的描述，T 代表思维判断，F 代表情感判断。

表 3-9　做出决定的方式

T	F
喜欢根据逻辑做出决策	喜欢根据个人感受和价值观做出决策，即使它们可能不符合逻辑
愿意被公平、公正地对待	喜欢被表扬，喜欢讨好他人，即使在不太重要的事上也是如此
可能会不知不觉地伤害别人的感情	了解和懂得别人的感受
更关注道理或事情本身，而非人际关系	能够预料到别人会产生什么感受
不需要和谐	不愿看到争论和冲突，珍视和谐

第四部分：下面描述的是日常生活方式，J 代表判断，P 代表知觉。

表 3-10　日常生活方式

J	P
喜欢预先制订计划，提前把事情落实下来	喜欢保持灵活性，避免制订固定计划

续表

J	P
总让事情按"它应该的样子"进行	轻松地应付计划与意料之外的突发事件
喜欢先完成一件工作后，再开始另一件	喜欢开始大量的工作，但是总不能完成它们
对人和事的处置很果断	在处理人和事时，总愿意先收集较多的信息
可能过快地做出决定	可能做决定太慢
在形成看法和做决策时，务求正确	在形成看法和做决策时，务求不漏掉任何因素
按照不轻易改变的标准和日程表生活	根据问题的出现不断改变计划

〖测试分析〗

综合思考前面的 4 个部分，把更接近自身特点的字母代号选出来，然后参照 MBTI 性格类型 - 特征 - 职业对照表（见表 3-4）进行解读。虽然人的性格是各种特征混杂的混合体，但通过对自然倾向的解读，能给大学生的职业决策提供一定的帮助。

 测试三   价值观与职业的筛选

请写出 10 个你认为的好工作和较能满足你内心需要的价值观。如果一种职业不能同时满足这几项，放弃并划掉，重复这一步骤，直到不放弃为止，最后得出必须坚持的价值观和对应的职业。注意：本测试结果仅供参考，不代表最终结论。

好工作   价值观

1. _____ ；_____。

2. _____ ；_____。

3. _____ ；_____。

4. _____ ；_____。

5. _____ ；_____。

6. _____ ；_____。

7. _____ ；_____。

8. _____ ；_____。

9. _____ ；_____。

10. _____ ；_____。

必须坚持的价值观：_____。

对应的职业：_____。

 测试四   职业价值观测试

〖测试说明〗

本测试共有 40 个题目，代表了 10 种职业价值观，做每个题目时需要根据自身实际的愿望或要求进行衡量。为了便于统计分析，请将分值填入表 3-11 中对应的题号后括号内。注意：本测试结果仅供参考，不代表最终结论。

（非常符合得 5 分；比较符合得 4 分；基本符合得 3 分；不太符合得 2 分；非常不符得 1 分。）

1. 在工作中你能接触到各种不同的人。

2. 你的工作赋予你高于别人的权力。

3. 你的工作时间比较富有弹性。

4. 只要努力，你的工资会高于其他同龄的人，或升级、加工资的可能性比其他工作大得多。

5. 你的工作能为大众福利带来看得见的效果。

6. 你的工作奖金很高。

7. 你的工作单位的同事和领导人品较好，相处比较随意。

8. 你能在你的工作中自由发挥你的才能。

9. 在别人的眼中，你的工作是很重要的。

10. 你的工作在体力上比较轻松，在精神上也不紧张。

11. 你的同学朋友都非常羡慕你的工作。

12. 你的工作成果常常能得到上级、同事或社会的肯定。

13. 你的工作使你感觉到你是团体中的一分子。

14. 无论你干好还是干坏，你总能和大多数人一样晋级和加工资。

15. 你的工作使你很有成就感。

16. 你的工作使你有可能结识各行各业的知名人物。

17. 在工作中，你的新想法总能得到试行。

18. 在工作中，你不会因为身体或能力等因素被人瞧不起。

19. 你在工作时需要组织和计划别人的工作。

20. 在工作中，你不必担心会因为所做的事情使领导不满意而受到训斥或经济惩罚。

21. 你能从工作的成果中知道自己做得不错。

22. 你的工作需要经常出差、参加各种集会或活动。

23. 你从事的工作经常在报刊、电视中被提到，因而你在人们的心目中很有地位。

24. 只要你干上这份工作，就不会再调到其他你意想不到的单位或工作中去。

25. 在你的工作中，不会有人常来打扰你。

26. 你的工作可以使你获得较多的额外收入，比如公司常发实物或购物券、常可以购买打折的食品、常有机会购买进口产品等。

27. 你的工作要求你把一切事情管理得井井有条。

28．你的工作单位有舒适的休息室、更衣室、浴室及其他设备。

29．你的工作有数量可观的夜班费、加班费、保健费或营养费等。

30．你在工作中和同事能建立良好的关系。

31．你的工作使你常常能帮助别人。

32．你的工作作风使你被别人尊重。

33．你的工作会使许多人认识你。

34．在工作中，你为他人服务，使他人感到满意，你自己也因此感到高兴。

35．在工作中，你是不受别人差遣的。

36．在工作中，你能和领导有融洽的关系。

37．你可以看见你努力工作的结果。

38．经常有许多人由于你的工作来感谢你。

39．你的工作场所很好，比如有适度的灯光、舒适的座椅、安静清洁的环境，以及宽敞的工作空间等。

40．在工作中，你是一个负责的人，虽然可能只领导几个人，但你也很乐意。

表 3-11　职业价值观测试得分

职业价值观类型	对应的题号及得分				合计得分
高收入	4（　）	6（　）	26（　）	29（　）	
社会声望	9（　）	11（　）	23（　）	32（　）	
独立性	8（　）	17（　）	25（　）	35（　）	
奉献性	5（　）	31（　）	34（　）	38（　）	
稳定性	14（　）	18（　）	20（　）	24（　）	
多样性	1（　）	16（　）	22（　）	33（　）	
领导性	2（　）	19（　）	27（　）	40（　）	
成就感	12（　）	15（　）	21（　）	37（　）	
舒适性	3（　）	10（　）	28（　）	39（　）	
人际关系	7（　）	13（　）	30（　）	36（　）	
得分最高的 3 项	（1）	（2）	（3）		

从得分最高的 3 项中可以看出你的喜好，从而可以得出你的职业价值观倾向，在择业时就可以考虑这些倾向。如果你倾向于多样性和高收入，营销工作就是一个不错的选择；如果你倾向于帮助他人而不太看重收入，教师这个职业就是一个很好的选择。所以一个人的价值观在他选择职业时起着重要的作用，只有客观地认识它，才能在择

业时做出合理的选择。

〖测试分析〗

对表3-11的各行得分进行分数汇总，将得分最高的3项参照下列分析进行解读，你将对自己的职业价值取向有一个大致的了解和掌握。

（1）高收入：工作的目的和价值在于获得优厚的报酬，使自己有足够的财力去获得想要的东西，让生活过得较为富足。

（2）社会声望：工作的目的和价值在于从事该工作在人们心目中有较高的社会地位，从而得到别人的尊重。

（3）独立性：工作的目的和价值在于能充分发挥自己的独立性和主动性，按自己的方式、想法去做，不受他人干扰。

（4）奉献性：工作的目的和价值在于能直接为增加大众的幸福和利益尽一份力。

（5）稳定性：希望在工作中有一个安稳的局面，不会被调动或受到领导训斥。

（6）多样性：工作的目的和价值在于与人交往，建立比较广泛的社会联系和关系。

（7）领导性：工作的目的和价值在于获得对他人或某事物的管理支配权，能指挥和调遣一定范围内的人或事物。

（8）成就感：工作的目的和价值在于不断创新，不断取得成就，不断得到领导与同事的赞扬，不断实现自己想要做的事。

（9）舒适性：工作的目的和价值在于拥有比较舒适、轻松、自由、优越的工作条件和环境，将工作作为一种消遣、休息或享受的方式。

（10）人际关系：希望一起工作的大多数同事和领导品格较好，在一起相处感到愉快、自然，认为这就是很有价值的事。

第八节 思考与练习

1. 有的大学生表示："职业生涯规划就是什么挣钱干什么，不能自己想干什么就干什么。"你如何评价这种观点？大学生的兴趣对职业生涯发展有何意义？

2. 有大学生问："如果我的性格适合的职业和我的兴趣适合的职业不一致，我该怎么办？"你认为会不会出现这样的情况？个人的兴趣、性格、能力、价值观之间有什么联系？它们之间会不会相互影响、相互作用？

3.《道德经》有言："知人者智，自知者明。"《孙子兵法·谋攻篇》曰："知己知彼，百战不殆。"《鬼谷子·反应》中记载："故知之始己，自知而后知人也。"

这些说明我国古代哲人认为"认识自己"具有非常重要的作用。请和同学一起讨论：认识自己在职业生涯规划中能够发挥什么作用？如果不能认识自己，会对自己的职业生涯乃至人生发展造成什么影响？

4．我国一代代青年在历史的洪流中推动国家的巨轮不断向前航行，体现出"长江后浪推前浪"的历史规律，他们肩负着"一代更比一代强"的青春责任。请同学们讨论并分享：根据自己的情况，要如何承担起时代赋予的"青春责任"？自己还应该树立怎样的价值观，锻炼哪些能力？

5．阅读以下材料，回答问题。

黄浩晓大学毕业后，先后在几家公司工作过，后来在一家科技公司做后端研发，工作环境、待遇都不错。

黄浩晓踏实肯干，领导很喜欢他，把他提拔到了技术部门的管理岗位，可他却热衷于考公务员，虽然多次没考上，但他仍坚持不懈地学习，报名各种"公招"考试。

朋友、同学都很不理解，觉得他的工作很好，收入也不低，以后还有更大的发展空间，于是纷纷劝他别浪费时间，把心思放在现在的工作上，争取继续升职。

（1）黄浩晓最主要的职业价值观是什么？

（2）黄浩晓在价值观与职业生涯间面临何种冲突？请你给他一些建议。

第四章 全面探索职业世界

学习目标

了解职业和职业环境的相关知识。

掌握分析职业环境的方法。

素养目标

深入了解各种职业的需求趋势及关键成功因素。

确定自己的事业发展目标。

案例导入

中文系毕业的张顺，没有继续升学的计划，顺理成章地加入了求职大军。

张顺觉得自己学的是中文专业，就业面很广，找工作应该很轻松，因此在大学期间并没有对自己的未来发展做好规划。在求职的时候，张顺对自己也没有一个清晰的定位，觉得只要有工作就可以去做，于是向不同行业的公司投了许多简历。

刚开始还很顺利，张顺陆续接到了一些公司的面试邀请，但是在面试过程中，每当被问到对该公司有什么了解或对以后的职业有什么规划时，张顺就不知道怎么回答，于是面试均没有通过。在经历了一系列失败之后，张顺有点心灰意冷，觉得自己是不是太差劲了，连一份工作都找不到，心里开始着急起来。张顺并没有意识到真正的问题是什么，因此他屡战屡败，现在，张顺已经在家待业一年了。

案例思考

1. 张顺为什么没能找到工作而待业一年？
2. 如果你是张顺，你会怎么做？

张顺在踏足职场前可谓对求职市场"一无所知"，这自然会为其后来的求职失败埋下伏笔。所谓"知己知彼，百战不殆"，除了深刻剖析自我，大学生还应该了解求职环境，这样才能将职业环境和自身情况有效结合起来，做好职业规划。

第 一 节　职业与职业环境

课堂活动

活动主题：新兴职业畅想。

活动内容：世界发展日新月异。我国高度重视科技创新，致力于推动全球科技创新协作，各种高新技术如雨后春笋般涌现。请同学们开动脑筋，随意畅想，高新技术将会带来什么样的新职业，又将怎样改变我们的工作模式、工作环境和工作内容。

对大学生来说，职业是一个耳熟能详的词汇，每个人都将与这个词汇产生密切的联系。职业是每个人人生的重要组成部分，对每个人都会产生深刻的影响。首先，从认识职业与职业环境开始。下面对职业和职业环境进行较为全面的介绍，使大学生对职业有一个整体认识，为合理规划职业生涯奠定基础。

一、职业的内涵与特征

随着社会的不断发展与人类需求的不断变化，在人类社会发展的过程中，个人需要运用专业的知识和技能参与社会分工，以满足不同性质、不同内容、不同形式和不同操作要求的岗位需求。人们在岗位上创造的物质或精神财富在满足个人需要的同时，也能满足社会发展的需要，这些岗位的集合就叫作职业。

对于某一个职业，大学生可以通过"PLACE"方法来对其进行较为全面的了解。

（1）P——职位（position）。一个人在确定职业生涯规划方向时，往往需要对具体方向所包含的所有职位进行评估。有些职位虽然同属于一个职业方向，但是所需要的专业技能和职业能力不大相同，比如就"新闻媒体从业人员"这一职业方向来说，它所包含的职位有总编、主编、编导、记者、摄像和后期制作等。

（2）L——工作地点（location）。大学生需要根据自己的生活经验，对职业的工作环境、工作地理位置及其变化性等有大概的认识。比如，采购人员要经常出差，工作地点变化性较大，需要在全国各地确认供应商的情况；如果职业是教师，则一般是在学校里工作，办公地点是教室和办公室，工作地点的变化性较小。

（3）A——升迁状况（advancement）。升迁状况包括该职位的升迁渠道与速度等。比如，会计从业人员的典型晋升渠道为会计→总账会计→主管会计→财务部负责人→ 财务经理→财务总监→财务副总，其升迁速度适中。升迁速度较快的一般为生产和销售行业从业人员。

（4）C——雇佣状况（condition of employment）。雇用状况指的是该职位所雇用的人员可以获得的薪资福利、学习机会、工作时间和社会保障等。不同地区的雇用状况受到当地经济发展水平的影响，同一职位在不同地区的雇用状况各不相同。

（5）E——雇佣条件（entry requirement）。雇用条件指的是一个人要获得该职位所需要具备的诸如受教育程度、职业能力、工作经验、价值观等条件。如想要从事教育工作，一般需要师范专业和本科以上学历，其次还需要教师资格证与普通话等级证书。

提醒　职业由职业主体、职业客体、职业技术和职业报酬4个部分构成。职业主体与职业客体是相对而言的，如果职业主体指的是提供工作岗位的单位或组织，那么职业客体便是各个工作岗位的从业者，二者之间以职业技术作为桥梁，并以职业报酬作为纽带联系在一起。

二　认识职业的意义

一切与职业相关的内容都关系着人们的切身利益。因此，个人价值的体现是围绕职业的发展进行的。认识职业的意义，可以对大学生职业生涯的规划和管理起到积极的引导作用。

1. 职业是满足个人需求的媒介

美国著名心理学家马斯洛（Maslow）将人的需求由低层次到高层次进行划分，分为生理需求、安全需求、社会需求、尊重需求和自我实现需求，从而提出马斯洛需求层次理论。

职业是满足个人需求的媒介，只有达到真正意义上的自我实现，职业的效力才能得到最大的发挥，可见个人潜能的发挥及自我实现与职业发展有密切的联系。职业在满足个体生存需要的同时，对个体潜在能力的发挥、人生价值的实现，以及社会进步等起到重大的作用。作为自我实现的途径，职业具有以下5个方面的重要意义。

（1）提供生活保障。人们通过工作获得报酬，以此换取生活所需的各种物品，如衣服、食物、住房等，从而满足生活的需要。

（2）建立安全感。一个人有了稳定的工作，在满足基本需要的同时，还能拥有医疗保险、失业保障和退休金等福利，减少人身安全、疾病等方面的困扰。这也是一个人继生理需求得到满足后最关心的问题。

（3）提供人际关系和社会交往。一个人在职业发展或追求共同目标的过程中，往往需要扩大个人的生活圈子，从而建立广泛的人际关系。人际关系和社会交往的扩展与职业的发展是相互促进的，而工作的场所便是除家庭以外最重要的人际交往场所。

（4）赢得他人尊重。每个人在工作和生活中都有获得尊重的需要，不管是受人尊重还是自我尊重，都可以通过做出让社会认可和自己满意的成绩来实现，而工作便是实现这一目标的最好途径。

（5）实现自我价值，感悟人生意义。一个人在全身心投入工作的同时，可以感受到最大限度的快乐。一个人在实现个人理想、抱负和发挥个人能力的过程中，能履行或达到自己的意愿，便是自我实现。一个人自我实现的动力源自内心，通过努力开发自身潜力，使自己成为自己所期望的样子。每个人只要用心去投入，在平凡的工作中也能创造出闪耀夺目的成绩，绽放出让人景仰的光芒。

个人需求特别是高层次需求的满足，与个人所从事的职业对社会的贡献度紧密相关。但是，由于每个人都有各自的特性，在具体的需求上有不同程度的差异，加之每个人在职业需求上的独特倾向，导致每个职位存在不同的潜在价值。这对大学生职业价值观的形成和其职业生涯的具体规划有重大的影响。

2. 个体与职业的联系

随着社会分工的不断细化，社会财富的分配方式成为职业发展过程中关键的问题。从个体角度来看，社会个体与职业之间包含以下 4 个方面的关系。

（1）个人与社会的关系。职业的结构是通过个人参与社会分工来体现的，职业多样性代表个人与社会之间作用形式的多样性。

（2）个人知识技能与创造的关系。通过职业劳动，人们利用专业知识和技能创造物质财富和精神财富，以满足自身的需求。

（3）个人创造财富和获得报酬的关系。当人们为社会创造出了物质和精神上的财富时，便有资格获得与之相对应的报酬。

（4）个人工作和生活的关系。人们通过工作获得报酬，以满足个人物质生活和精神生活的需求。

三、职业的分类

虽然不同国家和地区的社会结构、经济发展状况和产业结构大不相同，但职业的特征是一致的。通过对职业特征的了解和认识，我们可以按照一定的标准、规则把特征和本质相同、相似的社会职业加以区分并归纳到一定的系统类别中去，以便更好地对职业进行分类研究。在经济全球化的今天，我们需要对国内外的职业状况有所了解，从而进一步对职业的总体概况有清晰的认识。

1. 国外的职业分类

职业是依据社会分工来分类的，在分工体系的每个环节上，劳动对象、劳动工具以及劳动的支出形式都各有特殊性，这种特殊性便是各种职业之间的主要区别。由于世界各国的国情不同，各国划分职业的标准也有差异。结合西方学者提出的相关理论，国外一般从以下 3 个方面来进行职业分类。

（1）按脑力劳动和体力劳动的性质、层次进行分类。这种分类方法把职业中的工作人员划分为白领和蓝领两类。白领称谓始于 20 世纪 20 年代，主要是指从事专业性和技术性工作的人员，如行政管理人员、销售人员和办公室人员等；蓝领称谓始于 20 世纪 40 年代，主要是指从事手工艺及类似工作的人员，如运输装置工人和服务性行业的工人等。此后，人们以特有的想象力，衍化出一系列的职业称谓，如金领、粉领等。金领一般指具有良好的教育背景，在某一行业有所建树的资深人士，其收入也比较可观，如规模较大的民营公司的经理等；粉领指女性集中的行业从业人员，如文秘、幼儿教师等。这种分类方法明显地表现出职业的等级性。

（2）按心理的个别差异进行分类。这种分类方法根据美国职业指导专家霍兰德创立的职业兴趣理论，把职业人格类型划分为 6 种，即现实型、研究型、艺术型、社会型、企业型和传统型。

（3）依据各个职业的主要职责或工作领域进行分类。国际劳工组织依据各个职业的主要职责或工作领域，对职业进行了分类，并制定了《国际标准职业分类》，为各国的职业分类提供了统一的准则。1958 年《国际标准职业分类》初版发行，经 1968 年、1988 年、2008 年 3 次修订，形成目前的最新版本《国际标准职业分类（2008）》，它将职业分为以下 10 大类。

① 管理者。

② 专业人员。

③ 技术和辅助专业人员。

④ 办事人员。

⑤ 服务与销售人员。

⑥ 农业、林业和渔业技术员。

⑦ 工艺和相关行业人员。

⑧ 机械操作人员与装配人员。

⑨ 非技术工人。

⑩ 军人。

2. 我国的职业分类

对职业分类问题进行研究是进行产业结构、产业组织和产业政策研究的前提。因此，我国也对职业分类问题进行了广泛的研究。我国现行的职业分类主要依据下文所述的两个分类标准。职业分类关系对职业岗位的考察，并且影响各行业人员对职业方向的把握，同时也是相关行业机构进行职业技能培训的重要根据。

（1）《中华人民共和国职业分类大典》。我国《中华人民共和国职业分类大典》颁布于 1999 年，并在 2015 年进行了第一次修订，由于社会经济的不断发展，我国的职业构成发生了很大变化，为适应发展需要，2021 年 4 月，人力资源社会保障部会同国家市场监督管理总局、国家统计局启动了《中华人民共和国职业分类大典》）修订工作。2022 年 7 月 11 日，《中华人民共和国职业分类大典（2022 年版）》（公示稿）面向社会公示，《中华人民共和国职业分类大典（2022 年版）》（公示稿）中的职业分类如下。

① 党的机关、国家机关、群众团体和社会组织、企事业单位负责人：指在中国共产党机关，国家机关，民主党派和工商联，人民团体和群众团体、社会组织，基层群众自治组织及其工作机构，企业、事业单位中担任领导职务并具有决策、管理职权的人员。

② 专业技术人员：指从事科学研究和专业技术工作的人员，包括科学研究人员，工程技术人员，农业技术人员，飞机和船舶技术人员，卫生专业技术人员，经济和金融专业人员，监察、法律、社会和宗教专业人员，教学人员，文学艺术、体育专业人员，新闻出版、文化专业人员，其他专业技术人员。

③ 办事人员和有关人员：指在公共管理和社会组织机构中，从事行政业务、行政事务、行政执法和仲裁、安全保卫、消防和应急救援等工作的人员，包括行政办事及辅助人员、安全和消防及辅助人员、法律事务及辅助人员、其他办事人员和有关人员。

④ 社会生产服务和生活服务人员：指从事商品批发零售、交通运输、仓储、邮政和快递、住宿和餐饮、信息传输、软件和信息技术以及金融、房地产、租赁和商务、技术辅助、生态保护、文化、体育和娱乐等社会生产服务与生活服务工作的人员，包括批发与零售服务人员，交通运输、仓储物流和邮政业服务人员，住宿和餐饮服务人员，信息传输、软件和信息技术服务人员，金融服务人员，房地产服务人员，租赁和商务服务人员，技术辅助服务人员，水利、环境和公共设施管理服务人员，居民服务人员，电力、燃气及水供应服务人员，修理及制作服务人员，文化和教育服务人员，健康、体育和休闲服务人员，其他社会生产服务和生活服务人员。

⑤ 农、林、牧、渔业生产及辅助人员：从事农、林、牧、渔业生产活动及辅助生产的人员包括农业生产人员，林业生产人员，畜牧业生产人员，渔业生产人员，农、林、牧、渔业生产辅助人员，其他农、林、牧、渔业生产及辅助人员。

⑥ 生产制造及有关人员：指从事产品生产及设备制造、矿产开采、工程施工和运输设备操作的人员及有关人员，包括农副产品加工人员，食品、饮料生产加工人员，烟草及其制品加工人员，纺织、针织、印染人员，纺织品、服装和皮革、毛皮制品加工制作人员，木材加工、家具与木制品制作人员，纸及纸制品生产加工人员，印刷和记录媒介复制人员，文教、工美、体育和娱乐用品制造人员，石油加工和炼焦、煤化工生产人员，化学原料和化学制品制造人员，医药制造人员，化学纤维制造人员，橡胶和塑料制品制造人员，非金属矿物制品制造人员，采矿人员，金属冶炼和压延加工人员，机械制造基础加工人员，金属制品制造人员，通用设备制造人员，专用设备制造人员，汽车制造人员，铁路、船舶、航空设备制造人员，电气机械和器材制造人员，计算机、通信和其他电子设备制造人员，仪器仪表制造人员，再生资源综合利用人员，电力、热力、气体、水生产和输配人员，建筑施工人员，运输设备和通用工程机械操作人员及有关人员，生产辅助人员，其他生产制造及有关人员。

⑦ 军人：军队人员包括军官（警官）、军士（警士）、义务兵和文职人员。

⑧ 不便分类的其他从业人员。

据统计，《中华人民共和国职业分类大典（2022 年版）》（公示稿）包括大类 8 个、中类 79 个、小类 449 个、细类（职业）1636 个。相较于 2015 年版，增加了法律事务及辅助人员等 4 个中类，数字技术工程技术人员等 15 个小类，碳汇计量评估师等 155 个职业。

（2）《国民经济行业分类》。《国民经济行业分类》主要依据我国近年来经济发展状况和趋势，对门类、大类、中类、小类做出了相应的调整和修改。其门类划分如下。

① 农、林、牧、渔业。

② 采矿业。

③ 制造业。

④ 电力、热力、燃气及水生产和供应业。

⑤ 建筑业。

⑥ 批发和零售业。

⑦ 交通运输、仓储和邮政业。

⑧ 住宿和餐饮业。

⑨ 信息传输、软件和信息技术服务业。

⑩ 金融业。

⑪ 房地产业。

⑫ 租赁和商务服务业。

⑬ 科学研究和技术服务业。

⑭ 水利、环境和公共设施管理业。

⑮ 居民服务、修理和其他服务业。

⑯ 教育。

⑰ 卫生和社会工作。

⑱ 文化、体育和娱乐业。

⑲ 公共管理、社会保障和社会组织。

⑳ 国际组织。

四、职业的发展趋势

在社会需求的推动下，科学技术和经济不断发展变化，新的职业不断产生，而当社会需求不再存在时，过时的职业就会逐渐消亡。随着现代科学技术的广泛应用，职业分工越来越细，种类越来越多，知识、信息、科学技术含量高的现代职业迅速发展。与此同时，现代职业对从业人员的任职要求也越来越高。在职业产生与消亡的客观规律要求下，大学生在选择职业类型时，不仅要考虑个人职业发展意愿，还要考虑社会需求的变化。职业环境和职业的发展趋势是相互影响、相互制约的，大学生需要对职业环境做出合理清晰的分析，抓住关键信息，对职业的发展趋势做出合理正确的判断，这样才能更好地把握未来的就业机会。

大学生选择未来职业发展的方向，即是对未来发展道路的把握。所以，在选择过程中，大学生要用前瞻性的眼光对未来职业的需求和发展进行分析。如今的社会发展进入了一个新阶段，人们对创新观念的重视，使新观念、新知识、新技术井喷式地出现，而国家对于产业结构调整和供给侧结构性改革的开展，让职业发展又呈现了一些新的趋势，主要有以下4点。

1. 传统职业不断消逝，新兴职业不断产生

随着科学技术的不断发展，传统的职业格局发生了巨大的变化。和新科学技术有关的职业不断地产生，现代年轻人对新鲜事物的好奇心和对科学技术的追求使他们对新兴职业有极大的兴趣。反观那些传统的职业，尤其是一些手工艺业，由于精通一门手艺需要长年累月的经验积累，现代年轻人很少能沉下心来，且随着机器化大批量生产的普及，其效率远远高于人工效率，传统手工技术势必会被现代技术淘汰，因此很多传统的手艺与职业正在逐渐消逝。

那些正在"没落"的传统手工艺

枫香染：枫香染是一种染印技术，主要流行于贵州黔南布依族地区。枫香染制品主要为衣裙、背扇、挎包、被面、门帘等。2008年布依族枫香染入选国家非物质文化遗产。枫香染所用的原材料比较独特，主要有枫香油、牛油、蓝靛，还有一种较为特殊的材料——青杠木烧的灰。枫香染与其他染印技术最大的区别在于防染剂，即枫香油。其所用到的枫香油必须取自木质为红色的枫树，且产枫香油的树必须是百年以上的老树。枫香染制作较复杂，一般包括爨布、画油、冷水泡、染色、再次上油、脱脂、漂洗等步骤。

蔡侯纸：当机器代替手工之后，手工纸就越来越缺少市场。手工纸的制作最终在20世纪80年代结束。如今最多不超过20位老艺人会古法造纸工艺。由于古法造纸工艺极其复杂，再加上资金的匮乏，年轻人多不愿意继承这种工艺。蔡侯纸的制作一共有36道大工序和72道小工序，虽然制作工序复杂，但造出的纸纸质薄且质量好，写字绘画时不晕染、不褪色，可保存上百年。而且，用蔡侯纸在三伏天里包熟肉，3天内肉不会发霉变味；秦腔演员卸妆时用蔡侯纸，皮肤不会过敏；酒厂用蔡侯纸糊酒还能提高酒的品质。

乌铜走银：乌铜走银是云南地区特有的传统铜制工艺品。它以铜为胎，在胎上雕刻各种花纹图案，然后将熔化的银（或金）水填入花纹图案，冷却后再将初品打磨光滑。由于其技艺烦琐、成本高、产量小（一个月的成品也不过两三件），因此年轻人大多不愿意去学、去传承。再加上自古以来，关于乌铜走银的传承家训极严，导致这项技艺的传承也十分有限。但乌铜走银的成品确实是古色古香、典雅别致，且多用于文房。另外，有很多烟锅、茶具也是用乌铜走银工艺制作的。

蛋雕：蛋雕的历史可以追溯到明清时期。民间在喜庆婚娶、祝福庆寿、喜得贵子时，为图吉祥如意，有赠送红鸡蛋的习俗。该习俗当时在北京一带更是流行。有一部分人还摆摊设铺，专门卖染成红色的鸡蛋，称其为"彩蛋"。后来，商贩们又在彩蛋上画些花鸟、鱼虫、脸谱等图案来吸引人购买。经过多年演变，彩蛋工艺逐步提高，演变到将鸡蛋钻孔掏空后在蛋壳表面雕刻精美图案，形成蛋雕手工艺术品。

点评：这些传统手工艺做工十分讲究且复杂，大多需要长年累月的经验积累，且制作周期长、成本高、产量小，因此它们被机器取代是有一定原因的，但这并不意味着我们就得抛弃这些传统的手工艺。事实上，它们都是我国传统文化的组成部分，具有远超工业品的艺术与文化价值。在新的时代里，这些传统手工艺虽然大多会退出"实用器物"的行列，但其将在装饰、艺术等领域重现生机。

2. 职业的专业化、技术化程度越来越高

从目前的就业情况分析，企业对人员的要求越来越严格，过去单一技能就能胜任的岗位，现在则要求岗位人员具备更多的专业知识与复合技能。究其原因，在于现在科学技术飞速发展，导致出现了许多需要高新知识技术的职业。这些职业对人员的要求高于传统职业，而且更加青睐跨专业的复合型人才，同时高新技术产业的相关职业往往需要人运用自身主观能动性来推动产业发展，人的智力、创新能力、技术水平的高低决定了产业的发展，因此职业的专业化与技术化要求程度不断加深，要求从业人员具备良好的综合职业能力，从业者需要不断提升自我来适应现代职业的需求。

3. 第三产业相关的职业高速发展

第三产业即各类服务业、商业。《国民经济行业分类》中从F类到T类共计48个大类都属于第三产业。大力发展第三产业有助于加快经济发展，提高国民素质和综合国力。国务院新闻办公室在国民经济运行情况发布会上指出，2021年全年，全国服务业生产指数比2020年增长13.1%，两年平均增长6.0%；全年第三产业较快增长。这说明了我国的第三产业处在快速发展阶段。随着第三产业不断发展，相应的职业规模还会继续扩大，这样能够产生大量的职业与岗位，缓解国家就业压力、吸收社会劳动力。

4. 高端制造兴起

过去，我国虽然是"制造大国"，但不是"制造强国"。随着《中国制造2025》国家纲领发布，我国将在高端制造业上发力，实现制造业升级，建设成为"制造强国"。近年来，我国高端制造业在半导体、新能源汽车、高铁、智能电器等领域已经取得了可喜的成果。因此，大学生应该重点关注，并积极准备，投身具有高技术含量和高附加值的高端制造业。

五、职业环境的发展趋势

职业环境与就业环境相互关联，我们对职业环境及其发展趋势进行了解和分析，可进一步掌握职业发展趋势和就业形势，从而对职业生涯进行科学合理的规划，最终确立与自身匹配度最高的职业发展方向。职业环境指某职业在社会大环境中的发展状况、技术含量、社会地位和未来发展趋势等。我们将每一个职业的职业环境综合起来分析，就能够认识到职业环境的发展趋势。目前，大学生所面临的职业环境发展趋势主要如下。

（1）市场经济竞争激烈。随着我国市场经济的发展和现代化进程的推进，市场内资源的流动将会更加便捷，企业间竞争将会更加充分，企业对员工的要求相应提高，求职者间的竞争将会加剧。激烈的竞争能激发创新和改革，为求职者带来更多的机会。

（2）多元经济共同发展。我国市场上有国企、外企、私企等企业，同时又有完善的产业链和齐全的工业门类，因此我国的经济有多元化的特点。"公有制为主体、多种所有制经济共同发展"是我国的基本经济制度，因此在未来，我国的经济还将在较长时间内保持多元经济的共同发展局面。

（3）现代化建设稳步推进。我国的社会主义现代化建设取得了伟大的成就，让我国实现了从生产力相对落后经济总量跃居世界第二的历史性突破。但国家的现代化建设是被动的，无期限的，未来，我国的现代化建设将会达到更高的水平，这将深刻影响个人职业发展。

（4）知识经济初见端倪。知识经济区别于传统的农业经济和工业经济，是以知识为基础、以脑力劳动为主体的经济，被认为是未来的主流经济形式。随着我国实施科教兴国战略、人才强国战略、创新驱动发展战略，完善国家创新体系，加快建设科技强国，知识经济已经初见端倪。在知识经济时代，教育和研究开发机构将成为主体，高素质的人力资源则是重要的资源。

职业是社会分工的结果，是人类社会生产和生活进步的标志。科学技术等因素引领社会不断进步，从而使社会职业的数量、种类、结构、要求不断发生变化。职业环境主导职业的未来发展方向，职业市场必将更加专业化和多元化，综合型人才的作用将越来越大，社会分工将朝着更加精细化的方向发展。

第 二 节　了解职业信息

📝 **课堂活动**

活动主题：职业信息搜索。

活动内容：新职业往往是最紧跟时代发展潮流，最具创新性的职业。前文介绍了 2021 年公布的新职业，请同学们以 4 人为一组，任选其中一个新职业，搜集该职业的相关信息，全面认识该职业，并向全班同学分享自己的收获。

通过搜索职业信息的活动,我们认识到这些信息可以帮助自己了解各种职业的情况及其变化,从而做出职业抉择。职业信息是与职业有关的所有信息的统称,下面将从行业、职业类型、用人单位类型和职业发展通道等方面来介绍职业信息。

一、行业与职业类型

我们不能孤立地了解一个工作岗位,需要将其置于行业、职业和用人单位范畴中,进行系统、全面的考量。同一份工作,可能会属于不同的行业,如人力资源规划,但是在不同的行业中,人力资源规划岗位的工作内容各有不同。如果大学生没有清楚地认识到这一点,自以为找到了一份合适的工作,最终就会发现实际工作内容与想象的相差甚远。

在了解一个具体岗位时,大学生需要考虑两个方面:一是它隶属于什么行业;二是它隶属于什么职能。只有将二者结合起来,大学生才能有效地确定一个工作的重点。大学生可以借助表4-1所示的工作行业信息表来梳理不同行业、相同职位的工作重点。

表4-1　工作行业信息表

职能 ＼ 行业	金融	服务	IT	教育	通信	餐饮	零售	制造	软件	咨询
技术										
市场										
管理										
生产										

1. 确定行业

行业与职业有一个显著的区别,行业是从事相同性质经济活动的所有单位的集合,而职业指个人具体从事的某种工作。有的人可能在不同的行业或组织里从事相同的职业,有的人可能在相同的行业或组织里从事不同的职业。例如,同在教育行业,有的人的职业是教师,有的人的职业是招生顾问。

了解自己以后希望从事的职业的行业领域,对大学生来说是非常有必要的。它不仅能帮助大学生认识未来可能接触的职业,还能使大学生在了解的过程中看清自己是否真正喜欢或者适合该行业、该职位,对职业生涯的制订与修改有很大的帮助。大学生在选择自己未来想要从事的行业时,可以从以下3个方面来考虑。

(1)自身情况。在考虑将来想要从事的行业时,大学生一定要结合自身的情况。

不同类型的行业对从业人员有不同的要求，比如娱乐行业，需要从业人员有创造性思维，喜欢接受新鲜事物且乐于挑战；咨询行业则需要从业人员乐于助人、热心开朗。在第三章中大家学习了自我认识的相关知识，大家对自己的性格、兴趣、价值观等有了一定的了解，对自己未来从事的行业有了一个大概的认识。

（2）所学专业。虽然一些大学生会抱怨，现在所学的专业和以后找到的工作基本不对口，但是从某种程度上来说，专业对同学们未来从事工作的影响还是很大的。大学生找工作时，最好还是以所学专业为基础，在应聘与专业相关岗位的时候，它能增强自身的竞争力。

一些大学生不喜欢所学专业，表示以后也不想从事与该专业有关的工作。但是需要提醒的是，就算我们不喜欢所学专业，也要努力先学好专业知识和技能，不能完全放弃该专业，毕竟在毕业时，在没有任何工作经验的情况下，所学的专业就是社会与用人单位识别自己的标志。大学生在学习专业知识的同时，要积极地培养与提高与自身兴趣相关的知识和技能，规划好自己的职业生涯。

（3）行业发展状况。在选择一个行业的时候，大学生首先要对该行业的发展状况进行评估。通常来说，发展前景较好、整体福利待遇较高的行业比较受大学生青睐。如果大学生进入了发展前景一般，甚至开始走下坡路的行业，可能会给自己的职业生涯带来不好的影响。大学生在平时可以多关注新闻时事，多注意国家政策走向，知道哪些是国家支持、鼓励发展的行业，哪些是国家限制的行业。一是看该行业的企业或者产品是否已经达到或接近供大于求的状态，是否趋于饱和。二是看该行业发展的持续性，即预测该行业将能存在多少年。有些行业的发展持续时间很长，如教育、医疗行业；有的行业则是在特定时间出现的，并不会长期存在。因此，大学生在选择未来从事的行业时，应尽量选择持续性长、未饱和、有很大发展空间的行业，这样才能让自己的职业生涯有一个较大的成长空间。

2. 确定职业类型

大学生在确定了自己要从事的行业之后，还需要确定职业类型。这里给大家介绍一个由美国大学考试中心（American College Test，ACT）在 1985 年建立的"工作世界地图"，如图 4-1 所示。它将职业分为 6 种类型、12 个职业组和 26 个具体的职业类别。通过工作世界地图，我们可以从理论上认识可以从事的职业类型。对于工作世界地图中没有标注的职业，大学生可以通过其具体特征，将其新增到工作世界地图中。

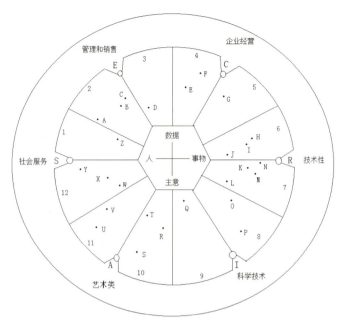

图 4-1　工作世界地图

A：与就业相关的服务　　　B：市场与销售　　　C：管理　　　　D：监管和保卫

E：沟通和记录　　　　　　F：金融交易　　　　G：物流　　　　H：运输及相关行业

I：农业、林业及相关行业　J：计算机信息专业人员　K：建筑和维护人员　L：手工艺人

M：制造加工　　　　　　　N：机械电器专业人员　O：工程技术　　　P：自然科学和技术

Q：医疗技术　　　　　　　R：医疗诊断和治疗　　S：社会科学　　　T：实用艺术（视觉）

U：创造性和表演艺术　　　V：实用艺术（协作和口头）　W：卫生保健　　　X：教育

Y：社区服务　　　　　　　Z：私人服务

　　工作世界地图包括两组维度和 4 个主要的象限，两组维度分别为人－事物和数据－主意，其具体含义如下。

　　（1）人。这是指人际之间的一种互动，在工作过程中和其他人的接触和沟通，如看护、教育、咨询、服务，以及领导、管理等。例如，教师、导游等工作主要是与人打交道。

　　（2）事物。这是指在工作过程中处理与人无关的事物，很少需要或不需要与他人进行沟通与交流，如机械、制造、运输、维修等。例如，农民、工匠等工作主要是与事物打交道。

　　（3）数据。这是指对文字、信息等资料进行收集、整理，比较重视客观事实与理性思维分析。例如，会计、数据录入员等工作主要是与数据打交道。

　　（4）主意。这是指人们充分运用主观能动性，在头脑中进行的工作，如对真理进行探究、创意的萌发等。例如，科学家、哲学家等工作主要是与主意打交道。

　　职业在工作世界地图上的不同位置，也是对这两组维度的不同体现，如 X（教育）处于人－主意象限中，说明该职业类型主要是与人打交道，且在工作过程中要运用到分析与思考的能力。而 H（运输及相关行业）处于事物－数据象限中，说明该职业类型强调秩序，与人交往较少，与事物接触较多。同学们通过对工作世界地图的研究，可以将其与第六章所要讲的职业决策方法联系起来，以便做出正确的职业选择。

二、用人单位的类型

用人单位是指能运用劳动力组织生产劳动，并向劳动者支付报酬的单位组织。目前适用于《中华人民共和国劳动法》（以下简称《劳动法》）的用人单位有企业、个体经济组织、国家机关、事业组织、社会团体等，这些组织在定义、形式、经营模式上都有差别，大学生要认真选择。

不同的用人单位对于人员的招聘有不同的要求，比如在学历水平、专业背景、政治面貌等方面的要求。其中，国有企业、民营企业和外资企业对从业者的要求主要存在以下差异。

（1）国有企业。新进人员，除按干部管理权限由政府任命，以及特殊岗位确需使用其他方法选拔任用的外，一律实行公开招聘。招聘员工应具备的基本条件包括：身体健康；遵守国家宪法、法律、法规；能够履行企业员工的义务，遵守纪律，品行端正；具有专科及以上学历和相应的职业资格。

（2）民营企业。在招聘人才时，民营企业一般比较看重 5 项基本条件，即具备职业道德、拥有扎实的基础知识、认同企业文化、良好的团队精神、务实为本。

（3）外资企业。外资企业具有国际背景，其用人与选拔人才的标准都自成体系，比较规范，一般比较看重人员的教育背景、英语水平、计算机应用能力及员工的职业操守等。

三、职业发展通道

所谓职业发展通道，就是用人单位为内部员工设计的成长与晋升管理方案。职业发展通道能给我们显示出晋升的方式与机会，为自己指明努力方向。大学生在确定自己的职业后，就需要开始选择自己的职业发展通道。职业发展通道分为两种模式：一种是双通道职业阶梯模式，即选择是朝着行政管理方向发展，还是朝着专业技术方向发展；另一种是多通道职业阶梯模式，即除了行政管理方向和专业技术方向，还有其他可供选择的发展方向。下面我们将对这两种模式进行讲解。

1. 双通道职业阶梯模式

双通道职业阶梯模式在公司组织中有两种发展通道，每种通道都对公司组织有不同的作用。第一种通道为行政管理通道，通过参与公司的行政管理工作并不断提升自己的能力，获得晋升机会；第二种通道为专业技术通道，通过对公司进行技术能力方面的贡献来获得晋升机会，如图 4-2 所示。

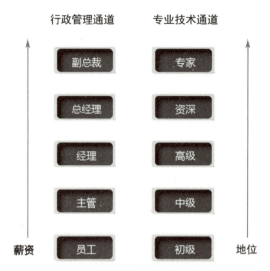

图4-2　双通道职业阶梯模式发展图

其实传统的职业发展通道只有单通道,即行政管理通道。这个晋升通道有一个缺陷,即高级技术人员一旦晋升就会转为管理岗,不仅无法发挥其技术优势,还可能难以胜任管理岗位,由此容易造成单位管理混乱、技术人员流失的情况。双通道职业阶梯模式就解决了这个问题。某一领域中具有专业技能,且不期望或者不适合升任管理人员的员工可以按这个模式。

双通道职业阶梯模式下,技术人员没有必要因为其专业技能的提升而必须从事管理工作,既保证了技术人员的晋升,也能够使其在晋升后依旧胜任工作。在双通道职业阶梯模式下,同一等级的行政管理人员与专业技术人员的薪资和地位是相同的。不同企业在职位的具体设置上有各自的灵活安排,但是基本遵循这个模式。

施行双通道职业阶梯模式,既能激励工程、技术、财务等领域中有突出贡献的员工,又能保证企业能聘请到高技能的管理者,从根本上为员工拓展了职业发展的可能性,其对职业发展的宽容度也远大于传统的职业通道模式。

有些企业在采用双通道职业阶梯模式时,还安排员工在不同的岗位进行轮岗,以培养复合型人才。这种轮岗制度虽然将行政管理工作与专业技术工作进行融合,但是,仍然将其归为双通道职业阶梯模式。

2. 多通道职业阶梯模式

随着社会经济的不断发展,企业的组织形式逐渐细化,一些企业内部的职业生涯发展通道发展到了3条或以上,多通道职业阶梯模式应运而生。多通道职业阶梯模式是将双通道职业阶梯模式中对专业技术人员的通道再划分,划分为多个技术通道,给专业技术人员的职业发展带来了更大的发展空间。各个企业的多通道职业阶梯模式不尽相同,图4-3所示为某药业集团的多通道职业阶梯模式。

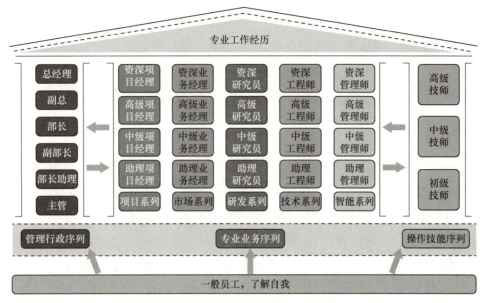

图 4-3　某药业集团的多通道职业阶梯模式

　　在求职的过程中，大学生应当关注用人单位提供的职业发展晋升通道，了解相关信息，以便对未来的工作进行更好的安排，对自己的职业生涯进行更好的规划，从而争取更好的职业生涯成长与发展前景。

第三节　分析职业环境

📝 课堂活动

　　活动主题： 分析滑雪冠军谷爱凌的职业环境。

　　活动内容： 2022 年北京冬奥会上，18 岁的女子滑雪运动员谷爱凌获得了两金一银的惊人成绩，引起全世界关注。请同学们 4 人一组，从互联网搜集相关资料，尝试从社会、行业、岗位、学校、家庭等方面分析谷爱凌的职业环境，说一说职业环境中的哪些因素对她的成功起到了作用。

　　通过刚才的活动，可以了解到，一个人能否在岗位上取得好成绩，受到多方面因素的影响。对某一项具体的职业来说，大学生要了解其职业环境是否适合自己，可以从社会、行业、岗位、学校、家庭等方面着手。

一、社会环境

每个人的生活、工作都在社会这个大环境中，因此任何行为都会受到社会环境的影响。所以，无论你想要做什么，首先都需要对社会这个大环境进行分析。所谓的社会环境分析，也就是对当前社会中的政治环境、经济环境、科技环境和文化环境等进行分析。大学生只有对社会环境进行分析并有了大体了解后，才能更好地寻求自身发展机会。

（1）政治环境。政治环境包括政治制度和政策方针。首先，大学生需要熟悉与职业生活有关的法律法规，如《中华人民共和国劳动合同法》《中华人民共和国就业促进法》等，若自身想要从事的职业有特殊的法律法规，则更需要进行研究；其次，大学生需要了解国家和地方的政策方针，如不同省市对于人才引进和就业的政策方针不相同，因此，在进行政治环境分析时需要有侧重地对政策方针进行认真研究。

（2）经济环境。经济环境包括国家经济发展的水平和阶段、经济制度、国家财政收支情况、收入水平和国际贸易等。随着我国经济的发展，国家对人才有了更高、更严格的要求。因此，大学生要紧跟经济环境的变化，了解经济社会对人才的具体新要求，并以此作为自己的日常学习目标，努力提升自身的知识和技能水平，以适应经济社会发展的需要。

（3）科技环境。科学技术的发展日新月异，对职业的发展产生非常重要的影响。历史上 3 次科学技术革命给人类社会职业结构带来了巨大的变化。随着我国科学技术水平的不断提高，产生了许多新兴职业，同时也使一些职业逐渐消亡。因此，大学生需要时刻关注科学技术的发展，尤其是那些与自身想要从事的行业有关的科学技术。

（4）文化环境。文化环境是一个国家从历史上传承下来并经过长期沉淀形成的，对人们的道德观念、价值观和行为习惯等有较大的影响。虽然提及文化环境，我们会觉得很抽象，但它实实在在影响我们的日常点滴，包括我们的职业生涯。因此，大学生在规划职业生涯时，要认清文化环境对自身的影响，对自己的价值观要有清晰的认识，做出符合自身状况的科学合理的职业规划。

二、行业环境

对行业环境进行分析，也就是要分析行业的发展现状和未来的发展趋势，以及其在国民经济发展中所占的地位，从而对行业有个全方位的了解。一般来说，可以通过以下 7 个方面来对行业环境进行分析。

（1）该行业的定义。大学生想要从事某个行业，首先需要全面地了解该行业是什么，也就是明确该行业的定义。不同的人或行业组织对同一个行业的定义不尽相同，因此大学生在明确行业定义时，应集各家所长。

（2）该行业目前的发展状况与前景。要明确该行业现在是正处于萌芽阶段、快速上升发展阶段、平稳期还是衰落期。一个行业的兴衰是有客观规律的，并不会因人的意志而转移，对于那些处于衰落期的行业，大学生要考虑是否还值得进入及之后的转行问题。对于那些正处于萌芽或快速发展阶段的行业，大学生要对其前景进行分析，确立自身的未来发展方向和目标。

（3）该行业包括的领域。大学生可以依据政府或行业协会对该行业的分类，明确该行业包含的具体领域范围，如房地产业包括房地产经营、房地产中介服务和物业管理等。

（4）该行业对人才的需求情况。大学生要了解该行业对人才的需求情况，对哪些类型的人才需求量大，对哪些类型的人才需求已经达到饱和，这样，才能更好地进行职业选择。

（5）该行业具有代表性的公司企业和人物。对该行业领先的公司和杰出人物进行详细了解，这些企业和个人往往具有该行业突出的特点和优势，通过对他们的了解，大学生可以进一步加深对该行业的总体把握。

（6）该行业的入行条件。入行条件是指一个职业对新人员的入门要求，如具体的职业能力、相应的从业资格证书、某项特定的专业技能等。

（7）权威人士对该行业的分析。大学生可以查阅该行业权威人士对该行业的分析报告。这类人士往往对行业了解得比较透彻，看待行业的发展问题比普通人更具有前瞻性，因此大学生可以借鉴这些人士的分析来完善对该行业的认识。

三、岗位环境

相较于行业环境，岗位环境更为微观，大学生对其的分析需要落实到某一个具体职业岗位上，通常包括以下两个分析步骤。

（1）分析该职业的社会需求、岗位竞争压力、薪资水平和发展趋势等。如翻译岗位，虽然最近几年我国经济发展迅速，对外交流更加密切，翻译的市场总体扩大，但由于日益便捷的网页翻译工具，以及可靠性提升迅速的随身翻译器日益普及，人们在日常交流上已经很少需要专职翻译，对于普通翻译员的需求并不大。只有高水平"交替传译""同声传译"及某些专业领域的翻译才有更大的市场。

（2）将岗位环境与意向企业相结合进行分析，比如该企业的整体实力、企业文化、企业发展状况、企业对该职业的用人需求、薪资福利待遇等。这样才能明确自己是否适合该企业，进入该企业能获得多大的职业发展空间，以及自己在该企业是否能实现自我价值。

四、学校环境

学校环境指的是大学生在求学过程中的学校教育资源条件，以及自身专业的特点，简单来说，可以分为校园文化和专业环境两个方面的内容。

（1）校园文化。这是指校园整体的文化熏陶氛围，包括学校所提倡的价值导向、宣扬的校风校纪和同学间自主形成的学习风气等。校园文化是一个学校的灵魂，它对外能展示学校形象，对内对学生的价值观塑造也起到一定的作用。每个学校都有自己的培养侧重点，有自身的发展特点，因此大学生对校园文化进行梳理，可以了解学校教育的侧重点，并充分利用学校的师资、硬软件的优势，努力提高自身的能力，将校园文化优势转为自身优势。

（2）专业环境。不同的学校，其优势科目不同，例如，四川大学华西医学院以口腔科专业闻名，而首都医学院的优势专业则是临床医学。同时，不同学校的同一专业也可能有不同的研究方向，如资源勘查工程专业，有的学校是固体矿产勘查方向，有些则是油气资源勘查方向，不同方向专业对应的职业不同。

五、家庭环境

家庭环境的内容包括家庭教育、家庭资源、家庭经济及家庭就业观念等。家庭环境对一个人的成长有重大的影响，其影响早于学校环境对个人的影响。因此，大学生在进行职业规划的时候，需要结合家庭的实际情况，考虑家庭成员提供的意见。对家庭环境的分析一般从以下4个方面来进行。

（1）家庭教育。俗话说，父母是孩子的第一位老师。家庭教育的方式和内容，能影响孩子的性格和与家庭的关系。如民主的教育方式会让小孩从小得到充分的尊重，有很好的思考能力，并且家庭关系和睦，这类小孩长大后在做职业决策时，能较好地结合自身条件，并会充分考虑家人的意见；而从小在溺爱中长大的小孩会盲目自大，做出不切合实际的职业生涯规划，并且很少考虑家人对自己职业发展的意见。

（2）家庭资源。这是指家庭成员的人际关系网或社会资本，如就业机会、社会关系资源等，在一定程度上能影响大学生就业的心态和择业取向。如果家庭资源丰富，则能增强大学生就业信心，减少就业前期的择业成本，还有可能增加就业机会。若一个家庭的资源较差，则会让大学生在前期的择业和工作搜寻上成本增大，使大学生就业时承担的压力相对较大。

（3）家庭经济。家庭经济状况在一定程度上影响个人的职业决策。比如，一个经济条件较好的家庭，可以减轻子女的家庭经济压力，子女可以选择继续读书深造或自由选择工作范围；而经济状况不大好的家庭，其子女需要考虑现实需要来调整自己的职业发展规划路线，或者暂时会选择一份收益较高的职业，来减轻家庭经济负担。

（4）家庭就业观念。家里长辈的择业观在一定程度上会影响子女的择业观，如父母希望子女从事稳定的职业，则子女往往会选择当教师、考公务员等。

"爸爸，我会一直沿着您的脚步，做一个好警察"

"爸爸，我会一直沿着您的脚步，做一个好警察"是民警叶紫宁的心声。她的父亲叶锦辉曾是一名派出所民警，1994年在排查可疑人员车辆时不幸中枪牺牲，被广东省政府追认为烈士。父亲牺牲一个月后，叶紫宁出生了。

虽然从没有见过自己的父亲，但叶紫宁知道父亲是个英雄，是为了人民而牺牲的，因此她从小就立志做一名警察，继承父亲的事业。叶紫宁的母亲很支持她的志向，并没有因为丈夫因公安事业牺牲而反对女儿从警。

经过自己的努力，叶紫宁顺利考上广东警官学院，学习侦查专业。侦查专业训练强度高，专业知识要求也高。但依靠着父亲给她的精神力量，叶紫宁克服了困难，通过了严格训练和高强度身体素质锻炼的考验，顺利毕业，成为一名刑警内勤。入警的那一天，叶紫宁穿着整齐的警服在家中向父亲的灵位祭拜，把当上警察的喜悦之情第一时间告诉父亲。

点评：虽然从未与父亲见过面，但是父亲对叶紫宁的影响无疑是巨大的。以父亲为榜样，继承父亲的遗志，继续走父亲的路，将父亲的精神延续下去，是叶紫宁选择从警的首要因素。同时，叶紫宁的妈妈能在丈夫牺牲的情况下依然支持女儿从警，也为叶紫宁的职业道路选择提供了有力的支持。

第四节　解读国家就业政策信息

📝 课堂活动

活动主题：建立班级政策库。

活动内容：请同学们通过网络搜索、向有关机构咨询等方式，搜集学校所在省市乃至学校对于大学生就业的相关政策，如就业培训、举办专场招聘会、提供就业补贴等方面的政策。之后，在班级建立一个就业政策库，大家将自己搜集到的就业政策信息进行分享，并且定时更新。

我国政府一贯重视大学生就业问题，多次发布并调整相关政策以支持大学生就业，这些政策对于大学生就业乃至其整个职业生涯发展都起着至关重要的作用。大学生在探索职业世界的同时，不能忽略对就业市场形势和就业政策的探究。

一、目前我国就业市场的形势

大学生在就业前，应先对当前的就业形势有一个清晰的认识，以帮助自己做出正确的择业判断。就业形势反映了一段时间内就业市场的整体趋势。不同阶段、不同时期，就业形势都会有所不同，大学生应理性地分析与应对。

当前社会是多元化经济社会。对大学生来说，这样的社会环境既存在挑战，又充满了机遇。一方面，我国应届高校毕业生人数不断增加，从 2000 届高校毕业生规模的不足百万人，发展到 2022 届的 1076 万人，毕业生人数的增加加大了就业市场压力，这对大学生的个人能力和就业竞争力提出了更高的要求，也使大学毕业生的就业形势发生变化。在一些"热门"行业，出现成千上万人竞争一个岗位的情况。在一些"冷门"行业，则出现了巨大的人才缺口。2020 年，教育部和中关村、深圳产业园曾共同举行专场招聘，其中，中关村提供了 13 万个岗位，深圳提供了 14 万个岗位，但最终收到的简历数量却远远小于提供的岗位数量。

另一方面，为了培育新的就业形态，国家在加大力度进行就业引导。例如，2020年 7 月，国家发展改革委、中央网信办、工业和信息化部等 13 个部门联合印发《关于支持新业态新模式健康发展 激活消费市场带动扩大就业的意见》，明确提出要积极探索线上服务新模式、加快推进产业数字化转型、鼓励新个体经济、培育发展共享经济新业态，为高校毕业生提供了更广阔的择业方向和就业空间。

（1）大力发展融合化在线教育。

（2）积极发展互联网医疗。

（3）鼓励发展便捷化线上办公。

（4）不断提升数字化治理水平。

（5）培育产业平台化发展生态。

（6）加快传统企业数字化转型步伐。

（7）打造跨越物理边界的"虚拟"产业园和产业集群。

（8）发展基于新技术的"无人经济"。

（9）积极培育新个体，支持自主就业。

（10）大力发展微经济，鼓励"副业创新"。

（11）强化灵活就业劳动权益保障，探索多点执业。

（12）拓展共享生活新空间。

（13）打造共享生产新动力。

（14）探索生产资料共享新模式。

（15）激发数据要素流通新活力。

此外，产业的转型升级，云计算、物联网、大数据、人工智能等信息技术的不断发展，也创造出了大量的就业岗位。同时，在经济转型、产业升级的背景下，企业规模的扩大、发展模式的调整也使很多领域对新型的复合型人才产生了迫切的需求。因此，大学生可以基于当前的就业形势考虑自己的就业方向，获得理想的就业机会。

二、国家针对大学生就业的方针与政策

国务院发布的《"十四五"就业促进规划》明确要求，要持续做好高校毕业生就业工作。为了促进高校毕业生更加充分、更高质量就业，国家制定了各种就业鼓励与支持政策，对大学生来说是很好的机遇。2021年11月，教育部印发了《教育部关于做好2022届全国普通高校毕业生就业创业工作的通知》，在大学生就业方面做出了如下指示。

（1）加强校园招聘市场建设。各地各高校要进一步发挥校园招聘主渠道作用，切实加强校园招聘市场建设，建立完善就业资源开发机制，充分发挥专职就业工作队伍和党政干部、专业教师、校友等各方面积极性，千方百计拓展岗位信息来源。高校可通过组团、联盟等方式开拓就业岗位，推动校内校外就业资源共享。教育部会同相关部门、地方政府，发挥全国普通高校毕业生就业创业指导委员会作用，建设、打造一批全国性、区域性、行业性大学生就业市场。

（2）促进网络招聘市场建设。教育部升级打造"24365校园网络招聘服务"平台，引入优质人力资源服务机构、行业协会等，深入实施"岗位精选计划"，推进就业信息联通共享。各地各高校要组织就业工作人员、毕业班辅导员和求职毕业生注册使用"24365智慧就业平台"，加强线上服务联动。大力推进校园网络招聘市场建设，建设维护好本地本校用人单位需求库、毕业生求职意向库等，及时发布专业设置和生源信息。积极开展网络招聘服务，鼓励用人单位通过线上宣讲、远程面试、网上签约开展校园招聘，促进线上线下招聘相结合，提高招聘成功率。

（3）鼓励中小企业更多吸纳高校毕业生。各高校要为中小企业进校招聘提供便利，不得设置限制条件。教育部会同相关部门、大型平台企业，举办"全国中小企业人才供需对接大会""全国中小企业网上百日招聘高校毕业生""全国民营企业招聘月"等活动。各地要积极配合本地相关部门加大对中小企业支持力度，推动企业和高校毕业生用足用好税费减免、创业担保贷款等支持政策，创造更多适合高校毕业生的就业岗位，对符合条件的高校毕业生按规定给予社会保险补贴和职业培训补贴。

（4）促进创新创业带动就业。各地各高校要加大国家创新创业政策落实力度，加强创新创业服务平台建设，大学科技园、创业园、创客空间等要向高校毕业生提供场地优惠和专业化孵化服务，指导创业团队争取各类创业优惠政策，促进创新创业项目落地发展。办好中国国际"互联网+"大学生创新创业大赛，切实发挥大学生创新创

业带动就业作用。建立完善大学生创新创业信息服务平台，提供创新创业相关政策发布、解读、项目对接等服务。组织双创导师深入校园进行政策解读、经验分享和实践指导，支持大学生返乡创业、到城乡基层创业就业。

（5）支持引导灵活就业。各地各高校要积极挖掘新产业新业态新模式中的就业机会，引导毕业生在数字经济、平台经济等多个领域灵活就业。配合有关部门完善灵活就业社会保障政策，切实维护高校毕业生劳动保障权益。组织开发一些面向市场的培训项目，开展新兴产业、先进制造业、现代服务业等新领域职业技能培训，增强毕业生就业能力和竞争力。

（6）健全毕业生基层就业支持体系。进一步完善并落实毕业生到基层就业学费补偿贷款代偿、考研加分等优惠政策，采取有效方式引导更多毕业生到中西部地区、东北地区、艰苦边远地区和基层、乡村振兴一线就业创业。组织实施"特岗计划""三支一扶""西部计划"等中央基层就业项目。配合有关部门设立"城乡社区专项计划""村医专项计划"等相关项目，鼓励各地结合实际扩大实施地方基层就业项目。持续开发科研助理岗位，增强科研助理岗位吸引力。

（7）做好大学生征兵工作。各地各高校要落实"两征两退"改革要求，配合兵役机关制订本地本校征兵工作方案，做好大学生特别是毕业生参军入伍工作。按照有关政策规定，落实退役普通高职（专科）士兵免试参加普通专升本招生、退役大学生士兵专项硕士研究生招生计划等优惠政策，研究制定细化方案和实施办法。密切军地协同，加强征兵工作站建设，办好征兵宣传教育进校园等活动，畅通入伍绿色通道，进一步推进以高校毕业生为重点的精准征集，提高毕业生入伍数量。

（8）促进升学与就业有序衔接。各地各高校要统筹安排好各类升学考试招生工作时间。坚持复合型人才培养定位，加强第二学士学位招生工作，高校教务、招生等部门要加强工作协同，扎实开展招生宣传、考试录取等工作，并纳入高校整体工作进行统筹部署。

（9）优化招考时间安排。各地教育部门要与相关部门加强协调配合，统筹推动各地尽早安排机关、事业单位招聘考试工作和各类职业资格考试时间，给高校毕业生离校前留出充足的求职时间。办好"国聘行动"第三季，发挥国有企业稳就业示范作用，并配合国有企业尽早完成招录工作。

（10）建立健全就业育人支持体系。各地各高校要把就业教育、就业引导全面纳入大学生思想政治教育体系，采取多种形式开展就业育人主题教育系列活动，打造一批大学生就业创业教育基地，引导毕业生树立正确的职业观、就业观和择业观。要加强重点领域就业引导，鼓励毕业生积极投身重点地区、重大工程、重大项目、国际组织等领域就业创业。组织开展大学生就业实践调查活动，持续打造"互联网＋就业指导"

公益直播课，建立就业创业指导优质师资库，打造一批就业指导"名师金课"。加强职业生涯教育和就业创业指导，组织举办大学生职业生涯规划比赛活动。

（11）强化就业实习实践。各地各高校要将实习实践作为促进就业的重要举措，纳入人才培养方案，深化校企校地合作，开发更多实习实践岗位，推动更多毕业生通过实习实践实现就业。鼓励地方政府、高校和用人单位共同打造一批大学生就业实习实践基地。配合落实好将职业技能提升行动专项资金补贴性培训对象范围扩大至普通本科高校、中高职院校的政策，积极组织毕业年度毕业生参加职业技能培训。

（12）加强高职毕业生就业服务。各地各高校要针对高职百万扩招毕业生群体，制定专门就业工作方案，结合扩招毕业生生源类型特点，有针对性地分类开展就业指导服务，引导他们合理调整就业期望、找准职业定位，积极主动就业。支持高职院校紧密结合市场需求，按规定开展相关职业技能培训、项目制培训等多种形式的就业创业培训，并做好职业培训补贴政策的衔接工作。

（13）加强就业权益保护。各地各高校要配合有关部门积极营造平等就业环境，努力消除就业歧视。在各类校园招聘活动中，不得设置违反国家规定的有关歧视性条款，不得将毕业院校、学习方式（全日制和非全日制）等作为限制性条件。加强诚信和安全教育，引导毕业生诚信求职，树立遵纪守法意识，防范招聘欺诈、"培训贷"陷阱等。积极配合有关部门推进毕业生就业体检结果互认。

（14）实施宏志助航计划。教育部组织实施"中央专项彩票公益金宏志助航计划——全国高校毕业生就业能力培训项目"，设立"全国高校毕业生就业能力培训基地"，面向有就业意愿的毕业生群体开展线上线下就业能力培训，帮助他们提高自身综合素质和就业能力。各地各高校和各培训基地要精心组织实施，加强政策宣传，提升项目培训效果，努力帮助参加培训的毕业生实现就业。鼓励各地创造条件，推动"宏志助航计划"覆盖更多毕业生。

（15）完善就业帮扶机制。教育部组织开展直属高校与地方高校、东部高校与西部高校就业对口帮扶，推动区域间、校际间就业渠道互补、就业资源共享。各地各高校要进一步完善就业帮扶机制，建立就业困难毕业生群体帮扶工作台账，对低收入家庭、身体残疾等毕业生重点群体，按照"一人一档""一人一策"开展重点帮扶。

此外，我国各省（直辖市、自治区）、市（自治州、地区）都针对大学生创业和就业出台了相关支持政策，各大高校也开展了大学就业相关帮扶工作。各地政策差异较大，大学生可以到学校就业指导中心或当地街道办事处就业和社会保障服务中心咨询相关政策。

第五节　拓展阅读——创新驱动战略带来的职业机会

　　党的十八大明确提出"科技创新是提高社会生产力和综合国力的战略支撑，必须摆在国家发展全局的核心位置"，强调要坚持走中国特色自主创新道路，实施创新驱动发展战略。为了加快实施国家创新驱动发展战略，2016 年 5 月，《国家创新驱动发展战略纲要》由中共中央、国务院发布，自 2016 年 5 月起实施。

　　《"十四五"国家信息化规划》明确提出要坚持创新在国家信息化发展中的核心地位，把关键核心技术自立自强作为数字中国的战略支撑，面向世界科技前沿、面向经济主战场、面向国家重大需求、面向人民生命健康，深入实施创新驱动发展战略，构建技术创新和制度创新双轮驱动、充分释放数字生产力的创新发展体系。

　　对大学生而言，创新驱动发展战略会极大地改变我国的经济面貌，深刻地影响大学生的职业发展。大学生思想活跃，头脑灵活，知识面广，应该积极抓住时代机会，瞄准创新驱动战略的重点行业，从自己的专业入手，多学习、多思考、多创造，争取获得更好的职业发展。

　　《国家创新驱动发展战略纲要》指出，我国将推动产业技术体系创新，创造发展新优势，加快工业化和信息化深度融合，把数字化、网络化、智能化、绿色化作为提升产业竞争力的技术基点，推进各领域新兴技术跨界创新，构建结构合理、先进管用、开放兼容、自主可控、具有国际竞争力的现代产业技术体系，以技术的群体性突破支撑引领新兴产业集群发展，推进产业质量升级。

　　（1）发展新一代信息网络技术，增强经济社会发展的信息化基础。加强类人智能、自然交互与虚拟现实、微电子与光电子等技术研究，推动宽带移动互联网、云计算、物联网、大数据、高性能计算、移动智能终端等技术研发和综合应用，加大集成电路、工业控制等自主软硬件产品和网络安全技术攻关和推广力度，为我国经济转型升级和维护国家网络安全提供保障。

　　（2）发展智能绿色制造技术，推动制造业向价值链高端攀升。重塑制造业的技术体系、生产模式、产业形态和价值链，推动制造业由大到强转变。发展智能制造装备等技术，加快网络化制造技术、云计算、大数据等在制造业中的深度应用，推动制造业向自动化、智能化、服务化转变。对传统制造业全面进行绿色改造，由粗放型制造向集约型制造转变。加强产业技术基础能力和试验平台建设，提升基础材料、基础零部件、基础工艺、基础软件等共性关键技术水平。发展大飞机、航空发动机、核电、高铁、海洋工程装备和高技术船舶、特高压输变电等高端装备和产品。

（3）发展生态绿色高效安全的现代农业技术，确保粮食安全、食品安全。以实现种业自主为核心，转变农业发展方式，突破人多地少水缺的瓶颈约束，走产出高效、产品安全、资源节约、环境友好的现代农业发展道路。系统加强动植物育种和高端农业装备研发，大面积推广粮食丰产、中低产田改造等技术，深入开展节水农业、循环农业、有机农业和生物肥料等技术研发，开发标准化、规模化的现代养殖技术，促进农业提质增效和可持续发展。推广农业面源污染和重金属污染防治的低成本技术和模式，发展全产业链食品安全保障技术、质量安全控制技术和安全溯源技术，建设安全环境、清洁生产、生态储运全覆盖的食品安全技术体系。推动农业向一二三产业融合，实现向全链条增值和品牌化发展转型。

（4）发展安全清洁高效的现代能源技术，推动能源生产和消费革命。以优化能源结构、提升能源利用效率为重点，推动能源应用向清洁、低碳转型。突破煤炭石油天然气等化石能源的清洁高效利用技术瓶颈，开发深海深地等复杂条件下的油气矿产资源勘探开采技术，开展页岩气等非常规油气勘探开发综合技术示范。加快核能、太阳能、风能、生物质能等清洁能源和新能源技术开发、装备研制及大规模应用，攻克大规模供需互动、储能和并网关键技术。推广节能新技术和节能新产品，加快钢铁、石化、建材、有色金属等高耗能行业的节能技术改造，推动新能源汽车、智能电网等技术的研发应用。

（5）发展资源高效利用和生态环保技术，建设资源节约型和环境友好型社会。采用系统化的技术方案和产业化路径，发展污染治理和资源循环利用的技术与产业。建立大气重污染天气预警分析技术体系，发展高精度监控预测技术。建立现代水资源综合利用体系，开展地球深部矿产资源勘探开发与综合利用，发展绿色再制造和资源循环利用产业，建立城镇生活垃圾资源化利用、再生资源回收利用、工业固体废物综合利用等技术体系。完善环境技术管理体系，加强水、大气和土壤污染防治及危险废物处理处置、环境检测与环境应急技术研发应用，提高环境承载能力。

（6）发展海洋和空间先进适用技术，培育海洋经济和空间经济。开发海洋资源高效可持续利用适用技术，加快发展海洋工程装备，构建立体同步的海洋观测体系，推进我国海洋战略实施和蓝色经济发展。大力提升空间进入、利用的技术能力，完善空间基础设施，推进卫星遥感、卫星通信、导航和位置服务等技术开发应用，完善卫星应用创新链和产业链。

（7）发展智慧城市和数字社会技术，推动以人为本的新型城镇化。依靠新技术和管理创新支撑新型城镇化、现代城市发展和公共服务，创新社会治理方法和手段，加快社会治安综合治理信息化进程，推进平安中国建设。发展交通、电力、通信、地下管网等市政基础设施的标准化、数字化、智能化技术，推动绿色建筑、智慧城市、生态城市等领域关键技术大规模应用。加强重大灾害、公共安全等应急避险领域重大技术和产品攻关。

（8）发展先进有效、安全便捷的健康技术，应对重大疾病和人口老龄化挑战。促进生命科学、中西医药、生物工程等多领域技术融合，提升重大疾病防控、公共卫生、生殖健康等技术保障能力。研发创新药物、新型疫苗、先进医疗装备和生物治疗技术。推进中华传统医药现代化。促进组学和健康医疗大数据研究，发展精准医学，研发遗传基因和慢性病易感基因筛查技术，提高心脑血管疾病、恶性肿瘤、慢性呼吸性疾病、糖尿病等重大疾病的诊疗技术水平。开发数字化医疗、远程医疗技术，推进预防、医疗、康复、保健、养老等社会服务网络化、定制化，发展一体化健康服务新模式，显著提高人口健康保障能力，有力支撑健康中国建设。

（9）发展支撑商业模式创新的现代服务技术，驱动经济形态高级化。以新一代信息和网络技术为支撑，积极发展现代服务业技术基础设施，拓展数字消费、电子商务、现代物流、互联网金融、网络教育等新兴服务业，促进技术创新和商业模式创新融合。加快推进工业设计、文化创意和相关产业融合发展，提升我国重点产业的创新设计能力。

（10）发展引领产业变革的颠覆性技术，不断催生新产业、创造新就业。高度关注可能引起现有投资、人才、技术、产业、规则"归零"的颠覆性技术，前瞻布局新兴产业前沿技术研发，力争实现"弯道超车"。开发移动互联技术、量子信息技术、空天技术，推动增材制造装备、智能机器人、无人驾驶汽车等发展，重视基因组、干细胞、合成生物、再生医学等技术对生命科学、生物育种、工业生物领域的深刻影响，开发氢能、燃料电池等新一代能源技术，发挥纳米、石墨烯等技术对新材料产业发展的引领作用。

以上10点是《国家创新驱动发展战略纲要》明确提出将要重点发展的技术，也指明了相关行业的发展方向，相关行业必将在未来取得较好的发展。投身并发展以上技术与行业，既是当代大学生的历史机遇，也是当代大学生的时代使命；既能帮助大学生实现自身价值、获得职业报酬，又能为国家富强和民族复兴作贡献。

案例启发

　　大学生在创新驱动发展战略的时代背景下大有可为，要实施创新驱动战略，跻身创新型国家前列，就需要思维开阔、知识丰富、敢于实践的大学生投身高新项目。时代已经搭好了舞台，只等大学生顺势而为，进入相关岗位，发挥自己的聪明才智，挥洒青春汗水。时代不会辜负每一个奋斗自强者，顺应时代潮流，大学生将更容易实现职业生涯的成功。

以下测试能够反映大学生对职业世界的了解程度。通常，大学生对职业世界越了解，探索越深入，越有利于自己今后的职业发展。

 职业世界了解程度测试

〖测试说明〗

请根据自己的个人特质和实际情况，客观地对以下问题作答，认为符合的打"√"，否则打"×"。注意：本测试结果仅供参考，不代表最终结论。

1. 你了解你的专业对口的职业或你的能力能胜任的职业。　　　　（　）
2. 你的家庭和其他社会关系不会对你进入该职业带来不利影响。　（　）
3. 你了解该职业所属的行业及其职业类型。　　　　　　　　　　（　）
4. 你对该行业接下来的发展情况有一定预估。　　　　　　　　　（　）
5. 你了解该行业中占据优势的企业。　　　　　　　　　　　　　（　）
6. 你了解该职位在某一企业中的晋升与发展路径。　　　　　　　（　）
7. 你了解该职位在市场上的一般待遇。　　　　　　　　　　　　（　）
8. 你了解该职业的相关从业／等级资格标准。　　　　　　　　　（　）
9. 你了解该职业在工作中需要与哪些人／组织打交道。　　　　　（　）
10. 你了解该职业的相关法律规范。　　　　　　　　　　　　　　（　）

〖测试分析〗

对于以上 10 个问题的答案，打"√"的得 1 分，打"×"的得 0 分，计算你的总分。

总分大于 7 分，说明你对职业世界的探索比较深入。

总分在 4 ～ 6 分，说明你对职业世界只有粗浅的认识。

总分在 4 分以下，说明你对职业世界的认识严重不足。

1. 有的大学生对职业信息搜集不感兴趣，认为："要了解职业信息，上招聘网站看一看招聘信息就知道了，哪里需要这么麻烦，又要分析这个又要分析那个。"请运用本章所学知识谈谈你对这个问题的看法。

2. 有的大学生认为："谁也不知道之后的职业生涯会如何发展，所以职业发展通道一定要越多越好，找工作就要跟着这个思路来。"请思考该观点有无合理之处，并说明理由。

3. 《中共中央关于党的百年奋斗重大成就和历史经验的决议》指出，我国必须实现创新成为第一动力、协调成为内生特点、绿色成为普遍形态、开放成为必由之路、共享成为根本目的的高质量发展，推动经济发展质量变革、效率变革、动力变革。请同学们讨论并分享：我国未来的发展将如何改变职业环境？在这一前提下，大学生应如何更好地实现职业发展？

4. 一位大学毕业生收到了心仪企业的录取通知，但是那家企业不能提供理想的岗位；另一家企业提供了理想的岗位，但其他方面不能令其满意。请和同学一起讨论：面对这种情况，应该如何选择？

5. 阅读以下材料，回答问题。

赵宇兵是某高校制冷及低温工程专业2017级学生，他高考第一志愿报的是计算机应用专业，后来因分数低被调剂到制冷及低温工程专业。刚查询到录取结果时，他感到十分沮丧，甚至考虑复读。赵宇兵和父母对专业的第一印象就是安装及维修空调，需登高作业，工作危险性高。最后，赵宇兵认真咨询了学校转专业的条件，带着转专业的愿望去学校报到了。

在入学接受教育的过程中，专业带头人详细解读了制冷及低温工程专业的就业方向，给他带来了希望，专业老师还带他到校企合作企业进行职业体验，看到学长、学姐的工作内容和工作状态，赵宇兵心里的大石终于落地了，并且对专业越来越感兴趣，在校期间其专业成绩非常好。毕业后，在学校就业中心的推荐下，赵宇兵进入了一家知名制冷设备公司担任设计师。

（1）案例中的赵宇兵为什么最初会对制冷及低温工程专业产生抵触心理？后来他为何改变了看法？

（2）案例中的赵宇兵是如何进行职业世界探索的？其中有何可取之处？

第五章　提升个人能力

了解职业能力、职业素养、综合能力、综合素质等概念、内容及其提升方法。

素养目标

能有效规划自己的学业，积极提高自身的职业素。养和综合素质，争做全面发展的时代新人。

案例导入

　　王兆宇是某高校行政管理专业的毕业生，专业能力强，学习成绩好，因此在大学四年级，被老师推荐到当地一家知名企业实习。令人始料未及的是，优秀的王兆宇竟然没能实习合格。

　　王兆宇对此很沮丧，老师也对此很吃惊，于是询问了王兆宇实习企业的主管。对方称，王兆宇虽然成绩很优秀，能力也比较强，但是无法和同事协作，总是自行其是，有时候已经意识到工作有问题，仍然不会主动请教和沟通，反而自己闷头往下做，最后当然是越做越错。

　　另外，有一次，由于第二天一早需要提交工作结果，主管要求王兆宇自己加班将工作中的错误改正，王兆宇以自己回学校还有事为由拒绝了加班。对此，主管批评了王兆宇，王兆宇则表示自己接受批评但仍然不会加班，并直接返回了学校，主管只能自己加班帮王兆宇修改了相关错误。

　　基于此，实习到期后，企业认定王兆宇实习不合格。

案例思考

　　1. 王兆宇的实习为什么被企业评定为不合格？

　　2. 如果你是王兆宇，你会怎么做？

到了职场,大学生可能会发现,在学校中所依仗的学习成绩已经失去了想象中的作用,用人单位更看重的是大学生的工作能力。如果大学生仅仅是成绩优秀,而其他方面的个人能力不佳,就难以获得理想的职业,更遑论职业生涯的成功。因此,大学生需要全面提升个人能力。

第 一 节　做好学业管理

📝 课堂活动

　　活动主题:**制订学习计划**。

　　活动内容:**在校大学生制订规划,可以先从自己的学习计划开始。请大家分别制订自己从现在到大学毕业的学习计划,要求分别制订周学习计划、月学习计划、季度学习计划、学年计划。其中,期限越近的计划,应当越具体,并尽量建立可量化的标准,期限越远的计划则以指明方向为主。**

　　个人能力的提升开始于正式就业前。对在校大学生来说,规划并管理好自己的学业是提升能力的不二手段。大学生在校期间,要注重对学习的管理,并在学业管理过程中夯实自己的专业知识、技能基础,同时培养和提升自身能力,以提高今后的求职竞争力。

一　学业管理的意义

　　"学业"一词,在《现代汉语词典》(第 7 版)里的解释是"学习的功课和作业"。学业管理则是指为了完成学校的培养计划与目标,以及为了满足社会快速发展带来的对个人素质的高要求,大学生调动自己的主观能动性,开展自我学习、自我教育、自我发展等的一系列活动。

　　如今,我国每年的高校毕业生人数不断增多,大学生要想从中脱颖而出,找到理想的工作,首先必须具备就业竞争力。就业竞争力是指能全面满足社会和用人单位对人才的要求的能力。对尚未走出校园的大学生来说,提升就业竞争力的关键在于对自己的学业进行有效管理,通过学业管理,夯实自己的专业知识、技能基础,同时培养和提升自身能力,打造自己的核心竞争力,以增强就业竞争力,提高就业成功率。

　　此外,大学生进行学业管理,还能够培养自身良好的学习习惯,使自己成为一个自律的人。大学生制订学习计划,也能够使自己有目标、有动力去做某件事情,提高自己的行动能力，为此后快速进入职场、适应职场打下基础。因此，大学生在校园生活中，一定要养成善于管理自己的好习惯，每一件事情都要有所规划，不仅是为了更好地完成学业和找到工作，也是为了成就一个更好的自己。

二、学业管理的方法

大学生可采用以下 4 个方法来强化自身的学业管理。

1. 培养学习兴趣

学业管理，简单来说是指大学生在大学期间对自己的学习生涯进行管理。对学习生涯进行管理的重点就是学生最基本的任务——学习。俗话说，"兴趣是最好的老师"，只有当你对学习产生兴趣，才会产生驱动力，驱使你去学习、去探索。最开始，在培养学习兴趣的过程中，大学生可以想想父母对自己的期望、专业领域的良好发展、杰出校友取得的成绩及自身就业优势等，先从外部获得学习的动力，进而在学习过程中始终保持积极乐观的态度。大学生要善于发现学习的乐趣，当在学习过程中遇到困难时，不要急于放弃或寻求帮助，而要勇于挑战，享受战胜困难的成就，久而久之，就会不知不觉地爱上学习，变得勤奋、有毅力，学习效率也会提高。

2. 确定学习目标

如同前面所讲的，职业需要设置一个目标，学业也同样需要目标。有一个切实可行的学习目标可以防止大学生在学习过程中产生迷茫。大学生在制订学习目标时，可以确定长期学习目标和阶段学习目标。长期学习目标指大学 4 年学习期间的总目标，大学生可找出自身与总目标之间的差距，然后再按照前文所述的目标评估方法来制订阶段性的目标。在大学期间可以以一学期或一学年作为阶段划分的时限。大学生在制订目标时，要考虑自己的能力、兴趣、所学专业等因素，不要脱离实际，目标越详细越好，如学习总体目标不要宽泛地设置为如拿到学位、提高自身水平，而应该设置为如毕业时平均成绩在 85 分以上、阅读过 30 本和专业相关的书籍、参加过 8 次校内外实践活动等。这样既是详细的目标设定，又给自己的目标完成情况确立了标准。

3. 制订学习计划

在确定了学习目标之后，大学生应该制订相应的学习计划来实现目标。计划一般针对阶段性目标来制订。阶段性目标都有各自的重点和难点，如大学一年级时应该尽快适应学校生活，在学好学校公共基础课的同时打好专业学科的基础，还要根据自己的兴趣爱好参加一些社团组织或者如参选班干部、参选学生会干事等活

动；而大学二年级则需要强化对专业知识的学习，并且开始准备英语四级考试等。下面是某大学生在大学二年级上学期针对英语四级考试的复习计划样例，如表 5-1 所示，供参考。

表 5-1　某大学生的英语四级考试复习计划

月份	学习内容
9 月	买一本专门的英语四级单词复习资料，每天背诵 60 个单词； 买一本英语四级完形填空训练题集，每周完成 3 篇完形填空训练； 每周看 1～2 部英文电影，练习自己的听力
10 月	在 9 月学习内容的基础上，增加对阅读理解题型的练习； 买一本英语四级美文阅读书籍，每周进行 3 篇美文阅读练习，熟读并背诵精美句子
11 月	在 9 月和 10 月学习内容的基础上，增加英文作文写作训练； 每周写两篇英文作文，并购买一本英语四级作文范文书籍，熟读且背诵其中优秀的范文和句子
12 月	进行查漏补缺，每天做一套真题试卷或者模拟试卷

　　在制订完英语四级考试的阶段复习计划后，还需要具体安排时间来执行。这时候就需要详细地制订每周的学习计划。大学生制订周学习计划的好处在于，可以将每天的学习任务有秩序地开展，减少紧张与忙乱，同时也能加强对自身行为的引导和对自己意志的控制，克服学习的懒散性和随意性。目标更具体与明确，也能够让大学生以热情饱满的态度投身于目标的实现当中，有助于高效地解决问题和完成任务。表 5-2 所示为周学习计划表，供大家参考。

表 5-2　周学习计划表

第　　周　　　　　　　　　　　　　　　　　　　月　　日至　　月　　日

时间段 \ 主要事件 \ 星期	周一	周二	周三	周四	周五	周六	周日

　　周学习计划表的时间段，一般以各个学校的上课时间段进行划分，这样大学生既可以清楚地知道自己每天上课的时间，又能对空闲时间一目了然，再根据自身状况合理安排学习，如清晨适合背书朗诵、晚上适合做题或者看英语电影等。在设计周学习计划表的时候，大学生不必把每个时间段都安排得很满，要留一定的调整空间来防止

意外情况的出现。另外，大学生还要每周对自己的学习计划进行反思总结，看看哪些任务没有完成，为什么没能完成及如何解决这一问题，根据当周的完成情况对下周的学习计划做出调整和修改，这样，能使自己每天都处于井然有序的生活当中，能让自己感受到生活的充实，并时刻对学习保持十分饱满的热情。

4. 总结学习方法

在平时的学习生活中，大家能发现这样一个现象，有些同学，平时认认真真听讲，努力完成老师布置的作业，可是考试成绩总是不太理想；而有的同学，平时学习并不是特别用功，但是学习成绩十分优异。这是为什么呢？

正确的学习方法对每个人来说十分重要，以下是一些常用的学习方法，希望对大学生探寻适合自身的学习方法有一定的帮助。

（1）问题学习法。问题学习法是以提出问题、分析问题、解决问题为线索。大学生在预习时，先翻阅课后练习题，带着问题去学习，可以使学习方向有明确的指向性。

（2）目标学习法。目标学习法是美国心理学家本杰明·布卢姆（Benjamin Bloom）所倡导的学习方法。该学习方法需要首先明确学习目标，核心在于必须使学习者形成自我测验、自我矫正和自我补救的自我约束习惯。目标学习法能让大学生在学习过程中明确学习重点，增强学习的注意力。

（3）联系学习法。知识之间存在普遍的联系，大学生在学习过程中，不要把所有的知识按板块划分，而应该将前后知识融会贯通起来，这样才能形成知识体系的完整性和连贯性，避免出现死记硬背造成的知识断点问题。

（4）归纳学习法。归纳学习法指的是将所学内容按不同属性加以归纳，然后分门别类地记住这些内容及其属性的学习方法。例如，大学生在学英语语法时，可采用归纳学习法来进行学习与记忆。

（5）合作学习法。大学生可以几个同学一起组成学习小组，互相监督和督促，共同进步；在学习的同时，还能培养和提高自身的语言表达能力和人际交往能力。

如今，拥有多种专业学科知识和技能的人才越来越受到用人单位的青睐，这种人才称为复合型人才。因此，大学生想要增强自己的就业竞争力，就应该加强对自身的学业管理，将自己培养为复合型人才，以满足企业和社会的需要。

三、正确规划大学学业

明确学习目标、掌握学习方法后，大学生就可以对自己的大学学习生活进行规划了。大学期间，各个阶段的学习重点有所不同，下面以3年的大学学习生活为例来介绍规划大学生活的一般方法，供大家参考。

1. 打基础

大学第一年是打牢基础的阶段。大学生初进校门，开始了大学学习和生活，但在心理上，还是高中生的心理，对于自己的专业有待了解，对于日后的学业规划更是一片茫然。因此，在这个时期，大学生要积极调整自己的心态，让自己快速适应大学的新环境；了解大学学习的特点，尽快找到适合自己的学习方法；了解自己所学专业的培养计划和就业方向，有意识地提高自己的专业水平；充分利用好教室、图书馆、宿舍等学习场所，认真听好每一门课，脚踏实地学好基础课。

2. 做规划

大学第二年是承前启后的阶段。经过一年的学习，绝大多数大学生已经适应了崭新的大学生活，并开始规划自己的学业生涯，明确自己未来的发展方向，如大学毕业后是考研究生还是直接就业等。在这一阶段，大学生可能会面对繁重的学习任务，面对英语四级的考验，面对各种考证的压力等，因此大学生需要进行科学的学业规划，这将有助于解决面临的种种困难。

另外，在这个阶段，大学生还可以通过参加校内各种社团活动来提高自己的各种能力，如人际交往能力、组织协调能力、工作能力等，这对以后的求职与就业大有益处。

3. 最后冲刺

要进行实习的一年，是大学阶段的冲刺期。虽然课堂学习基本结束，课余时间增多，但这一年格外忙碌，有的同学在为就业做准备，有的同学在为考研做准备。这一阶段，对求职的同学而言，应该多了解并搜集自己准备求职的公司的相关信息，并且付诸行动，写好个人求职简历和求职信，增加与笔试和面试有关的学习。大学生活的最后一年是运用所学知识，帮助自己开拓美好前程的关键时期，同学们一定要好好把握。

第二节　提升职业能力

课堂活动

活动主题：我的职业能力。

活动内容：足够的能力是胜任职位的基础，你的理想职业是什么？请试着以理想职业为中心，将自身所有与其相关的能力列出来。例如，想要做职业经理人，自己具备良好的沟通能力、决策能力，进行过系统的管理学学习等。

无论是哪一种职业，都需要从业者具备一定的职业能力。面对多个选择时，用人单位往往会选择职业能力更优秀的求职者。对大学生来说，只有选择自己能力范围之内的职业才能够顺利开展职业生涯，而提升自己的职业能力能够显著扩大自己的职业选择面，并有效助力自己的职业发展。

一、职业能力的概念

对某一职业而言，职业能力是个人多种能力的总称，如一位企业管理者除了需要具备企业管理能力，还要拥有决策能力、创新能力、识人用人能力、应变能力、社交能力和表达能力等，这些能力的总和，被称为企业管理者的职业能力。

对个人而言，职业能力是指一个人完成工作任务，从事与职业相关的活动所必备的能力。它与人的职业活动紧密相连，是在人的职业活动中能得到发展的一种心理特征。简单来说，职业能力就是个体从事职业活动的能力。职业能力决定着一个人能否胜任工作及进入工作状态的快慢。与职业相关的能力大体可以分为以下 3 种。

1. 一般职业能力

一般职业能力指与各种岗位、各种职业有关的能力，适用于广泛的职业活动，能满足多种职业的能力需求。一般职业能力通常与人的思维、感知和意识联系在一起，具有抽象性，如观察能力、想象能力、记忆能力、思维能力等都属于一般职业能力。简单来说，可以把一般职业能力等同于人的智力。

2. 专业职业能力

专业职业能力是职业能力中的核心能力，指个人从事某个具体的职业时必须具备的能力。如今社会职业分工越来越细，一个人拥有一般职业能力，越来越难以满足工作的精细化程度要求，这就要求人具有更高水平的专业技能。尤其对于专业技术岗位工作，扎实的专业基础是最基础、最重要的。例如，做一名工程师，就必须掌握工程经济、工程法规和工程管理实务等相关专业知识与技能。作为大学生，应该提高自己对专业知识的重视程度，稳扎稳打地学好专业基础知识和技能，并时刻关注与专业相关的最新动态。

3. 特殊职业能力

特殊职业能力指在具备专业职业能力的基础上，能够通过一些方法提高职业活动效率和质量的能力。国外学者通常把这种在一般专业能力领域以外，能对职业活动产生积极影响甚至具有举足轻重作用的特殊职业能力称为关键能力。特殊职业能力又可分为方法能力和社会能力。

（1）方法能力。方法能力指在职业活动的过程中，能够运用各种各样的方式方法来辅助职业活动顺利开展，达到事半功倍效果的能力。方法能力包含分析判断能力、创新能力、逻辑推理能力和决策能力等。

（2）社会能力。社会能力指个体灵活有效地综合运用环境及自身内部资源，实现积极发展结果的能力。社会能力包括组织协调能力、适应能力、语言表达能力和合作交往能力等。

总的来说，一般职业能力、专业职业能力和特殊职业能力三者相互联系、密不可分，没有哪一种职业只运用一种职业能力。例如，一个人要想当一名数学教师，除了要满足智力、数学基础知识方面的要求，还需要具备教学管理能力、数理能力与形象思维能力等；要做一名音乐家，除了要满足智力和音乐方面的基础知识要求，还需要具备乐理能力、察觉细节能力等。这就要求大学生在不断巩固自己专业基础知识的同时，勤于思考与动脑，还要注重对自己关键能力的培养。只有这样，才能增加自身的就业竞争优势。

二　职业能力的识别

职业能力是每个职业人都必须具备的能力，这关乎其能否胜任某项工作或能否在工作中取得一定的成就，是其职业活动得以顺利发展的重要保证。不同的岗位对人的职业能力有不同的要求，大学生可以通过职业能力测验来了解自己能力的优势与劣势。从应用角度看，职业能力测验主要有两类：智力测验和特殊职业能力测验。

1. 智力测验

智力测验是对人智力的科学测验，主要测验一个人的思维能力、学习能力和适应环境的能力。智力的高低通常用智力商数（intelligence quotient，IQ）来表示。韦氏智力测验与瑞文标准推理测验是目前国内常用的智力测验方法。

（1）韦氏智力测验。美国医学心理学家大卫·韦克斯勒（David Wechsler）于1949年开始主持编制的系列智力测验量表，是目前世界上应用较广泛的智力测验量表。它包含言语和操作两个分量表，前者包括常识、理解、算术、类似、记忆广度、词汇解释6个分测验，后者包括符号替代、图形补充、图形设计、连环图系、物形配置5个分测验。

（2）瑞文标准推理测验。1938年，英国心理学家J.C.瑞文（J. C. Raven）创立了瑞文标准推理测验（Raven's standard progressive matrices，SPM）。它是一种非文字智力测验，整个测验由60张矩阵结构的图组成，并被分为5个单元，单元间的演变过程由易到难，由能直接观察得出结论过渡到由间接抽象推理得出结论。

2. 特殊职业能力测验

企业在面试时，一般会对需要的特殊人才岗位的应聘人员进行特殊职业能力测验。这些测验的种类有很多种，如音乐能力倾向测验、霍恩美术能力问卷等具体化的职业能力测验。这里主要介绍综合性的职业能力倾向测验——一般能力倾向成套测验（general aptitude test battery，GATB）。

GATB是由美国劳工部就业保障局于1934年组织相关专家，在进行了为期10年的专门研究后制订出来的。1947年，美国劳工部正式采用了这套测验，并将其不断地完善。GATB 后来在世界范围内造成了很大的影响，世界上许多国家和地区采用了 GATB 并根据自身情况进行调整修改，均获得了良好的效果。

三、大学生的职业能力

大学生在大学阶段，除了学习知识，都在主动或被动地培养自己的职业能力。

1. 大学生职业能力的发展特点

大学生由于还未进入职场，自身的职业能力还在进一步学习发展中，但其基本雏形已经具备。大学生职业能力的发展具有以下 3 个方面的特点。

（1）基础性。大学生在校期间，一般以发展专业职业能力和一般职业能力为主。专业职业能力主要通过学习专业课程，并进行教学实践，如考试、写论文等方式得以发展。一般职业能力的发展则贯穿大学生整个学习生活中，如对学识问题的探讨、进行辩论比赛、阅读好的书籍等，这些都有助于一般职业能力的培养。

（2）延伸性。大学生在校内外参与各种实践活动，如参与学生会、社团活动和兼职等，在各种活动中所扮演的角色和接触的团队各不相同。在这些活动开展的过程中，大学生不可避免地要和他人进行接触、沟通与协调，这能不断提高大学生的语言表达能力、人际交往能力和组织协调能力等，使大学生的特殊职业能力得到发展，并有了延伸性。

（3）潜能性。虽然一部分大学生参与了各种校内外实践，但由于时间短、活动繁多零碎，不能形成系统、完整的职业活动，有很多潜在的职业能力还未开发或有待开发。

2. 大学生如何提高职业能力

随着社会工作对专业化、精细化要求的提升，出现了许多跨专业的行业。对即将步入社会的大学生来说，需要增强自身的职业能力来增加就业竞争优势。在了解了大学生群体的职业能力特点后，大学生应思考如何针对这些特点，并结合自身条件，来培养和增强自己的职业能力。下面提出 5 点建议供大学生思考。

（1）认真学习专业知识。专业知识的积累能为大学生的知识储备奠定坚实的基础。

（2）规划职业生涯发展。大学生可以根据规划中对职业能力的需求来对自身进行有针对性的能力培养和提高。

（3）参与职业培训。这种方法可以快速容易地使大学生获取有关职业能力方面的知识，在培训老师的指导下有规划地对自身职业能力进行培养和提高。

（4）多进行反思总结。大学生要将在学校学到的知识与在社会实践中的所学相结合，并不断反思总结，以获得对提升自己职业能力有用的经验。

（5）勇于实践和创新。大学生要从实际出发，做实干者，在实干中总结经验教训、认识规律，只有这样才能在实践中创新，并将创新的成果发扬光大。

提醒　现在许多大学生在毕业找工作时，往往会遇到专业不对口的尴尬局面，甚至因此放弃一些机会。究其原因，是没有做好职业生涯规划，缺乏对社会环境和行业环境的了解与分析。大学教育只能为大学生的职业生涯发展奠定基础，对职业生涯起决定性作用的还是大学生自己。这就需要大学生提前做好职业生涯规划，并对照规划有步骤、有条理地安排自己的大学学习与生活。

第 三 节　提升职业素养

📝 课堂活动

活动主题：全国劳动模范身上体现出的职业素养。

活动内容：全国劳动模范是全国所有劳动者的榜样。2020 年 11 月 24 日上午，全国劳动模范和先进工作者表彰大会在北京人民大会堂隆重举行，1689 名全国劳动模范在人民大会堂受到表彰。请同学们以 4 人小组为单位，通过网络了解其中一位全国劳动模范的事迹，分析其身上体现出了什么样的职业素养，应该如何向其学习。

大学生要想成为一个优秀的职场人，仅仅拥有高水平的职业能力是远远不够的，还需要具备高水平的职业素养。职业素养指职业内在的规范和要求，是人们在职业生涯过程中表现出来的综合品质，包括职业道德、职业技能、职业行为、职业作风和职业意识等。可以说，职业素养是每个职场人必须具备的品质，只有具备良好的职业素养，才能称得上是优秀的职场人。

一　什么是职业素养

素养是指个人通过训练和实践而获得的道德修养。在此基础上，可以将职业素养理解为个人在职场生活中，通过训练和实践而获得和表现出来的职业道德修养和综合品质。总体来说，可以把职业素养分为职业道德信念、职业知识技能和职业行为习惯 3 类。

（1）职业道德信念。良好的职业素养应该包含积极向上的职业道德信念。纵观古今中外，每一个成功的职业人士都拥有正面积极的职业价值取向。这些职业价值取向包括爱岗、敬业、忠诚、奉献、负责、合作、包容和开放等。

（2）职业知识技能。职业知识技能指从事一个职业所需要具备的相关专业知识技能，是职业素养的基础。一个人若没有基本的职业知识技能，则完成工作的基本要求都达不到，想要成为行业的佼佼者是不可能的。

（3）职业行为习惯。职业行为习惯是职业素养的外在表现形式，是在工作过程中不断学习、改变和提升而最终形成的一种行为习惯。

值得注意的是，职业道德信念是职业素养的核心。许多企业特别看重员工爱岗敬业的精神和合作包容的态度。大学生更应该注重对这两方面的培养，做一个有良好职业道德信念的人。

二、提升职业素养的价值

在了解了职业素养的基本概念后，我们知道了每个人都应该培养自身的职业素养，但是培养职业素养对个人有什么意义和价值呢？下面从 5 个方面进行讲解。

1. 培养创新能力

很多岗位的工作是按部就班的，长期的重复劳作会让员工产生疲惫感和厌倦情绪，从而使企业失去生机。因此，创新能力对个人和企业来说是非常重要的。人们只有在日常工作实践中，不停地去思考、探索和解决问题，才能产生创造性想法。良好的职业素养要求个人不断学习，完善自己，养成勤于思考的好习惯，积极培养创新能力。

2. 培养社会责任感

作为一个企业，必须承担一定的社会责任，而作为企业中的个人，就更应该培养自己的社会责任感。责任感是一种高尚的道德情感，它与自身价值观紧密相连。个人提升职业素养，有助于在日常生活与工作中，凡事从大局出发，考虑是否对社会和人民有危害，从而培养自己的社会责任感。

3. 加强团队精神

在职场生活中，个人不可能永远都是单打独斗的。每个人的岗位不同，分工不同，这些分工的完成离不开合作，团队工作中最核心的精神就是团队协作精神。"海纳百川，有容乃大"，企业也正是吸收了每个人的才能，拥有凝聚力，才得以健康发展。因此提升职业素养有助于个人更好地融入集体，树立与企业同甘共苦的意识与信念，提高自己的团队精神和团队协作能力。

4. 提高自己的就业竞争力

一些企业在招人的时候，尤其是在招管理岗位和职业技术岗位人员时，出于培养和储备后续人才的考虑，除了看重应聘者的工作技能，还看重其职业道德。如果应聘者仅仅将企业看作一个跳板，企业则不会录取或重用这种留不住的人。因此，大学生在应聘面试的时候，如果能够很好地表现自己的职业素养，则会给面试官留下好印象，从而提高自己的就业竞争力。

5. 更容易实现职业发展

具有高度职业素养的工作者往往能在同一岗位或同一类岗位持久地工作，并不断地钻研和精进业务，更容易在岗位上取得较高的成就。在面临工作中的困难或者外部恶劣环境时，职业素养高的工作者往往更能坚持，能够"守得云开见月明"，从而实现职业发展。

艾爱国：一辈子做好一件事

"七一勋章"获得者、全国道德模范（全国敬业奉献模范）、湖南华菱湘潭钢铁有限公司焊接顾问艾爱国已是一位从心之年的老人。他在焊工岗位奉献 50 多年，攻克了数百项技术难关，成为拥有一身绝技的焊接行业"领军人"。

从一名普通焊工到湖南省技能大师、"七一勋章"获得者、全国道德模范（全国敬业奉献模范），艾爱国将自己的成功经验总结为一句话："一辈子只做一件事，一辈子做好一件事。"

1969 年 9 月，艾爱国进入湘潭钢铁厂工作。进厂之初，他的师傅告诉他，当工人很简单，就是做人、学技术，做好事情。他记住了师傅的话，立志做一名好工人。艾爱国在湘钢工作一辈子，领导想从职务的角度提拔他，但艾爱国婉言谢绝了，"我还是安心从事自己的岗位吧"，最终以焊接班班长的职务退休。

在 50 多年的工作生涯中，艾爱国刻苦钻研焊接技术，大胆实践、勇于创新。他在紫铜、铝镁合金、铸铁、埋弧焊等焊接领域均有突出造诣，为国家冶金、矿山、机械、电力等行业攻克焊接技术难关 500 余项，改进焊接工艺 34 项，创造了极为可观的经济效益和社会效益。同时，作为我国焊接领域"领军人"，他倾心传艺，在全国培养焊接技术人才 600 多名。

点评："一辈子做好一件事"是艾爱国师傅职业素养的高度体现。虽然只是一名普通的焊工，但艾爱国将自己的工作做到了极致，经过数十年如一日的钻研与实践，最终获得了非凡的成就。

三　提升职业素养的方法

职业素养的提高不是一朝一夕的，大学生在大学期间就应该为提升自身的职业素养进行准备。要提升自身的职业素养，大学生可以尝试从以下 3 个方面进行。

（1）树立正确的三观。三观指的是世界观、人生观和价值观。树立正确的三观意味着大学生在日常学习与生活中，要培养良好的学习与生活习惯，树立一套正确健康的价值评判、取舍标准，并开始形成自己的职业意识。

（2）多参与校内外的实践活动。大学生应多参与校内外的实践活动，在活动中积累具体的工作经验来提升自己的职业素养，提高自己的职业能力和专业知识水平。

（3）了解与行业相关的信息。大学生应搜集自己感兴趣或想要从事的职业的信息，了解该职业的具体要求，再将自身条件对照其具体要求，看哪些是自己缺乏或者不达标的，然后尽快制订相应的计划，努力提升自己。

对每个人来说，职业素养都是非常重要的。因为你会在社会分工里扮演不同的职业角色。尤其是大学生，更应该努力提升自己的职业素养，这对于将来求职和职业的发展有很大的作用。大学生拥有较高的职业素养是其职业发展道路顺畅的保障。

提升综合能力

📝 课堂活动

活动主题：综合能力在职业中的体现。

活动内容：请根据你自己的理想职业，谈谈在该职业的具体工作中，学习能力、人际交往能力、思维分析能力、工作能力、组织协调能力分别能够发挥什么作用，如果缺失某方面能力，会对工作造成什么样的影响，然后和同学分享。

通过刚才的活动，大家可以发现，学习能力、人际交往能力、思维分析能力、工作能力、组织协调能力在多项工作中都发挥重要作用。这些能力的总和就是人们常说的"综合能力"。综合能力难以被量化考评，但它在方方面面深刻地影响着人们的行动，进而影响职业生涯的发展。现代社会的竞争是综合能力的竞争，对大学生来说，提升自己的综合能力是当务之急。

一、学习能力

拥有一定的学习能力是大学生学好功课的必要条件。大学生提升学习能力，一般有两个大学生途径：一是借鉴他人优秀的学习方法；二是在学习知识的过程中，通过不断地反思和总结，找到一套对自己行之有效的学习方法，从而提升自身的学习能力。

1. 大学生学习能力不足的原因

一些大学生的学习能力并不令人满意，究其原因，主要有以下4个。

（1）缺乏学习的主动性。部分大学生已经习惯了中学时的灌输式教学模式，除为了完成作业会在图书馆或网络中查找资料、浏览书籍外，很少会利用闲暇时间给自己充电，对于知识的吸收只是单纯地被动接受，对于自身才是学习主体这一点缺乏认识，没有养成自主学习、主动学习的习惯。

（2）缺乏自我监督和控制。大学生活丰富多彩，部分大学生缺乏自我控制能力，沉迷于电子游戏等娱乐活动中，耽误学习。还有一些大学生，只有一个大概的学习目标，缺乏具体的学习计划、步骤，不能很好地掌控学习进程和检验学习效果。

（3）缺乏高目标的设置。一些大学生仅仅将学习的目标定为通过考试，或完成学校的学业安排，没有进行深层次的自我总结和反思，在通过考试后就将知识丢在一边，没有做到"温故而知新"。

（4）缺乏对学习重要性的认识。部分大学生觉得学习只是为了顺利毕业，以后工作靠的是文凭和关系，和学习成绩没有太大的关系，所以在学习的过程中态度消极，导致学习效率低下，学习能力得不到提升。

2. 提升大学生学习能力的方法

大学生采用针对性的方法，可以有效提升自己的学习能力，下面是提升大学生学习能力的3种方法。

（1）改变学习态度，变被动学习为主动学习。以往的基础教育中，老师会详细地讲解每一个知识点，帮学生梳理知识结构和脉络，学生只需要掌握和牢记，不需要自己去主动思考。然而在大学阶段，由于课时有限、知识层面加深，老师不可能在课堂讲解时面面俱到，往往只能挑选重点来讲。这就需要大学生有课前预习的好习惯，要把从前的被动学习变为主动求知和探索。

（2）在一定范围内，借鉴他人优秀的学习方法。他人优秀的学习方法具有一定的参考价值，可供学习借鉴，但是不能将他人的学习方法生搬硬套地应用在自己身上。对他人有用的东西不一定对自己同样有效，大学生应该在借鉴他人学习方法的基础上，结合自身情况进行改造，使之转化为自己的东西。

（3）加强自己的学习动机，坚定学习意志。内因是事物变化发展的根据，因此，要想提升自己的学习能力，关键在于个人。大学生只有加强自己的学习动机，设置符合自身条件的目标，并坚定不移地为之奋斗，自身的学习能力才会在奋斗过程中得到提升。

二　人际交往能力

人际交往能力是指人与他人交往，并能建立和谐人际关系的能力。交往能力的高低将直接影响到大学生的人际关系网络建设和全面发展。

调查结果显示，大学生最困扰的问题就是人际交往。下面将从两个方面来分析造成大学生人际交往困难的原因。

1．大学生人际交往困难的原因

（1）自身因素。由于当代大学生大多是独生子女，在家里集万千宠爱于一身，造成部分大学生以自我为中心，不懂得理解他人，不会站在他人的角度思考问题。大学生也都有自己鲜明的个性，在人际交往中，有时不能恰当地表现自己，从而导致冲突产生。加之每个人都在成长过程中逐渐形成了自己的人生观、世界观、价值观，和他人观念的不同也可能导致交往的窘困。

（2）外部因素。在基础教育阶段，受到升学压力的影响，部分学校只重视对学生进行文化知识的教授，忽视了对学生人际交往能力的培养。到了大学阶段，部分大学生由于缺乏约束力，沉迷于网络。虽然在网络上也能结交朋友，但是虚拟的网络交往是不能替代人与人之间的现实交往的。一些大学生习惯于在网络中发泄情绪、寻找精神寄托，忽视了现实生活，导致自身性格的封闭和人际交往能力的下降。

阅读材料

不要将自己封闭

刚毕业的小墨在一家广告公司上班，他性格内向，平时也不太爱说话。因此短时间里，他和同事也不熟，工作中一旦遇到问题，他都是按照自己的个人看法，主观臆断地处理。

有一次，经理交给他一个任务，要他为公司即将上市的新产品做一个宣传海报，小墨将相关产品信息复制进U盘后就赶去制作公司。来到制作公司后，对方的设计人员向小墨提出产品想做成哪种形式、选择何种价位、打算何时投放等一系列问题，小墨听后整个人都傻了。由于他之前完全没有和上级沟通过，因此全都答不上来。这时，他只好硬着头皮拨通了经理的电话，问清楚海报的制作要求后，经理把他训斥了一顿。小墨虽然心里难受，但也无话可说。

回到公司，同事张晓跟他聊天说："其实人际交往和工作一样，你要主动一点，如果你不去沟通，别人就无法理解你的想法。如果你事前把海报的相关要求跟经理问清楚了，也不至于经理后来会大发雷霆，而且领导训斥完后，你也要有回应，万不可一声不吭。"小墨听了张晓的一番话后，顿时感觉要学习的东西太多了。

点评： 大学生进入新的工作岗位，通常会对周围的环境产生一些陌生感，不愿与他人沟通和交流。但是进入企业工作，必然会遇到很多人和事，无论是什么事情，只要去沟通，大事也会变成小事；如果不去沟通，那么小事就会变成大事。

2．大学生提升人际交往能力的方法

人际交往能力是一项很重要的能力，它在一定程度上能影响个人情绪的稳定、心理的变化，甚至是个人未来的发展走向。因此，大学生要重视自身人际交往能力的培养。以下是大学生提升人际交往能力的 3 种方法。

（1）正确认识自我，学会与他人相处。大学生要正确地分析自己的优缺点，不要自以为是，在与他人交往的过程中，要多肯定他人的自我价值，在恰当的时机运用合适的表达方式对他人进行称赞，这样才能够促进和他人的良性交往。

（2）多参与校园活动，培养自己的交往能力。大学里有种类众多的社团组织，大学生可以参加感兴趣的社团，结交有共同志向、爱好的朋友，这些共同点能促进友情的培养和延续。

（3）学习社会交往知识，必要时寻求辅导。大学生可以通过阅读有关人际交往知识方面的书籍，学习如何与他人相处，并了解需要注意的问题，反思自己与他人相处时的表现。大学一般有心理咨询室，实在遇到解决不了的困难时，可寻求专业老师的帮助。

三　思维分析能力

人只有通过思维分析，才能整理零碎的知识，并将整理好的知识转化为自身的能力。唐代韩愈曾经说过："行成于思，毁于随。"由此可见思维分析能力的重要性。尤其对大学生来说，社会竞争的加剧和知识的爆炸式增长，需要大学生拥有良好的思维分析能力去面对。

在国外，许多学校把思维课程放在了教学计划里，将学生的思维分析能力看作其重要的技能。作为大学生，应该怎样提高自己的思维分析能力呢？下面介绍 3 种方法。

1．加强对逻辑思维知识的学习

现在社会上十分看重个人的逻辑思维能力，许多考试会有针对逻辑思维能力的考查，如研究生入学资格考试、公务员考试等。虽然很多学校并没有开设与逻辑学相关的课程，但是市面上有很多与逻辑思维相关的书籍，大学生可以根据需要选择，加以自学，有条件的还可以参与针对逻辑思维开设的培训班。

2．学会思考

"学而不思则罔，思而不学则殆"，大学生在平时遇到问题的时候，不要着急去询问他人或翻阅教辅资料，要先自己动脑思考；实在思考不出来，经过他人的帮助得出答案后，不要立刻把题目和答案扔在一边，而是应该思考他人的思路和解题过程，学习吸收他人的思维分析方法。大学生平时在思考过程中，多运用纵向思维，加深自

己的思维深度，而不是仅仅停留在浅层思考上。

3. 学会批判性思维

批判性思维就是指能够基于客观理性的立场进行思考和敢于质疑、敢于挑战权威的思维。大学生在日常学习中，要不断地尝试对问题运用"否定之否定"的规律去思考，克服思考的片面性，以便更加全面、客观地解决问题。

四、工作能力

"读书是学习，使用也是学习，而且是更重要的学习。"这句话强调了实践与工作的重要性。随着高校毕业人数逐年增多，企业挑选人才的要求越来越高，较强的工作能力就是选拔的标准之一，它是每个大学生需要具备的。

1. 大学生工作能力不强的表现

大学生工作能力不强具体表现在以下 3 个方面。

（1）基础知识强，应用能力弱。大学生往往走上工作岗位后才会发现，在学校学到的知识，真正能运用到工作中的很少，很多专业技能还需要在工作中花大量时间去掌握。

（2）接受能力强，决策能力弱。许多大学生有较好的沟通能力，对于工作内容或具体实施步骤理解很快，但是一旦需要自己做决定，反而会举棋不定或轻率决定，缺乏自信和全面系统的规划。

（3）自我意识强，团队意识弱。一些大学生将与自我利益相关的东西看得很重，经常为了一己私利而不顾大局，在团队工作中不能很好地和同事相处，不能尽快融入团体，甚至不把自己当作团队中的一员。

2. 大学生工作能力不强的原因与解决方法

下面从 3 个方面对大学生工作能力不强的状况进行分析，并给出相应的解决方法。

（1）缺乏对行业环境的了解。原因：许多大学生虽然明确了自己的职业定位，但是并不了解该职位、行业所要求的具体能力，因此在大学期间缺乏对这些能力的针对性训练，导致步入职场后能力匮乏。

解决方法：大学生在大学阶段做好符合自身情况的职业生涯规划，通过对社会环境与行业环境的分析，了解自己定位的职业目标的具体要求，再审查自身与要求之间的差距，及时采取措施学习知识技能，弥补不足。

（2）在大学期间没有参与过实践或实习工作。原因：实习能对大学生从学生转变为职场人士起到很好的过渡作用。实习能增强大学生的工作能力，使大学生在就业后能很快适应工作。然而很多大学生没有重视实习工作，从而错失了锻炼自己的良好机会。

解决方法：大学生在校期间，要多关注与自己的职业生涯规划方向相关的企业发布的实习信息，争取每一个可以实习的机会来锻炼自己。

（3）缺乏团队精神与合作意识。原因：许多大学生刚进入企业工作，急于证明自己或想要争取更多的利益，往往爱在团队里出风头，自我意识十分明显，而置团队利益于不顾。要知道，团队中每个人都有各自的定位，大家将各自的能力发挥出来，才能达到"部分之和大于整体"的效果。缺乏团队精神也和大学生在学校期间的行为有关，如参加集体活动不积极、同学之间不能团结友爱等。

解决方法：在校期间，大学生要积极提升团队意识，主动参与到班集体的建设中，还可以通过参加丰富的社会实践活动磨炼自己的意志。

五、组织协调能力

组织协调能力指根据工作要求，对资源进行合理配置，同时协调个人，使之相互融合，从而实现组织目标的能力。大学生具备较好的组织协调能力，才能胜任工作。大学阶段是大学生培养自身组织协调能力的最佳时期，因为只有在这个阶段，才有充分的时间去参加各种活动，锻炼自身的组织协调能力。一般认为，大学生的组织协调能力可以通过以下两种方式来提升。

（1）成为班级干部。大学和以往的初高中不同，班级干部在部分程度上取代了老师，成为班级工作和活动的策划者、组织者。班级干部根据自身分工的不同，要思考如何让班上的同学配合自己的工作，还要与其他班干部、辅导员和学校相关部门进行及时沟通，这极大地锻炼了大学生的组织协调能力。

（2）成为学生会成员。学生会是学生进行自我管理、教育和服务的团体组织，是连接学校和学生的桥梁。学生会在校团委等的带领下开展许多活动，如系列讲座、宿舍卫生评比、新生运动会和各类文娱活动。学生会成员在这些活动中自主解决出现的各类问题，自信心和能力都将得到培养。许多企业在招聘时，都喜欢录用曾在学生会工作过的优秀毕业生，因为这类毕业生有较强的组织协调能力和工作适应能力，具有普通大学生所没有的优势，能够更快、更好地融入工作环境，并且具有较高的工作效率。

 提升综合素质

课堂活动

活动主题：我的生活习惯。

活动内容：生活习惯会对人的生活产生潜移默化的作用，请你尽可能列出你的所有生活习惯，并将其分为良好的习惯（如按时睡觉、饮食规律、饮水适量）和不好的生活习惯（如熬夜、暴饮暴食、缺乏规律运动等），然后和同学分享，看看谁的生活习惯最健康。

现代社会对人的要求是多方面的，不仅要求职场人（也称职业人）具有足以胜任岗位的能力和素质，还要求职业人要有合理的生活习惯及良好的心态，即要有较强的综合素质。

一　养成合理的生活习惯

大学的上课时间相对零散，大学生可以有许多自主安排的时间。有些同学不仅没有好好利用这些时间，反而养成了不合理的生活习惯，这不利于大学生的健康成长，令人担忧。下面是一些大学生不合理生活习惯的主要表现及解决方法。

1. 作息不规律

表现：虽然大学宿舍都有相应的熄灯与断网时间，但是一些大学生不能严格地遵守，有些大学生喜欢在熄灯后开卧谈会到深夜，有些大学生喜欢熄灯后玩手机。这些大学生不珍惜睡眠时间，养成晚睡晚起的坏习惯，个人精神状态很差，于是会在课堂上睡觉，甚至逃课睡觉。长此以往，这种恶性循环势必会影响其学业和健康状况。

解决方法：首先，大学生要养成积极乐观的态度，无论是学习还是生活，都要做好规划，要认识到习惯养成的重要性；其次要严格监督自己，不要自我放松、自我懈怠，一旦出现不良现象，应立刻做出相应的调整，并在此基础上执行和巩固。

2. 饮食不规律

表现：有些大学生起床很晚，来不及吃早餐就去上课，或选择在课间休息时间买些小零食充饥。有的同学第一次自主支配自己的金钱，没有合理的规划，或乱花钱买零食、暴饮暴食，或为了减肥节食、吃减肥药，甚至有的人开始抽烟和酗酒，这些不健康的饮食习惯会给身体带来极大的负面影响。

解决方法：大学生要养成良好的饮食习惯，应每天定时定量地安排自己的饮食，保证补充充足的营养，不要应付了事。健康科学的饮食习惯能改变一个人的生活态度，积极阳光的生活方式有利于大学生的日常学习与生活。

3．沉迷娱乐活动

表现：大学生学业压力大，适当的娱乐可以缓解心情、释放压力，但是一部分大学生经常光顾网吧、KTV 等场所，甚至夜不归宿，无节制地沉迷其中。

解决方法：大学生应多参与学校社团组织的各种活动，丰富自己的课余生活。大学生在这些活动中不仅能尽情释放自己多余的精力，而且能有效缓解压力、安抚自身情绪，大学生活也能因此变得丰富和有意义。此外，大学生在学校时应该充分利用学校提供的各种资源，培养自己的兴趣与特长，积极参与校内外的实习活动，提升自己各方面的能力，为将来就业增加竞争力。

4．身体素质低下

表现：部分大学生在没有课程、活动安排的时候，喜欢宅在宿舍看书、上网，很少去锻炼身体。其结果是这些大学生的身体素质普遍低下，近视和肥胖的比例大；缺乏自信，抗挫折能力差。

解决方法：大学生要制订详细的运动计划，并认真按照计划坚持锻炼，严禁三天打鱼两天晒网。此外，大学生可以结交一些喜爱运动的朋友，大家互相督促和鼓励，这会对锻炼身体产生积极的效果。大学生通过长期的锻炼，可以拥有健康的体魄，在锻炼过程中，还能很好地磨炼自己的意志。大学生拥有健康的体魄和坚强的意志是将来事业成功的基础。

三、保持良好的心态

大学生正处于逐步走向成熟的阶段，这个阶段十分重要，是成长发育、发展最宝贵的时期，同时也是人一生中心理变化最激烈的时期。由于这一时期大学生某些心理发展落后于生理机能的成长，加之各种因素的影响，难免会产生困惑、烦恼、苦闷等情绪，自我心理矛盾不时发生，如理想与现实的矛盾、理性与感性的矛盾、竞争和安逸的矛盾等。若这些不稳定情绪和心理矛盾得不到有效疏通，日积月累，就会形成心理障碍，从而影响大学生日常的学习与生活。因此，大学生要养成良好的心态，及时疏导自己的心理，让自己健康、平稳地度过这一宝贵时期，同时也能给大学学习和生活带来积极正面的影响。下面是大学生常见的心理问题及解决方法。

1．盲目与自大感

表现：部分大学生认为学习对自己来说是一件很简单的事情，在大学里随便学学也能成为尖子，因此放松了对自己的监管和要求，导致学习没有目标，对整个大学生涯没有合理规划。

解决方法：大学生要认识到"人外有人，山外有山"。在大学期间，大学生比的不仅仅是学习成绩，还有各方面的能力。大学生要充分认识自我，懂得谦虚和好学，这样才能不断进步。

2. 失望与失宠感

表现：有的大学生在入学前把大学生活想象得过于美好，在进入大学后发现大学生活很普通，理想和现实的差距很大，从而产生强烈的失望感。还有些大学生在中学时期成绩较好，是老师、同学和家长重点关注和喜爱的对象，但是进入大学后，发现比自己优秀的大有人在，自己不再受到重视，因此产生失宠与失落的感觉。

解决方法：首先，大学生要培养认知的能力，包括自我认知能力和对环境的有效认知能力；其次，大学生要培养良好的人格品质，要懂得"见贤思齐焉"，遇到比自己更优秀的人时，要学习他的长处和优点，而不是自暴自弃，要把消极的心态转化为积极的心态。

3. 松懈与懈怠感

表现：有的大学生在考上大学后，认为自己长期奋斗的目标已经实现，心理上得到了极大的满足，于是竞争心态不强，奋斗目标模糊不清，安于现状、不思进取。

解决方法：大学生要为自己设立一个长远的目标，为实现这个目标制订一个合理的规划，对照规划，发现自己的不足，针对自己的不足和劣势进行训练，提高自己在相关方面的能力，并严格地按照此规划一步一步前进。

4. 生活方式单一

表现：由于来到一个陌生的学习与生活环境，有的大学生变得瞻前顾后、畏首畏尾，每天除了学习没有其他的活动安排，不参加社团组织和班级活动，不锻炼身体，生活方式很单一，这些行为有碍其心理和个性健康发展，易形成孤僻的性格。

解决方法：大学生要加强自我心态调节，学习不是大学生涯的唯一事情，应该培养自己多方面的能力，多参与社团生活，多结交朋友，通过良好的人际交往提升自己的自信心。同时大学生要保持乐观的心态和良好的情绪，要积极主动地去适应大学生活，使自己的大学生活变得丰富多彩。

总之，提升综合素养有助于大学生更好地适应大学生活和未来的职场生活。健康的心理状态、良好的学习和生活习惯有助于大学生高效、高质量地学习与工作。

第六节　拓展阅读——人民健康的保卫者钟南山

2020年9月8日，中国工程院院士、著名呼吸病学专家钟南山在北京人民大会堂被授予"共和国勋章"。共和国勋章，是中华人民共和国最高荣誉勋章，授予在中国特色社会主义建设和保卫国家中做出巨大贡献、建立卓越功勋的杰出人士。

钟南山出生于一个医学世家，父亲钟世藩是我国著名的儿科专家，母亲廖月琴则是广东省肿瘤医院的创始人之一。钟南山年少时，不仅学习好，体育和文艺也很出色，高中时参加了全国田径运动会，取得了400米全国第三名的好成绩。中央体育学院（今北京体育大学）邀请他到国家队参加培训。但相比于在运动场上摘金夺银，钟南山认为搞医学研究和治病救人是可以从事一生的事业，于是报考了北京医学院（今北京大学医学部）。

大学毕业后，钟南山长期从事呼吸内科的医疗、教学、科研工作，曾荣获国家科学技术进步奖一等奖。

2003年，重症急性呼吸综合征（severe acute respiratory syndrome coronavirus, SARS）席卷神州，面对未知的传染病疫情，67岁的钟南山院士宣布："把重症病人都送到我这里来！"他说："如果有了危险，医生都逃避，那要医生做什么！"他还说："我们本来就是研究呼吸疾病的，最艰巨的救治任务舍我其谁？"之后，他出任广东省非典医疗救护专家组组长，经过刻苦临床治疗，找到了重症急性呼吸综合征的病因，阻止了可能发生的大面积误诊。同时，由于连续工作38小时，钟南山累倒了，出现高烧、咳嗽和肺炎的症状。之后，钟南山带领团队摸索出了一套行之有效的治疗方法，为我国成功抗击重症急性呼吸综合征做出了卓著贡献。

2020年，武汉爆发新型冠状病毒肺炎疫情，84岁高龄的钟南山又一次临危受命，作为中华人民共和国国家卫生健康委员会高级别专家组组长，赶往武汉研判新型冠状病毒肺炎疫情。到武汉之后，钟南山先到实地了解情况，紧接着就出席了国务院有关会议、全国电视电话会议、新闻发布会、媒体直播连线……一直忙到深夜。他最先提出新型冠状病毒肺炎存在"人传人"现象并强调严格防控，在他的建议和推动下，我国政府迅速采取了多项防疫措施，挽救了无数生命。

在84岁高龄依旧奋战在抗疫的最前线，钟南山院士除了依靠他治病救人的职业精神和为国为民的责任感，还得益于他数十年坚持锻炼所拥有的强健体魄。钟南山从小便喜爱竞技运动，足球、篮球、跑步都是他的兴趣所在。在北京医学院（今北京大学医学部）读书期间，他参加学校运动会，曾创下几项纪录，至今无人能破。1959年，他作为一名非职业运动员参加了首届全国运动会，在400米栏项目中以54.2秒的成绩打破了当时的全国纪录。时至今日，钟南山在日常门诊、查房、会诊、科研等繁忙的工作之余，仍坚持每周锻炼 3 次以上，每次锻炼约 1 小时。在与中国女排前队长惠若琪连线通话时，钟南山表示："在我的一生里，体育锻炼对我的健康及事业发展起到了很关键的作用。"

在做好自己专业工作的同时，钟南山仍然不忘为我国的医疗事业培养人才。钟南山从教数十年，是一位桃李满天下、锐意创新的教学名师。2010 年，为了推动医学教育改革创新，培养更多拔尖人才，钟南山亲自参与挑选和面试，从广州医学院 2010 级 416 名临床医学专业新生中选拔 32 名学生，成立"南山班"，并亲自担任班主任。"南山班"一改传统医学院校大班授课、临床实践不足的教学模式，实行小班教学，鼓励学生动手实践，增加师生互动，培养学生的国际视野。

案例启发

在数十年的从教生涯中，在两次抗击疫情中，钟南山院士展现出了高超的职业能力、超群的职业素养、良好的综合素质，这背后是以钟南山院士"健康所系，生命相托"的信念和良好的身体素质为支撑的。可见，要想实现职业的突破，要想在关键时刻挺身而出，要想尽量多地为人民、为社会作贡献，我们需要不断提升自己的能力。

第七节　自我评估

以下测试能够反映大学生的职业能力倾向和逻辑思维能力强弱。通常，职业能力是大学生胜任工作的基础，而逻辑思维能力则在工作中发挥重要作用。

 测试一　职业能力倾向测试

〖测试说明〗

本测试由一些与职业能力相关的描述组成，选项和结果都没有对错之分。为了得到相对客观的测试结果，请你快速地浏览每项描述，并以第一感觉选出最符合你行为、感情、态度及意见的选项，详细测试内容如表 5-3 所示。注意：本测试结果仅供参考，不代表最终结论。

表 5-3　职业能力倾向测试表

（一）学习能力倾向（G）	弱（1分）	较弱（2分）	一般（3分）	较强（4分）	强（5分）
1. 快速且容易学习新内容					
2. 快速且准确地解出数学题目					
3. 你的学习成绩					
4. 对课文理解和综合分析的能力					
5. 对学习过的材料的记忆能力					
（二）言语能力倾向（V）	弱（1分）	较弱（2分）	一般（3分）	较强（4分）	强（5分）
1. 善于表达自己的观点					
2. 阅读速度和理解能力					
3. 掌握词汇量的程度					
4. 你的语文成绩					
5. 你的文学创作能力					
（三）算术能力倾向（N）	弱（1分）	较弱（2分）	一般（3分）	较强（4分）	强（5分）
1. 做出精确的测量（如测量长、宽等）					
2. 笔算能力					
3. 口算能力					
4. 打算盘					
5. 你的数学成绩					
（四）空间判断能力倾向（S）	弱（1分）	较弱（2分）	一般（3分）	较强（4分）	强（5分）
1. 解决立体几何方面的问题					
2. 画三维的立体图形					
3. 看几何图形的立体感					
4. 想象盒子展开后的平面图					
5. 想象三维物体					
（五）形态知觉能力倾向（P）	弱（1分）	较弱（2分）	一般（3分）	较强（4分）	强（5分）
1. 发现相似图形中的细微差别					
2. 识别物体的形状差异					
3. 注意物体的细节部分					
4. 观察物体的图案是否正确					
5. 对物体的细微描述					

续表

（六）书写知觉能力倾向（Q）	弱（1分）	较弱（2分）	一般（3分）	较强（4分）	强（5分）
1. 快而准地抄写资料					
2. 发现错别字					
3. 发现计算错误					
4. 在图书馆能很快查找编码卡片					
5. 自我控制能力（如长时间抄写）					
（七）眼手运动协调能力倾向（K）	弱（1分）	较弱（2分）	一般（3分）	较强（4分）	强（5分）
1. 玩电子游戏的能力					
2. 篮球、排球、足球运动能力					
3. 乒乓球、羽毛球运动能力					
4. 打算盘的能力					
5. 文字录入能力					
（八）手指灵巧度（F）	弱（1分）	较弱（2分）	一般（3分）	较强（4分）	强（5分）
1. 灵巧地使用很小的工具					
2. 穿针眼、编织等使用手指的活动					
3. 用手指做一件小工艺品					
4. 使用计算器的灵巧程度					
5. 弹琴					
（九）手腕灵巧度（M）	弱（1分）	较弱（2分）	一般（3分）	较强（4分）	强（5分）
1. 用手把东西分类					
2. 在推拉东西时手的灵活度					
3. 很快地削水果					
4. 灵活地使用手工工具					
5. 在绘画、雕刻等手工活动中的灵活性					

〖测试分析〗

在上面的测试选项中，选"强"得5分，选"较强"得4分，选"一般"得3分，选"较弱"得2分，选"弱"得1分。统计每一类能力的自评分数，然后将自评分数除以5，把最终得分填入表5-4中对应位置。

表 5-4　职业能力倾向测试得分表

职业能力倾向	G	V	N	S	P	Q	K	F	M
得分									

　　根据结果对照职业能力倾向对照表(见表 5-5),可以将对应的职业类型作为参考来确定职业方向。

表 5-5　职业能力倾向对照表

职业类型	职业能力倾向								
	G	V	N	S	P	Q	K	F	M
生物学家	1	1	1	2	2	3	3	2	3
物理科学技术员	2	3	3	3	2	3	3	3	3
数学家、统计学家	1	1	1	3	3	2	4	4	4
计算机程序编制者	2	2	2	2	3	3	4	4	4
经济学家	1	1	1	4	4	3	4	4	4
社会学家、人类学者	1	1	2	2	2	3	4	4	4
心理学家	1	1	3	4	4	3	4	4	4
历史学家	1	1	4	3	3	4	4	4	4
哲学家	1	1	3	2	2	4	4	4	4
政治学家	1	1	3	4	4	3	4	4	4
社会工作者	2	2	3	4	4	4	4	4	4
法官	1	1	3	4	3	4	4	4	4
律师	1	1	3	4	3	4	4	4	4
职业指导者	2	2	3	4	4	4	4	4	4
大学教师	1	1	3	3	3	4	4	4	4
中学教师	2	2	3	4	4	4	4	4	4
小学、幼儿园教师	2	2	3	3	3	3	3	3	3
营养学家	2	2	2	3	3	3	4	4	4
画家、雕刻家	2	3	4	2	2	5	2	1	2
产品设计师	2	2	3	2	2	4	2	2	3
舞蹈家	2	2	4	3	4	4	4	4	4
演员	2	2	4	4	4	3	4	4	4
电台播音员	2	2	3	2	2	4	2	2	3
作家、编辑	2	1	3	3	3	3	4	4	4
翻译人员	2	1	4	4	4	3	4	4	4

续表

职业类型	职业能力倾向								
	G	V	N	S	P	Q	K	F	M
体育教练	2	2	2	4	4	3	4	4	4
体育运动员	3	3	4	2	3	4	2	2	2
秘书	3	3	3	4	3	2	3	3	3
统计员	3	3	2	4	3	2	3	3	4
办公室职员	3	4	3	4	4	3	3	4	4
商业经营管理者	2	2	3	4	4	3	4	4	4
警察	3	3	3	4	3	3	3	4	3
导游	3	3	4	3	5	3	3	3
驾驶员	3	3	3	3	3	3	3	4	3

 测试二　逻辑思维能力测试

〖测试说明〗

以下问题考察逻辑能力，请尽快得出答案并列出自己的思考过程。注意：本测试结果仅供参考，不代表最终结论。

在一条街上，有 5 栋房子，喷了 5 种颜色。在每栋房子里都住着一个人。每个人喝不同的饮料，喜爱不同的运动，养不同的宠物。具体情况描述如下。

1. 张三住红色房子。

2. 王五养狗。

3. 刘二喝茶。

4. 绿色房子在白色房子左边。

5. 绿色房子主人喝咖啡。

6. 喜爱网球的人养鸟。

7. 黄色房子主人喜爱足球。

8. 住在中间房子的人喝牛奶。

9. 陈大住右起第一间房。

10. 喜爱篮球的人住在养猫的人隔壁。

11. 养马的人住在喜爱篮球的人隔壁。

12. 喜爱棒球的人喝果汁。

13. 李四喜爱排球。

14. 陈大住蓝色房子隔壁。

15. 喜爱篮球的人有一个喝水的邻居。

问题：谁养鱼？

〖测试分析〗

本测试中各元素的对应关系如表5-6所示，可见答案为"李四在养鱼"。

表5-6 测试答案

项目	第一栋	第二栋	第三栋	第四栋	第五栋
人名	陈大	刘二	张三	李四	王五
房子颜色	黄	蓝	红	绿	白
宠物	猫	马	鸟	鱼	狗
饮料	水	茶	牛奶	咖啡	果汁
运动	足球	篮球	网球	排球	棒球

本测试主要考察答题者提取有效信息的能力，以及面对多项复杂信息时的推理和总结能力。对于第一次答题的答题者，本测试能够有效反映其逻辑思维水平。

一般来说，答题者所用的时间越短，其解题时思维越连贯，猜测和碰巧的成分越少，逻辑思维能力越强。

第八节   思考与练习

1. 有大学生说："大学的生活不同以往，上课的时间较少，空闲的时间却很多，我不知道怎样才能利用好这些时间。"请你运用本章所学知识，帮助他正确规划自己的学业。

2. 有大学生说："职场上的人际交往没啥用，自己的能力才是硬道理。只要我的专业技术水平足够强，成为当之无愧的专家，那么自然会有人来和我沟通，听我的意见。没有实力，话说得再好听也没用。"请思考这一观点有何不妥之处，并用本章所学知识反驳这一观点。

3. 我国的社会主义现代化建设，不仅要求年轻一代掌握现代科学技术，而且要求他们将思想意识、道德观念、审美能力、价值理想、个性完善等精神素质提高到一个新的水平，并且具备较强的工作能力和创造能力。大学生要达到社会主义现代化建设的要求，应如何提升自己？

4. 有的人综合能力并不全面，某一项能力比较强，有些能力则很弱。例如，具有很强的工作能力，但是在人际交往和组织协调能力上有所欠缺。这种情况常见吗？面对这样的情况应该如何处理？

5. 阅读以下材料，回答问题。

康元成为一名销售员已经一年多了，现在不仅业绩有了一些起色，而且建立了很多业务关系，可以说是顺风顺水。就在他打算在公司大显身手的时候，意外情况发生了，以前刚进公司就带他的师傅陈明德，由于最近业务繁多，有时一个人忙不过来，需要找一个帮手，自然康元就成了他的首选。想到毕竟是自己的师傅，康元也不好意思拒绝，于是就挤出自己的时间来帮助师傅维系客户。

在帮忙的最初一个月时间里，康元也没说什么，可是后来，帮助师傅所花的时间越来越长，为此耽误了自己的业务，不仅如此，师傅的客户对康元的要求越来越多，这些业务量都算在师傅的名下，康元觉得自己又累又挣不到钱，但是他又不知道该怎么跟师傅说，怕说不好得罪自己的师傅。这事一直让康元头疼。

（1）案例中的康元缺乏哪一项能力？他应该如何提升这一能力？

（2）请你运用自己的沟通技巧，帮助康元解决困扰他的问题并维护好他与师傅的关系。

第六章 做出职业决策

学习目标

了解职业决策的相关因素。
掌握职业决策的方法。

素养目标

综合各种因素，做出既能实现自我价值，又能
创造社会价值的科学职业决策。

案例导入

　　吴雪娟最近很苦恼，因为她临近毕业却还是拿不定主意毕业后要干什么。
眼看毕业期限越来越近，她决定向周围的人求助。

　　室友说："我打算继续在本校读研，读研后再继续找工作，你要不跟我
一起准备考研吧。"

　　父亲说："你回家乡来吧，家乡近几年发展得日新月异，正是需要人才
的时候，你回家后也能照顾家里。"

　　同学说："我觉得你性格开朗，做事认真，比较适合当公务员，你可以
考虑报考公务员。"

　　职业规划老师说："雪娟你的优点是严谨、专注及具备良好的沟通能力，
适合你的职位有很多。上面所有的意见都是可行的，但同时你也要认识到
自己的弱势，你遇事犹豫，难下决断。总之，未来的路在你脚下，最终还
需要你自己做决定。"

案例思考

1. 吴雪娟面临的问题是什么？
2. 如果你是吴雪娟，你接下来会怎么办？

　　大学生的职业生涯是一个复杂的成长过程，在复杂开放的社会中，大学生面临众多的选项，每一个选项似乎都能通向光明的未来。那么，如何才能找到这一道选择题的"优解"甚至"最优解"呢？这就需要大学生先熟悉职业决策的概念并认识影响职业决策的因素，然后使用科学的方法进行职业决策。

第一节　认识职业决策

📝 课堂活动

　　活动主题：偶得钱物（决断力测试）。

　　活动内容：很偶然的机会，你得到了 1000 元钱（也许是奖学金，也许是父母给你的额外费用），你想去买一件很需要的羽绒服，但是钱不够；如果去买一双不急用的运动鞋，则又多了数百元，你是自己添些钱买羽绒服，还是买运动鞋，或是先将钱存起来？做出选择后，和同学交流。

　　（1）选择添些钱买羽绒服，你的总体决断力还是不错的，虽然你有时候也会三心二意、犹豫徘徊，可是你在关键时刻总能迅速做出比较正确的判断。

　　（2）选择买运动鞋，说明你喜欢按部就班的事情，希望别人安排好一切，如果一件事情要求你独立完成，你拿不定主意，很难迅速做出决定。

　　（3）如果你选择先将钱存起来，说明你决断力很强。

　　决断力即做出决策的能力。在古代人们即认为决断力是非常重要的能力，杜如晦因为"善断"而被称为名相，与房玄龄合称"房谋杜断"。在职业生涯规划过程中，职业决策被认为是最重要的环节，是对职业发展方案和职业发展方向做出审慎决定的系统过程。这一过程以对外在职业环境的了解和认识自我为基础，需要从众多的工作领域和工作机会中做出合理的选择，如对行业类型、工作性质、工作地点和发展潜力等进行综合分析和筛选。由此可见，职业决策在职业生涯规划的过程中起着导向性作用。

一、什么是职业决策

　　职业决策是职业生涯规划的进一步精炼，是职业生涯规划过程中最重要的环节。其含义是职业的方向决定与方案选择，另外还涉及职业方案的设计等内容。具体来讲，职业决策需要个人根据外在环境进行分析，对职业生涯的规划和发展进行综合考虑，最终制订和选择科学可行的发展方案。虽然做职业决策的影响因素有很多，但主要依赖于个人的分析和判断。个人对职业方向的判断和把握，很大程度上决定了其职业生涯发展的空间和高度。由此可见，大学生清楚地了解和认识职业决策在职业生涯中的位置和重要性，是科学规划职业生涯的前提。

职业决策的目的是要选择最优的职业发展方向，这就需要大学生根据各种条件，经过一系列判断和筛选，确立个人的职业目标，并设计出达成目标的最佳行动方案。在这个过程中，除去受到外在环境的影响外，需要大学生通过自己的分析来进行方案的策划并做出选择，这与个人的心理特征密切相关。

大学生在分析职业前景的过程中，需要有清晰的人生目标，从而理智地罗列出可供选择的方案，并能结合现实状况进行相应的分析。由于受到个人价值观、文化环境和社会经济等的影响，制订的方案需要根据实际情况进行相应的调整。整个职业生涯的发展过程中，职业决策的后续事宜还涉及一连串阶段性目标的可行性问题。若方案和计划过于短浅，发展过程又缺少后续推动力，将不利于个人职业生涯的长远发展，很可能会让人丧失奋斗的热情。

二、职业决策的类型

职业决策的类型是由个人的决策风格决定的，而一个人的决策风格是可以通过后天的学习和经验逐渐养成的。按照个人对职业自我和职业世界的了解程度，可将职业决策类型分为理性型、直觉型、犹豫型和依赖型 4 种，如图 6-1 所示。

图 6-1　职业决策的类型

从图 6-1 中可以看出，根据是否了解职业自我与职业世界，职业决策类型可划分为 4 个象限，每个象限代表一种决策类型。例如，一个人既了解职业世界又了解职业自我，他表现出来的职业决策类型就是理性型的；若他既不了解职业世界又不了解职业自我，他表现出来的职业决策类型就是依赖型的。

1. 理性型

理性型决策方式强调个人通过综合分析信息，做出理智的思考和冷静的判断，是最受推崇的决策类型。该类型的决策者崇尚逻辑分析，往往在收集充足信息的基础上，权衡多方的利弊得失，通过理性的思考再做决定，以长期效用作为决策的基础依据，这是其他类型决策者所欠缺的。然而，理性型决策方式也并非是完美的，该类型的决策者需要避免因强烈的自尊心而忽视整合自己与他人的观点，以免造成不必要的麻烦。

2. 直觉型

直觉型决策方式是以置身特定情景中的感受或情绪作为决策的依据，由于决策者做决定全凭直觉和感受，行事比较冲动，因而很少对必要的信息进行收集。该类型的决策者常常会因决策的不确定性产生不良情绪，从而渴望尽快完成决策而摆脱烦恼。由于决策者对快速做决策的过程有着强烈的兴趣，往往会在缺乏深思熟虑的情况下做出决策，因此通常给人留下冲动和果断的印象。由于直觉型决策的风格以自我判断为主导，思维方式侧重关注内在的感受，因而能在信息缺失的情况下快速做出判断。但是，凭个人的直觉远不如理性分析准确可靠，因此直觉型决策存在很大的不确定性，发生错误的可能性也较大。直觉型决策者有较强的自信心，若决策失误，则会给他们造成较大的影响。

3. 犹豫型

犹豫型决策者十分迟疑，即使他们收集了很多资料和相关信息，也会在内心反复斟酌，害怕做出错误决策，担心造成不良后果而承担责任。该类型的决策者由于缺乏充分的自我认识，从而错过最佳决断时机。这一类型的大学生需要认识到犹豫和拖延的不良后果，并增强职业生涯规划的意识和动机。

4. 依赖型

依赖型决策者由于缺少对环境的认识和对自身的了解，往往比较被动和顺从。这一类型的决策者以拖延的方式来回避决策，在做选择时习惯接受他人的意见和看法，通常将他人的肯定、认可和社会评价作为决策的评判标准。但是，过度依赖他人的指导和建议，一味地模仿和复制他人的经历，会产生不良的后果。

上述对 4 种职业决策类型的分析虽然不能直接运用于职业决策环节，但可从职业世界和职业自我两方面入手，帮助大学生进一步了解自身的决策特点，从而有针对性地去完善对环境和自我的认识。对职业决策类型进行探索，是为了研究和分析职业决策的风格和动机，通过分析各个决策类型的利与弊，帮助大学生解决职业决策过程中存在的问题，最终设计出职业生涯发展的最佳方案。

三　职业决策的原则

职业决策不单单是大学生拟订出职业发展的方向，而是要对整个职业生涯的发展进行长远的展望。如果职业决策太过草率肤浅，职业生涯规划后续的发展便失去了支撑，容易让人丧失奋斗的热情，不利于职业生涯的长远发展。大学生在进行职业决策时，需要考虑的因素有很多，主要可以从生存发展的需要，个人的兴趣、能力、价值取向，以及社会需求等方面进行综合衡量。总体来说，职业决策的原则有以下 4 个。

1. 兴趣发展原则

职业生涯规划的核心为从事一项自己喜欢的工作。一个人从事自己喜欢的工作时，可以有效地将热情转化成兴趣，并最终形成从事该项工作的长久动力。兴趣是最好的老师。在进入大学、开始独立生活以后，大学生会经历各自不同的学习和成长阶段，这时兴趣和爱好虽然变得十分广泛，但如果缺乏长久的兴趣和长远的计划，当需要选择其中一项作为终身事业时，往往会显得无所适从。所以，大学生在做职业决策时，不仅要选择自己喜欢的职业方向，还要主动去培养自己的职业兴趣。

2. 能力胜任原则

职业生涯发展的核心为从事一项自己擅长的工作。从事任何职业都需要具备相应的职业技能，以满足职业岗位的需要。大学生在制订职业规划时，要认真分析自己的优缺点，根据自己的能力特征和个性特点，选择一个既自己喜欢，又有能力胜任的工作领域，以便最大限度地发挥个人的价值。

3. 利益整合原则

职业生涯维持的核心为从事一项收益相当的工作。职业作为个人谋生的手段，其目的在于追求物质和精神上的满足，并最终实现个人的幸福。影响一个人职业决策的因素，除了兴趣和特长等内在因素，还涉及职业回报、行业发展状况和发展前景等因素。所以，大学生在进行职业决策时，不仅要考虑个人预期的经济收益，还要考虑精神需求的满足和发展前景等因素，最终在收入、社会地位、成就感和工作付出之间达到平衡，使个人在整个职业生涯的发展过程中获得收益的最大化。

4. 社会需求原则

一个人职业生涯的成功，除了需要有良好的规划，还需要迎合社会的需求。然而，时代快速发展，社会需求也随之发生了巨大的改变，新的社会需求不断涌现，旧的社会需求逐渐消亡，这就给职业决策提出了新的难题。大学生在进行职业决策时，能正确地分析社会需求及其发展趋势就显得格外重要。由此可见，大学生做职业决策时，不仅要考虑个人原因，还应该结合时代背景。选择既满足社会需要又符合时代长远发展的职业方向，是职业生涯规划和职业决策的关键。

 提醒

　　大学生在职业选择的方向上有很大的随意性，若太过偏重于工资待遇等利益方面的因素，在职业适应性上往往会出现不同程度的问题。所以，大学生应该根据社会对人才的要求，在职业生涯发展的过程中，把兴趣和技能作为自我提升的重点，以便对自身的职业生涯有精准的定位，这也是提高个人职业决策能力的途径。

 阅读材料

钱伟长"弃文转理"

　　著名科学家钱伟长其实本是文科生。1931年，钱伟长以物理5分，化学和数学合计20分，中文和历史两科100分的成绩被清华大学历史系录取。按照这样的轨迹，他或许会成为一个优秀的历史学家。

　　但是同年发生的"九一八事变"改变了钱伟长，他认为相较于历史，积贫积弱的中国更加需要一位应用物理学家，于是转学物理系。虽然基础差、英文差（当时的物理专著多为英文），但是他仍然凭借惊人的毅力和过人的智慧取得了优秀的成绩，取得了诸多科研成果，成为当之无愧的大师。

　　钱伟长在弹性力学、变分原理、摄动方法等领域都取得了重大突破。他参与筹建了中国科学院力学研究所和自动化研究所，20世纪70年代，创立了中国力学学会理性力学和力学中的数学方法专业组。1980年又创办了中国最早的学术期刊《应用数学和力学》，促进了应用数学和力学研究成果的国际学术交流。钱伟长在中国的应用数学、力学及高等教育等方面做出了重要贡献，被誉为我国的"力学之父""应用数学之父"。

　　"从义理到物理，从固体到流体，顺逆交替，委屈不曲，荣辱数变，老而弥坚，这就是他人生的完美力学！无名无利无悔，有情有义有祖国。"这是钱伟长被评为"感动中国2010年度人物"时的颁奖词。

　　点评："无名无利无悔，有情有义有祖国"这句话赞颂了钱伟长院士的高尚品格和爱国热情。钱伟长院士的职业选择贯彻了社会需求原则，将国家和民族的需要作为自己的职业方向，最终取得了伟大的成就。

第二节　职业决策的方法

 课堂活动

> **活动主题：**决策游戏。
>
> **活动内容：**同学们两人一组进行小游戏。游戏规则：每一轮开始前，两位同学做出"合作"或"不合作"的选择（分别写在纸上，并同时展示）。若双方都选择"合作"，则双方都将获得 8 个金币；若一方选择"合作"，另一方选择"不合作"，则选择"不合作"的一方将不获得金币，而选择"合作"的一方将获得 10 个金币；若双方都选择"不合作"，则双方都不获得金币，游戏持续多轮。每位玩家都应该尽量使自己的金币变多。

通过上面的游戏大家可以发现，决策对于最后的收获有很大的影响，对于职业生涯规划而言也是如此。职业生涯规划是个人通过对个人能力、兴趣、性格和价值观的解读，并结合外界环境做出的总体战略部署。合理的安排和决断是这一战略发挥作用的关键，这就要求我们在环境分析的基础上，不仅要使职业生涯发展的方向符合个人的实际情况，还要安排和实施后续的行动过程。

职业决策的目的是寻找和优化职业生涯发展方案。由于职业决策与大多数即时决策不同，这个过程中没有固定的选项和思维模式，所以，具体做出的选择在现实条件和要求之间就可能存在不同程度的冲突。为了解决这些冲突，大学生需要掌握一些职业决策方法。

一　"5W"分析法

"5W"分析法是人们在职业决策过程中经常采用的方法。国内外很多专业的职业咨询机构在辅助个人进行职业规划时，通常采用问句的方式，协助个人逐次进行筛选。在实际运用中，通过依次回答下列 5 个问题，并找到它们的交集，就可以确定个人职业生涯规划的大体方向。

Who am I?	我是谁？
What do I want?	我想干什么？
What can I do?	我能够做什么？
What can support me?	环境支持或允许我做什么？
What can I be in the end?	我最终的职业目标是什么？

在不同的情况下或不同个体间，具体的提问内容可能有所差异，但大体的方向和原则是一致的，在此处可以将这些问题分解成以下内容。

（1）个人特征。根据自身状况进行感知，这需要大学生对自己有一个清晰而深刻的认识，把个人的性格特征、特长、能力等方面的优势挖掘出来，可以更加清晰地明确目标的范围。

（2）个人喜好。虽然随着年龄和经历的增长，每个人在不同阶段的兴趣发展不完全相同，但兴趣对职业的发展有导向作用是毋庸置疑的，因而可据此来锁定一个人的职业发展方向。

（3）个人潜能。个人除了要考虑个人的性格和特长等因素外，对自身潜在能力的分析和预测也十分重要。职业的成功依赖于个人的能力，但职业发展的空间往往受个人能力的限制。个人通过对潜能的考察，可以进一步缩小职业决策的目标范围。

（4）环境许可。职业的发展与环境相适宜是十分必要的，这就要求大学生在做决断时，需考虑影响职业环境的各种因素，从政治环境、经济环境、法制环境、科技环境和文化环境等方面进行综合考量。

（5）职业目标。大学生对前4个问题进行筛选，已经将可能的职业方向范围进一步缩小。这时候需要有一个明确的目标来指引职业生涯规划的实施，从而确立个人职业生涯发展的最佳方向。

通过上述分析，大学生可以逐步缩小目标的范围，结合实现过程中的各种条件，找到适合自己的最佳职业目标。在实际运用中，大学生可以借助表6-1所示的表格，通过栏目展现的形式回答每个问题，寻求它们之间的交集。

表6-1 "5W"分析法职业项目表

项目	个人特征	个人喜好	个人潜能	环境许可	职业目标
符合条件的职业项目					
职业项目的交集					

二、SWOT 分析法

SWOT 分析法是市场管理和营销领域经常使用的决策方法。一个人使用该方法，对自身的优势（strengths）、劣势（weaknesses）、机会（opportunities）和威胁（threats）进行分析判断，兼顾内外因素（S、W 为内部因素，O、T 为外部因素），能够很好地将个人目标、个人条件和外部环境有机结合起来，分析方式如图6-2所示。

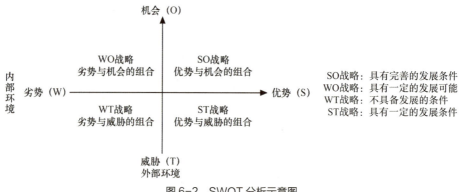

图6-2　SWOT分析示意图

SWOT分析法可以分为两部分：第一部分为SW，主要用来分析个人条件；第二部分为OT，主要用来分析外部条件。利用这种分析方法，一个人可以从内外条件的优劣势中直观地找出对自身有利的、值得发扬的因素，以及对自己不利的、要避免的东西。这样可以快速地发现机会与优势的契合点，对契合点进行相应的分析，就可以明确以后的发展方向。总的来说，这种分析方法在实际运用中具有明显的科学性和合理性，因此可以将分析结果作为职业决策的主要依据。

大学生根据SWOT分析法的分析结论，还可以将问题按轻重缓急分类，明确哪些是急需解决的问题，哪些是可以稍微拖后的事情，哪些属于战略目标上的障碍，哪些属于战术上的问题，将这些对象一一列举出来，依照矩阵形式排列，然后用系统分析的方法把各种因素组合起来进行分析，如表6-2所示。通过综合分析，大学生可以从中得出具有决策性的结论，从而对职业生涯规划做出合理的策划和安排。

表6-2　SWOT矩阵分析表

个人存在的优势：	个人存在的劣势：
实际的机会：	潜在的威胁：

大学生在职业决策中，应该对自身进行细致的SWOT决策分析，清楚自己的优势与劣势，并分析职业生涯中会面临的机会与威胁。在实际操作的过程中，可参照以下4个步骤。

（1）评估自己的长处和短处。发现短处与发现长处同等重要，所以大学生要根据个人的价值观、性格、兴趣和能力，在找出自身优势的同时，认识自己的缺陷与不足。其作用与意义有两点：一是放弃那些不擅长的、技能要求不易达到的职业；二是规避自身的缺陷与短板，在完善自我的过程中提高自身素质。

（2）通过对个人所处的环境和情况进行全面、系统、准确的研究，分析自己可能会面临的职业机会和威胁。任何行业在发展的过程中都是机会与威胁并存的，这些机会与威胁在很大程度上影响一个人职业生涯的发展。例如，某一行业由于污染严重，必然会在发展的过程中受到相关因素的限制，这一行业的发展空间将会越来越小。因此，对外界因素的分析和认识是判断机会与威胁的必要条件和途径。

（3）确立自己的中长期职业目标，从而根据目标制订相应的发展战略、计划及对策等。职业目标是一个人竭尽所能想要达到的理想位置，这就需要充分考虑外界环境和行业环境给个人提供的优势，把自己的职业目标具体化。例如，把职位的大小、薪资的高低或具体创造的社会价值和财富量化，以进一步整合个人与外界环境之间的矛盾，从而找到最优的发展途径。

（4）对职业目标的可能性和可行性进行系统论证。这需要大学生为步骤（3）中所列出的职业目标拟订一份具体的行动计划，并结合 SWOT 矩阵中内外因素分析，详细论证达成这些目标的可能性。例如，分析管理职位需要具备的领导能力和管理能力，要获得预期的报酬需要具备的相关业务能力或专业技能等。这需要大学生结合自身情况进行思考，并对职业计划和行动进行理性的分析。在了解实现该职业目标需要的能力后，大学生便可从实际出发，判断满足和达到这些条件的可能性。

SWOT 分析法运用起来简单直观，既是寻找目标方案的有效手段，又是验证方案可行性的较佳办法。应用于职业决策过程中时，SWOT 分析法从拟订职业目标的过程和结果入手，能对大学生"可能实现的事"进行透彻的分析，这是职业决策过程中最直接有效的途径。另外，这种把个人能力和环境因素同等看待的分析方式，非常有利于个人与环境的平衡和优化，增大了职业生涯可持续性发展的可能性，也为大学生职业决策的研究指明了方向。

三　CASVE 决策法

本书第二章对认知信息加工理论进行过介绍。通过对认知信息加工金字塔模型的了解，可以得知 CASVE 循环对于职业生涯规划的重要性。该模型指出，一个良好的决策需要经历沟通（communication）、分析（analysis）、综合（synthesis）、评估（value）、执行（execution）5 个阶段（步骤），并进行循环，直到决策完成，如图 6-3 所示。

1. 沟通

在沟通阶段，个人将会收到职业理想与现实之间差距的信息反馈，并通过一定的方式表现出来。例如，当个人意识到问题的所在时，可能会出现一系列厌烦或焦虑的情绪，甚至是头痛或身体其他部位的不适。另外，在个人接收到来自家人、同事、朋友的交流、询问或评价，

图 6-3　CASVE 循环

以及从杂志、媒体等相关途径获得信息时，分析和处理问题的意识便会在脑海中形成。这时，个人会通过各种感官来思考和探索问题，如自身的需要及寻求解决问题的办法，这个阶段称为沟通阶段。

2. 分析

通过沟通阶段的沟通与思考，以及对自身需求的研究，个人会逐渐意识到解决问题的办法。具体而言，职业生涯规划需要建立在对自身兴趣、能力、价值观等自身条件和各种外在环境的分析基础上，大学生意识到这一问题后，需开始分析现实情况与理想状态之间的共性和差距。

（1）分析自我条件。自我条件主要包括兴趣、能力和价值观等，大学生探究这些个人问题，可以对自身有更好的了解，具体操作可以参照以下问题进行。

① 我喜欢做什么？

② 我擅长做什么？

③ 我看重什么？

④ 我掌握了哪些专业知识？

⑤ 我做什么事情最能够全身心地投入？

⑥ 我做什么事情能得到更多的乐趣与享受？

⑦ 我做什么事情能做到最优秀？

⑧ 我希望工作可以带给我哪些东西？

⑨ 我希望达到的目标是什么？

在分析阶段，需要大学生多花心思去思考和研究，从而更充分地了解自身的情况。在此过程中，大学生首先要弄清楚自己有哪些方面的能力，并尽可能多地将它们罗列出来；其次，根据自身的实际状况，对这些问题进行思考和分析。大学生只有找到个人的实际需求，才是真正意义上的认识自己。

（2）分析环境。解决问题的一切方法都需要从实际出发，这就离不开对基本环境因素的分析。落实到职业生涯规划，大学生应该将了解环境放在与了解自我同等重要的地位，所以不妨从以下问题进行思考。

① 我需要了解哪些环境因素？

② 我处于一个什么样的职业环境中？

③ 环境允许我往哪些方向发展？

④ 我想要一个什么样的工作和生存环境？

⑤ 我该怎样适应环境？

⑥ 我能创造和改变哪些环境因素？

⑦ 我有没有足够的能力抓住环境带来的机会？

结合真实的自我与现实环境进行分析，是有效把握自己的手段，也是职业生涯规划的必经阶段。在这个多向分析的过程中，大学生通常会修正对自我的认知，不断增加自身对职业世界的认识。在该阶段，大学生还需要把各种因素和相关知识联系起来，如把个人阅历与职业选择联系起来，或把个人的生活愿望融入职业选择。客观来讲，分析得透彻与否是造成职业生涯差距的主要原因。

3．综合

在综合阶段，大学生根据分析阶段得出的信息，设计出符合要求的方案。其核心任务是确定解决问题的方法。大学生通过对自身和环境的了解，可以得出许多符合自身需求的职业，将这些职业都列出来，逐步缩小目标的范围。首先，大学生尽可能清晰地认清自己的实际需求，列出可供选择的职业清单；其次，仔细地思考每一种途径的可行性；最后，缩小可行办法的范围，尽可能多地满足个人的主要价值观。通常可以筛选到 3～5 个有效选项，这是我们头脑中最有效的记忆和工作容量的数目，有利于后续的评估。

4．评估

经过综合阶段的择业，大学生已经得出一组候选择业名单，接下来就需要对得出的职业选项进行详细的评估。这个过程中，最主要的是评估从事该行业的适应性及个人匹配程度，也要适当考虑对家人和社会的利弊等影响，最后，对各个选项做一个优先级的排序。

5．执行

执行是 CASVE 循环的最终目的，其他任务和内容都是为这个实施环节服务的。既使前面分析得再全面，评估得再中肯，大学生要实现职业生涯的良好发展，关键还是要在执行阶段将所有想法付诸实践。大学生在执行过程中，不仅需要制订相应的计划，还需要积极地付诸具体行动。这是一个把思考

转换为行动的过程，在执行阶段制订相应的行动计划往往令人兴奋，这标志着可以开始采取实际的行动去解决问题了。若没能满足实际的需要或达到理想要求，可以再次回到沟通阶段，开始新一轮的 CASVE 循环，直到职业生涯中的问题被解决为止。

四、决策平衡单

职业决策实际上是平衡多方利弊，最终做出最符合自身利益的决断。决策平衡单正是针对这一特点，根据个人的利益和需求，直接对预备选项进行筛选的。它被经常应用于实际问题的解决和职业咨询中。前面提到的职业决策方法都可以运用决策平衡单来进行最后的评估。其主体框架包括以下 4 个方面。

（1）内在物质层面的得失。

（2）外在物质层面的得失。

（3）自我赞许与否。

（4）社会赞许与否。

决策平衡单运用起来简单直观，大学生运用它，经过初步的职业筛选，可以具体地对每个职业选项进行分析。大学生可以通过分析各个方案实施后的利弊得失，结合个人在物质和精神层面的利弊，排出各个预备选项的优先顺序，从而得到最优的结果。其具体使用过程如下。

（1）列出预备的职业选项：需要列出有评估价值的潜在职业选项。

（2）各项考虑因素的加权计分：需要根据自身的实际情况进行考量，对各个栏目的重要性进行权衡，即根据该栏目的重要程度，分别设定1～5的权重系数。

（3）判断各个职业选项的利弊：根据各个预备职业在物质和精神上的得失，逐一检视各个职业选项，用0～10的分值来衡量各个职业在对应栏目下的优势。

（4）计算出各个职业选项的得分：结合各个栏目的权重系数，计算出各个职业选项的加权总得分。

（5）排出各个职业选项的优先顺序：依据各职业选项在总分上的高低，排出优先次序，作为职业生涯决策的依据。

在实际运用中，由于"自我赞许与否"和"社会赞许与否"显得比较笼统，因此将这两项改为"内在精神层面的得失"与"外在精神层面的得失"，实际是基于"内在－外在"和"物质－精神"所构成的4个范围来考虑的。职业决策平衡单如表6-3所示。

表6-3　职业决策平衡单

项目		权重系数	职业1：＿ 得分	职业2：＿ 得分	职业3：＿ 得分	职业4：＿ 得分
内在物质层面的得失	1. 经济收入					
	2. 升迁机会					
	3. 办公条件					
	4. 福利待遇					
	5. 休闲时间					
	6. 其他					

续表

项目		权重系数	职业1：__ 得分	职业2：__ 得分	职业3：__ 得分	职业4：__ 得分
外在物质层面的得失	1. 家庭的经济利益					
	2. 对家庭生活的影响					
	3. 社会资源的获取					
	4. 家庭社会地位					
	5. 其他					
内在精神层面的得失	1. 兴趣一致性					
	2. 个性的适应性					
	3. 价值观的契合度					
	4. 个人精神世界的发展					
	5. 其他					
外在精神层面的得失	1. 家庭关系的维系					
	2. 友谊的增进和维系					
	3. 社会关系的培养					
	4. 其他					

第三节　影响职业决策的因素

📝 课堂活动

活动主题：决策的依据。

活动内容：面对同一件事，在心情好或心情差，时间充裕或时间不足，身体状况良好或身体不适的情况下，你的选择会不会有所不同？请你和同学讨论分析你做出这些决策的原因。

哪怕是生活中的某个不经意间的决策，其背后都有一定的依据。研究认为，职业决策是由个人的职业观念决定的，而职业观念是多方面因素共同作用的结果。个人在规划职业生涯时，虽然可能已经充分考虑相关影响因素，但职业决策与职业生涯规划的理论依据是分不开的。所以，大学生在做具体的职业决策时，为了找到解决问题的突破口，可以参考职业生涯规划的相关指导理论。由于职业决策是因人而异的，大学生应该分析清楚影响个人职业决策的因素，以便适应时代环境的发展趋势。

一、个人因素

大学生是职业生涯规划的主体，在职业生涯规划的过程中，个人因素起着决定性作用。职业决策之所以受到多方面因素的影响，原因在于个人与环境之间的关系是高度复杂的，个人对环境及对自身因素的判断与取舍，影响职业生涯发展的空间和高度。因此，在职业决策的过程中，最关键的影响因素便是个人因素。大学生在做职业决策时，一般会受个人综合能力和素质、个人经济需求方面的影响，其中也不乏个人身心的即时状态等因素的影响。

（一）个人的综合能力和素质

人们对事物的决断受到个人的素养、学识、能力等因素的综合影响，这也是个人能力水平的客观表现。个人的知识水平、道德修养及各种能力是社会发展对个人的一般要求，在现今的知识经济社会，提高个人的综合素质尤为迫切。综合素质包括以下4 个方面。

（1）内在涵养：指个人修养、道德水平和文化涵养等内在层面的素质，一般可概括为心理素质、文化素质，以及在体育、文艺、美术、音乐等方面的特长或天赋。

（2）职业能力：包括表达能力、处世能力、组织能力和办公效率，以及语言能力、公关能力和社交能力等。

（3）决断能力：包括认知能力、分析能力、逻辑思维和解决问题的能力等。

（4）创造能力：指敏锐与独特的观察力、活跃的思维能力和实践创新能力等。

当然，通过有针对性的学习和提升，能有效提高个人的决策能力。例如，一个人通过专门的计算机操作能力的学习，可以有效提高个人在软件开发和设计方面的能力，从而促使职业决策往计算机领域靠拢，个人也更容易做出决断。但是，对大学生来说，更应该从根源上认识自身的综合素质，以加强对职业决策的宏观掌控，在生涯规划的过程中，需要配合自身各个方面能力的发现和提升，做出最佳的职业决策。

（二）个人的经济需求

职业报酬决定着一个人的生活水平和事业发展的空间，在很大程度上影响个人的精神生活和社会成就感。因此，经济收益是大学生在职业选择中应该考虑的重要因素。商品经济的高度发展必然会导致金钱意识的提升，对职业观念处于萌芽阶段的大学生来说，对这方面的理解也许还不够透彻。因此，在职业生涯规划的过程中，大学生应在职业方向的选择上适当追求经济收入，以满足生活和发展需求。在做职业决策时，要避免将来的经济收入不能满足实际需要的情况发生。若到时候再重新选择职业，就会浪费和错失很多宝贵的时间与机会，甚至可能给职业生涯造成巨大的麻烦。所以，大学生在做职业决策时，应充分考虑自身的经济情况，策划出较佳的职业生涯发展方案。

（三）个人身心的即时状态

个人身心的即时状态指个人在特定时期的心理环境、精神状况和情感因素等特征的总和。身心状态不但会受外界环境的影响，还会因个人心理素质的不同而呈现不同的表象。因此，身心状态具有明显的不确定性和即时性。在职业决策的过程中，每个人都会遇到各种各样的问题，要做出科学合理的决策，就需要保证个人的身体、情绪和精神都处于较佳状态。大学生处于成长的快速阶段，身心状态容易发生较大的波动，面对职业决策这一人生重大选择，会感到极大的压力和迷惘，所以在决定职业发展方向的过程中，大学生要及时调整好个人状态，把握好个人的前途和命运。

二、社会因素

社会环境中的政治经济形势、产业结构变化和流行的价值观念，会形成不同的经济、历史和文化等社会条件，从而给个人带来不同的职业信息，这无疑会在不经意间给个人造成重大的影响。可见，与职业环境相关的社会因素都是影响职业决策的因素。

现阶段，人类正处于知识经济型社会，大学生对未来职业世界的判断和决策依赖于对职业环境和社会环境的认知。然而，与职业环境相关的社会环境是多种多样的。在第4章，我们已经了解了职业环境与职业发展趋势的相互作用，知道职业发展趋势是影响职业生涯规划的主要因素，而在对职业生涯规划定性和定向的过程中，职业决策又占据最核心的地位。因此，大学生需要结合社会声望、政治因素及地域因素进行考虑，并根据实际情况适时调整策略，以适应职业生涯的整体发展。

（一）社会声望

社会声望是由职业所拥有的社会地位和资源决定的。职业地位的高低会对人们的价值观造成冲击，因此，社会声望是影响人们职业决策的主要社会因素。都说职业没有贵贱之分，但是在现实世界里，人们对职业的看法和评价实际上是高低不一的。虽然大学生并没有正式地融入社会生活和职业生活，但是可以通过舆论、行业地位和职业报酬等方面对各个行业的社会地位进行相应的了解。

随着大学生对职业的认识不断深入，社会声望对职业决策影响力的大小也在不断发生变化，但不管怎样变化，声望对大学生就业决策的影响是始终存在的。它潜移默化地影响大学生的职业认知，包括大学生的职业观念、思维方式、价值取向，无形之中成为职业决策的考虑因素之一。作为价值观的一种取向，追求社会地位是无可厚非的，但大学生应该充分了解自己的实际情况，避免因过分追求社会声望高的行业而对职业生涯的整体规划造成不良影响。

（二）政治因素

从社会整体大环境来看，很多行业的未来发展和政府导向是密切相关的，国家的政治和政策因素对大学生职业决策有不可忽视的影响。政治制度与经济是相互影响的，国家政策影响国家的经济体制，而经济体制决定企业的组织体制和发展状况，从而影响个人的职业发展方向。

政治制度和文化氛围对经济发展有重要的反作用。为了满足时代发展的需要，国家会通过相关的政策手段对环境和经济进行导向、调控和约束。所以，大学生应该注意个人发展与国家发展的关联性，在职业发展的方向上应充分考虑政治方面的因素，保证职业生涯有一个好的发展前景。

（三）地域因素

地域因素，也称地理位置因素，是大学生就业决策的一个重要因素。总体来讲，市场化水平和经济增长水平相对较高的长江三角洲区域、珠江三角洲区域和环渤海区域是大学生职业选择的主要阵地。受区域经济发展水平的影响，全国每年有七成以上的大学生在这 3 个区域就业，而经济相对滞后的偏远地区则少有人问津。由此可见，地域因素对职业生涯规划的影响是普遍存在的，大学生在做职业决策时，应该结合区域经济的发展状况，选择或制订更加贴近自身状况的发展方案，以实现职业生涯良好有序地发展。

三、其他因素

人们对职业的认识及职业决策的能力是不断成长的，在影响职业决策的所有因素当中，除了社会因素和个人因素，还有来自家庭和其他环境的因素。大学生充分整合影响职业生涯发展的各个因素，有利于增加职业决策的合理性。

（一）家庭因素的影响

家庭环境对职业生涯的发展有直接的影响，其中既有积极的影响，也不乏消极的影响。由于受到我国传统家庭观念的影响，大学生在职业生涯决策和规划的过程中，在很大程度上会受到家庭因素的制约，其中主要包括家庭经济状况、家庭价值观念和家庭社会关系 3 个因素。

（1）家庭经济状况。家庭经济状况直接影响大学生受教育的能力和对职业生涯的态度，制约大学生对精神生活的追求，对大学生性格、能力和兴趣的形成有间接的作用。

（2）家庭价值观念。家庭价值观念受父母教育背景的影响，父母和亲人的价值观念共同决定着家庭对大学生的期望，从而在很大程度上决定了大学生的发展方向。

（3）家庭社会关系。家庭的社会关系能为大学生提供相关就业资源和行业相关信息，这能使大学生的职业生涯规划存在很大的灵活性。

因此，大学生在做职业决策的同时，需要充分利用家庭资源，增加职业决策的科学性和可行性。

家庭观念影响择业选择

婷婷是一个活泼开朗的女孩子，有姣好的容貌与甜美的嗓音。她的梦想是当一名职业歌手，但因为受到家庭因素的影响，她现在在一所小学当音乐老师。她为什么会做这样的选择呢？原来她的父母都是老师，家庭的文化氛围比较浓厚，加上婷婷又是独生女，家庭不存在经济方面的压力，所以希望她长大以后也能做老师，家里也好有个照应。

婷婷从小就受家庭环境的熏陶，家庭在她心中的位置也很重要，所以她在进行职业生涯规划的时候就已经有了决定。原来，在大学的时候，婷婷主修的是音乐教育专业，她把家庭作为职业生涯发展的首要考虑因素，发展重心围绕家庭展开。于是在毕业之后，她就找了一份既满足个人音乐兴趣，又离家近的教师工作。虽然这不是她最渴望的工作，但从现实情况来看，她还是比较满意目前的生活状态的。

点评：从这个例子中我们可以看出，婷婷在成长过程中，很大程度上受家庭观念影响。家庭的经济状况和社会关系等因素，以及家庭成员之间的沟通和交流，在无形中会对个人的成长和价值观造成深远的影响。虽然每个人的家庭情况是不一样的，但每个大学生都应该综合考虑家庭方面的情况，做出最符合自身实际情况的选择。

（二）其他环境因素

影响职业生涯规划的因素是多方面的，同样，影响职业决策的条件也是多种多样的，这就给大学生决策带来了难题。大学生会寻求相关的案例或征求他人的看法来坚定自己的信念，使一些本与自己无关的思维方式或价值观念成为自己需要考虑的因素。例如，参考某名人的成功案例，将其决策方法套用在自己身上，或与老师、同学和朋友进行探讨，这时，他人对待职业生涯的看法、思维方式及价值取向就会在无形之中对自身的职业决策造成影响。

大学生的能力和价值观是需要在实际的工作和学习中不断完善的，参考和借鉴就是一个学习和成长的过程。然而，每个人的具体条件和面临的环境因素是复杂多样的，不可能存在相同的职业生涯。在了解别人成长历程和发展轨迹的过程中，大学生不仅要借鉴他们的成功经历，还应该多总结一些他们失败的原因，这样会有利于大学生职业轨迹的稳定和健康发展。在借鉴的过程中大学生一定不能生搬硬套，而是要善于学习和利用他人的正确观点和办法，摒弃不利的影响因素，从而探索出最适合自己发展的方向和途径，这才是实现最佳职业决策的方法。

 **拓展阅读——高校硕士生返乡创业**

2020年10月，电子科技大学电子科学与技术专业的硕士研究生刘沈厅回乡成功创业的短视频在新浪微博播出，引起了网友的广泛关注。视频中，刘沈厅在柑橘林里面对着镜头，说出了自己返乡创业的心得。

2015年，刘沈厅研究生毕业，他不仅获得了公派加拿大皇家科学院继续攻读博士学位的机会，还成功留校成为一名高校辅导员，前途一片大好，初入大学时许下的愿望"留在大城市"可以说能实现了。

然而，正志得意满、准备开始新生活的刘沈厅突闻噩耗，他的母亲不幸因病去世。这个消息让刘沈厅悲痛欲绝，也让他体会到亲情的可贵，彻底改变了他的职业生涯。在回乡料理好母亲的后事后，刘沈厅做出了一个令所有人震惊的决定：不走了，留在家乡发展现代农业。当时，他的家乡眉山市彭山区作为农业大区，正在掀起农村改革大潮，崛起了许多特色农业基地，这激起了刘沈厅的创业热情。他看好农业的发展前景，坚持要留在农村，而这也是他喜欢的领域。这种对农业创业的热忱与追求使他在面对外界的质疑时内心仍无比坚定，他认为青春无处不精彩，只要认准方向、付出心血，一定会有收获。事实证明，他确实做出了精彩且正确的职业决策。

2016年，返乡不久的刘沈厅在李山村流转了130亩地，种植猕猴桃和柑橘，他原本以为直接请当地有经验的人负责技术、生产，自己负责管理、找销路，就能很快走上正轨，没想到因为有机肥质量出现问题，导致80亩猕猴桃无一存活。这让刘沈厅意识到，在农业领域创业并不简单。

2017年7月，刘沈厅拿着由政府协调获得的30万元贷款，重新种上了耙耙柑（学名：春见柑橘）。这一次，刘沈厅不仅搬到了农场住，还报名参加了当地政府组织的农业技术培训班，开始没日没夜地学习，还拜四川省农业科学院柑橘专家陈克玲教授为师，不断弥补自身短板，不到一年便获评"中级农技师"。

因为柑橘3年后才能挂果，中间成本较高，于是刘沈厅开始琢磨耙耙柑提前挂果的方法，他发现树体的大小是挂果的关键。因此，他在搜集研究秋冬两季气象资料的基础上，选择不剪秋冬所生新芽，并改良原有的插箭式滴管，去掉滴头，在管道上打孔以让喷洒的水肥尽量多地覆盖到树体，最终成功实现柑橘提前一年挂果，亩产达

8000 斤，销售额达 300 多万元。

在卖完耙耙柑之后，他发现阳光玫瑰葡萄在成都行情好，这让他发现了新的商机。由于彭山区日照条件不能满足阳光玫瑰葡萄的光照需求，他放弃了原有的传统立式葡萄架，采用 V 形葡萄架，并将果园铺设的塑料地膜换成反光膜，以增加葡萄受光面积。在葡萄成功挂果之后，考虑到该水果市价较高，难以在当地市场卖出好价，刘沈厅与之前在浙江参加培训时结识的水果经销商达成合作，成功将阳光玫瑰葡萄卖到了全国各地，同时，也拓展了耙耙柑的销路。2019 年，刘沈厅的果园实现了营收 150 多万元。

随着刘沈厅的成功，有不少果农过来"取经"，刘沈厅也毫无保留地向同行分享自己的经验，指导大家种植，目前已有不少果农在其帮助下种上优质柑橘。2019 年 10 月，刘沈厅被推选为彭山区果业商会副会长兼秘书长。2020 年受新冠肺炎疫情影响，果商进不来，柑橘出不去，刘沈厅等商会骨干创新实施了"零接触式"柑橘销售新模式，在当地政府的支持下，建立了一个"线上线下"的柑橘销售中转站，在半月内成功销售了 750 万斤柑橘。

受这次销售方式启发，2020 年 5 月，刘沈厅主导开发了"彭山数字农业服务平台"，整合了当前直播、小程序、公众号等新媒体资源，使客商和消费者获得了"购前咨询、购中配套、购后无忧"的一站式购买服务，让整个行业实现信息互联互通、产业共荣共生。在当地政府支持下，刘沈厅准备联合高校和科研机构，运用大数据、人工智能等现代信息技术，建设一个占地面积百余亩的智慧果园项目，让农业更加智能化。

突出的成就也让刘沈厅荣誉加身。2020 年 11 月 22 日，刘沈厅获得"四川省返乡下乡创业明星"荣誉称号。2021 年 1 月 14 日，刘沈厅被农业农村部办公厅确定为第四批全国农村创业创新优秀带头人。同年，刘沈厅入围首届"全国乡村振兴青年先锋"人选公示名单。

案例启发

毕业后留在大城市工作，是父母对刘沈厅的期待，也是他自己的目标。但是，他敏锐地发现了家乡的发展机会，放弃了原本顺利的职业规划，选择成为一名"新型职业农民"。这样的职业决策不可谓不冒险，但刘沈厅凭借自己深厚的专业知识、敏锐的市场意识、持续不断的学习、不惧困难的韧性、积极帮助他人的善良，带领当地农民种植水果，最终创业成功。我们可以发现，机会其实一直存在于身边，只是要开拓思维，做好职业决策。

第 五 节　自我评估

以下测试将帮助你发现并确定自己的职业决策类型，从而使你在职业生涯规划过程中更好地做出职业方向的选择。

决策类型测试

〖测试说明〗

请根据自己的个人实际情况，客观地对以下问题作答，若符合得 1 分，不符合则为 0 分。回答结束后，请将分数填入表 6-4 中并进行统计汇总。注意：本测试结果仅供参考，不代表最终结论。

1. 需要做决定时，会多方收集资料。　　　　　　　　　　　1（　　）　0（　　）

2. 经常凭自己的感觉做事。　　　　　　　　　　　　　　　1（　　）　0（　　）

3. 做事时，喜欢有人在旁边，以便随时商量。　　　　　　　1（　　）　0（　　）

4. 遇到需要拿主意的事情时，便会感到紧张不安。　　　　　1（　　）　0（　　）

5. 通常将收集到的信息进行比较分析，列出可供选择的方案。1（　　）　0（　　）

6. 时常会改变自己做出的决定。　　　　　　　　　　　　　1（　　）　0（　　）

7. 发现别人与自己的看法不同时，不知该怎么取舍。　　　　1（　　）　0（　　）

8. 做事总是瞻前顾后，经常拿不定主意。　　　　　　　　　1（　　）　0（　　）

9. 会衡量各个方案的利益得失，判断并做出最适合的选择。　1（　　）　0（　　）

10. 经常仓促地对事物进行判断。　　　　　　　　　　　　　1（　　）　0（　　）

11. 做事时，不太喜欢独自想办法。　　　　　　　　　　　　1（　　）　0（　　）

12. 遇到难做决定的事时，就会把它扔在一边。　　　　　　　1（　　）　0（　　）

13. 确定方案后，会展开必要的准备去做好它。　　　　　　　1（　　）　0（　　）

14. 做决定之前，一般不会有任何准备，但会进行大概的分析。1（　　）　0（　　）

15. 很容易受到别人意见的影响。　　　　　　　　　　　　　1（　　）　0（　　）

16. 觉得做决定是一件痛苦的事。　　　　　　　　　　　　　1（　　）　0（　　）

17. 会参考其他人的意见，综合自己的想法来做决定。　　　　1（　　）　0（　　）

18. 容易不经慎重思考就做决定。　　　　　　　　　　　　　1（　　）　0（　　）

19. 在被催促之前，不打算立即做出决定。　　　　　　　　　1（　　）　0（　　）

20. 处理事情经常犹豫不决。　　　　　　　　　　　　　　　1（　　）　0（　　）

21. 经过深思熟虑，能得出一套明确的行动方案。　　　　　　1（　　）　0（　　）

22. 通常情况下，自己对事物的判断是很准确的。　　　　　　1（　　）　0（　　）

23. 常让父母、师长或朋友给自己提供意见。　　　　　　　　1（　　）　0（　　）

24. 为了躲避做决定的痛苦过程，会让事情不了了之。　　　1（　　）　0（　　）

表 6-4 职业决策类型得分表

决策类型	理性型	直觉型	依赖型	犹豫型
得分项	1	2	3	4
	5	6	7	8
	9	10	11	12
	13	14	15	16
	17	18	19	20
	21	22	23	24
总分				

〖测试分析〗

测试完毕后，将得分进行汇总，得分最高的栏目代表个人的决策方式和风格，具体分析如下。

（1）理性型：此类型的决策者做事有依据，能透彻地分析出各个选项的利弊，并做出最满意的决定，但也应多听取他人的意见和想法，尽量把事情考虑得更加全面合理。

（2）直觉型：此类型的决策者做事过于自信和冲动，往往会忽视收集相关信息的重要性，在做职业决策时，应保持冷静思考，在保留自我感觉的情况下，重视对信息的采集，并加强对职业环境等相关因素的了解。

（3）依赖型：等待和拖延是这类决策者的主要特征，他们在做决策时比较被动和顺从，常把希望寄托在他人身上。这种类型的决策者应该加强对自身的了解和认识，积极了解和学习相关的知识，充实个人的内在力量，及时改变自身的思维惰性及胆小懦弱的性格。

（4）犹豫型：此类型的决策者往往处于难以下决定的挣扎状态，即使充分收集了相关的资料，也往往因为对自身缺少必要的认识，对决策犹豫不决而错过时机。这种类型的大学生应该进一步认识自我，充分了解自身各方面的需求和能力，这样才能找到合适的方案，从根本上克服犹豫的毛病。

每个人都应该根据各自的决策类型和特点，分析自身在决策能力方面存在的缺点与不足，以便个人有针对性地去完善。

第六节　思考与练习

1. 有的大学生在职业决策方面存在"等靠要"思想，认为家长、老师、学校总能帮自己想办法，自己不需要操心。你怎样看待这种想法？请你用本章所学的知识劝说他们。

2. 有的大学生说："我们对社会的认识不足，职业决策最好多听老师和家长的。"另一个同学则说："自己想要什么只有自己才清楚，职业决策只靠自己拿主意就行。"请和同学一起讨论这两种观点是否合理。你对这一问题持怎样的观点？

3. "国家发展靠人才，民族振兴靠人才。""综合国力竞争说到底是人才竞争。"请和同学一起讨论：根据自己的情况，要如何将个人的职业决策与国家的发展相结合？要如何在实现自身价值的情况下为民族复兴作贡献。

4. 请任选一种职业决策方法，尝试进行自我职业决策。

5. 阅读以下材料，回答问题。

蒲敏是某大学文秘专业的应届毕业生，在校期间成绩优异，多次获得校奖学金，担任过学生干部，工作表现也很突出，曾获得过"校优秀学生干部"荣誉称号和"三好学生"称号。但是，蒲敏在校期间多次去专业对口的公司实习，并曾在大型公司中实习过两个月，均未取得满意的效果。于是在毕业后，她没有选择从事与自己专业相关的工作，而是选择到某企业做销售，因为她听同学说销售的收入高。但没做几个月，蒲敏就因为业绩不佳而选择离职。在接连几次求职失败后，蒲敏最终无奈地接受了妈妈的建议，准备回家乡考公务员。

（1）案例中的蒲敏属于哪种类型的决策者？

（2）蒲敏的职业决策违反了哪些原则？她的职业生涯为何不顺利？

第七章　制订职业生涯规划

学习目标

掌握职业定位的知识和编制职业生涯规划书的
方法。
了解实现职业生涯规划的方式。

素养目标

能够制订完备的职业生涯规划，树立明确的规划
意识，主动积极地规划自己的人生。

案例导入

李刚是一名各方面能力都很优秀的大学生，所学专业也比较热门，他为
自己制订了毕业 10 年升任部门经理的职业规划。

但在毕业后的短短几年间，他多次跳槽，且跳槽后，薪资待遇并不如从
前。李刚任职的第一家公司是一家知名企业，李刚入职后表现比较出色，
他自认为自己应该在年终得到奖励甚至晋升，甚至规划好了晋升路线，但
是年终考评却不如意。

李刚觉得自己的付出不被看重，于是跳槽到了原公司的竞争对手处。但
是由于初来乍到，李刚辛苦两年，仍然没能获得晋升。李刚觉得可能中小公
司的发展空间更大，于是他跳槽到了一家中小企业，虽然如愿以偿地担任
了主管，但中小企业制度不完善、业务不稳定，李刚很快在工作中遇到困难，
最后不得不辞职。

目前，李刚还没能找到满意的工作。

案例思考

1. 李刚在职业生涯规划的实施上存在什么问题？
2. 李刚应该怎样达成他的职业生涯规划？

　　在现实生活中，可能有些人个人能力并不差，也有明确的职业目标，但仍然难以取得理想的职业发展。之所以会出现这样的情况，是因为他们虽有明确的职业目标，但目标不一定合理，职业生涯发展规划不一定翔实，同时达成职业目标的方式也未必科学。大学生需要学习如何科学地制订职业生涯发展规划。

 进行职业定位

📝 课堂活动

> 活动主题：理想的职业。
>
> 活动内容：大学生都有自己的职业理想。请大家拿出一张白纸，将自己的职业理想细化，详细地写出自己的理想职业。
>
> 示例：我的理想职业是当一名三甲医院的外科手术主刀医生。因为这个职位具有较高的挑战性，又能够直接挽救病人的生命。

　　职业定位理论，又叫职业重心理论，是职业决策的辅助性理论，可用来协助个人确定职业发展所需围绕的中心，帮助个人确立职业生涯的发展高度。职业生涯的规划与发展是因人、因时、因势而异的，就大学生而言，在做职业决策之前，最重要的是需要知道自己在职业生涯的规划和发展过程中，始终都不会放弃的原则或理念，以及为之努力奋斗的方向。

一、什么是职业定位

　　职业定位是职业的自我意向，指大学生在进行职业生涯规划时，根据自身的生活、学习和工作经验，把个人能力、职业环境与职业价值观相结合，实现总体满意度较高的职业选择。这就需要个人对职业目标有一个全面的认知，并且能在实际的工作中不断地进行适应性的调整。

　　经过长期的发展和完善，职业定位理论已逐渐成为人力资源管理和大学生职业生涯规划的重要工具。职业定位要求大学生在进行职业规划和定位时，将个人能力、职业环境和职业价值观 3 方面进行整合，以便精确定位职业的发展方向。这有助于每个人在今后的工作和生活中充分发挥优势，最大限度地实现个人价值。

　　职业生涯是一个长期发展的过程，除了确定发展方向，还需要后续良好的经营和管理。但是，由于受到时间和发展机遇等因素的限制，我们无法尝试所有工作，只有尽可能早地采取行动，才能争取到更多的发展空间。那么，要怎样才能确定个人职业

发展的方向呢？最直观的方法就是借助图形，在个人能力、职业环境和职业价值观之间找到这三者的平衡点，如图 7-1 所示。

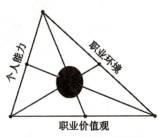

图 7-1 职业重心示意图

三角形的 3 条边代表职业决策的 3 大因素，其重心是内部的平衡点，也是整体结构的关键所在。把这个概念引入职业生涯规划，职业重心便成了权衡多方因素后得出的综合结论。职业重心可以协调个人职业生涯的平衡发展，但需要个人对自身有一个总体的把控。大学生寻找自身的职业重心，还能有效激发个人的积极性和主动性。职业重心主要有以下 4 方面特点。

（1）职业重心以个人的学习和生活经验为基础。

（2）职业重心不是指个人的能力、才干或价值观，而是寻求各种因素的统一。

（3）职业重心是个人在成长发展过程中，职业动机、个人需求、个人能力和价值观相互作用且逐渐整合的结果。

（4）职业重心不是固定不变的。人是在不断发展变化的，职业生涯也需要随之做出适应性的调整。所以，个人不仅要权衡职业重心，还要顾及生活和发展的协调。通过调整职业重心，个人在社会和家庭生活中将得到更进一步的发展。

提醒　　人们只有在工作领域有一定程度的涉足时，才能真切地判断出适合自身的职业。因此，工作经验影响大学生对职业世界的认识，也改变着大学生对自身能力和价值观的审视。换句话说，职业重心在一定程度上由个人实际工作经验所决定，而不局限于个人的才能和价值取向。

二、职业定位的类型

职业定位是对职业方向的宏观分析，从职业生涯规划的大局出发，协助大学生探索职业发展的理念和方法。每个人的人生目标和追求方向不同，表现在职业重心的定位上也是各不相同的。根据职业重心在个人能力、职业价值观和职业环境三者间的倚重方向，可以将职业定位划分为 7 种类型，如图 7-2 所示。

在图 7-2 中，我们可以看到影响职业决策的 3 大因素所构成的三角形被划分成了 7 个区域。其中，每个区域表示对应的某种职业定位倾向。例如，1 号区域代表以"个人能力"和"职业环境"作为主要考虑因素，且主要依赖于"个人能力"的发挥和发展；7号区域则表示对3大因素都以同等重要的态度加以对待。下面对这7种职业定位类型做进一步介绍。

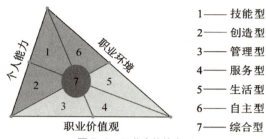

图7-2　职业定位的类型

1——技能型
2——创造型
3——管理型
4——服务型
5——生活型
6——自主型
7——综合型

（1）技能型。技能型的人倾向于个人能力的发挥，追求在技术领域的不断成长和提高，寻求应用技能的机会。这一类型的人喜欢技术性强的职业，以个人才能发挥作为职业的主导方向，对自身专业水平有较高的要求，并且不会轻易放弃在技术性领域取得的成就。

（2）创造型。创造型的人渴望运用自己的能力去实现目标和理想。这一类型的人具备相当的能力和才华，并且拥有克服困难和承担风险的勇气。他们能力与智慧兼备，并且不甘于平凡，会为实现梦想而不断奋斗。他们拥有很强的改变现状和创新能力，一旦时机成熟，便会着手创建属于自己的事业。

（3）管理型。管理型的人致力于追求个人价值的实现和职位晋升，这一类型的人通常有很强的综合能力，在工作上能独当一面，将事业的成功视为人生的意义，有清晰远大的目标，并致力于获得更高层次的管理岗位。

（4）服务型。服务型的人将服务社会作为核心价值观，并把帮助他人作为职业的价值体现。这一类型的人的事业成就感来源于为社会奉献自己的力量，不太重视工作的变换或职位的提升。

（5）生活型。生活型的人的人生重心并不在职业生涯的成功上，他们将生活美满定义得比职业成功更重要，所以并不太在意职业生涯的发展和具体的工作内容。这一类型的人为了享受生活的平和与安逸，甚至愿意牺牲或放弃职业的发展。

（6）自主型。自主型的人追求能施展个人才能的工作环境，向往自由的工作和生活方式。此类型的人不喜欢受到限制和制约，将工作环境和能力发挥作为职业发展的必要条件。

（7）综合型。综合型的人对职业生涯的发展有综合的考量，具体在职业的定位态度上有两种显著的特征：一种是挑战型，挑战型的人比较激进且不易满足现状，喜欢解决有挑战性的问题，若目标太容易，反而会感到乏味和厌烦，他们把战胜困难当作职业成长的乐趣；另一种是安全型，安全型的人追求稳定的生活方式，喜欢有一个温和的职业发展方式，渴望安定的工作、稳定的收入，他们对职业的发展抱着中庸心态，并且易于满足，即使具备足够的能力，也不会冒风险去追求进一步的提升。

三　职业定位的作用

职业定位与大学生职业生涯的发展方向密切相关。职业生涯的早期阶段，是职业定位发生作用的最重要时期。大学生随着对职业认识的不断深入，工作经验也在逐渐积累，职业定位随之变得更加清晰和准确。可以说，职业定位贯穿、影响和联系着职业生涯的前期与中期，在大学生的职业生涯发展过程中发挥十分重要的作用。一个人正确审视自己的能力，客观评价职业环境，明确自己的价值取向，是职业决策过程的重中之重。职业定位的具体作用如下。

（1）及时准确的信息回馈。职业定位是个人通过对职业重心的探索，为个人职业发展确立方向的过程。这一探索过程围绕个人能力、职业环境与职业价值观展开，若实际达到的效果与个人的追求和抱负不相符，则应及时寻找原因并采取行动。

（2）为个人指明有效的职业道路。职业定位可以反映个人的职业需求，还能显示个人的价值观和抱负。职业定位与实际的发展是相互促进、相互影响的，通过职业定位，能有针对性地对个人实际的发展构建可行的、有效的职业途径。

（3）增长个人的能力和经验。职业定位是个人对发展方向和发展高度的愿望，能使个人在处理问题的过程中开拓思维和增长见识，个人相关的能力和技能不断发展提高，可以增加职业定位的准确性。

（4）为职业生涯的后续发展提供保障。职业定位对职业生涯的后期发展是没有直接影响的，其主要作用在于为职业生涯的发展指明方向，为个人能力的提高、职业技能的获得和才干的发掘开辟道路，这些都是一个人职业生涯后续发展中必不可少的基础条件。

第二节　拟订职业生涯规划书

📝 课堂活动

活动主题：我的职业生涯规划。

活动内容：一份成文的、确定的职业生涯规划可以在大学生的职业生涯中为大学生提供指导和参考。请大家拿出一张白纸，详细描述自己未来的职业生涯规划，要求包括目标职业、所需能力、达成路径、所需时间等内容。

大学生在完成自身的职业决策与职业定位后，就要着手制作职业生涯规划书了。职业生涯规划书是个人在职业生涯规划过程中思考和总结的书面呈现，文字的表达形式可以方便个人理顺总体思路，并对整个职业生涯的发展方向进行把握。

一　职业生涯规划书的内容

一份完整的职业生涯规划书，通常包括以下 7 个部分。

1. 职业生涯规划书的标题或封面

每个人在写任何东西的时候，都需要先写明标题，这样才能让人清楚这是关于什么内容的文书。若想设计职业生涯规划书的封面，则还需包括姓名、规划的年限和起止时间。职业生涯发展的规划年限一般不做硬性要求，可以根据自身的具体情况而定，可以分为 1 年、3 年、5 年和 10 年等。大学生拟订的职业生涯规划书，不管规划年限有多长，都应该以开始职业生涯规划到毕业的这段时间为规划的重点。

2. 个人生平简历

个人生平简历主要是简单地描写个人所受过的教育、培训及实习或工作经历。大学生将这些经历记录下来，可使自己对过往所学知识和技能有个总体的把握，也能对自己的成长过程有个清晰的认识。

3. 个人因素分析

个人因素分析主要是简要罗列个人的特点并对其进行分析。这里需要运用自我认知时分析出的结果，将个人的生理、兴趣、性格、能力和价值观等因素分别罗列出来并进行分析。在这部分大学生可重点对兴趣、性格、能力进行分析。

4. 外部环境分析

外部环境分析主要是简要罗列外部环境因素并对其进行分析。大学生结合前面所总结的具体外部环境因素，分析哪些外部环境对自身职业发展有利，哪些不利，其可能带来的机遇和挑战，以及可能对自身职业生涯发展造成的障碍。

5. 职业生涯目标

职业生涯目标主要是描写个人所选择的职业方向、职业总体目标和阶段性目标。所选择的职业方向指第一职业和备选职业；职业总体目标指职业生涯发展想要达成的最终目标；阶段性目标指在达成最终目标之前，将时间划分为具体的时间段，对每个时间段都设置一个具体的小目标。通常可以将阶段性目标分为短期目标、中期目标和长期目标。在这里，大学生需要对短期目标进行重点阐述，罗列出具体的短期规划。例如，在两年内要花多长时间去掌握某种知识技能，要在工作中如何去学习并提升工作技能等。对中期和长期目标则不必过于详细描述。

6. 实现目标的方案

实现目标的方案，主要是大学生通过前面的分析，找出自身与职业实际需求之间的差距，并有针对性地制订具体的方案措施来缩小此差距，从而实现各个阶段的目标。

7. 评估结果的标准

评估结果的标准，主要是设定一个科学客观的参考标准来评估目标是否达成、职业生涯是否成功。另外，大学生如果在职业生涯发展的过程中发现目标难以完成，则还需设定一个对职业目标进行调整的方案。

二、职业生涯规划书的分类

文书的呈现方式多种多样，对职业生涯规划书来说，可以分为文本型、表格型和档案型 3 种，下面将分别进行介绍。

1. 文本型

文本型的职业生涯规划书相对于表格型和档案型的职业生涯规划书来说，显得比较随性，没有固定的模板和格式，也没有严格的篇幅要求，个人可以在上述必须书写的内容外加上自己的发挥空间，如个人的兴趣爱好、获奖情况等，具有一定的创作性。下面是一篇文本型的职业生涯规划书范文。

阅读材料

职业生涯规划书

一、自我认知

通过人才测评分析结果，以及本人对自己的认识、朋友对我的评价，得出的自我认知如下。

1. 职业兴趣

研究型，希望日后能从事科研方面的工作。

2. 职业能力

逻辑推理能力相对比较强，信息分析能力也不错，比较喜欢对复杂的事物进行思考，将复杂事物简化。

3. 个人特质

喜欢追求各种不确定的目标；观察力强，工作自觉、热情，能够吃苦耐劳；主张少说多做；爱学习；喜欢独立工作。

4. 职业价值观

基于家庭条件，首先考虑待遇较高的工作，所选择的职业要有能从中不断学习并获得新知识的机会。当然，如果没有工资收入限制，会先考虑自己最喜欢的工作，同时考虑这份工作是否能实现自己的目标或者自己的理想。最后，考虑这份工作是否适合自己去做，自己能否胜任等相关问题。

5. 胜任能力

（1）能力优势：头脑灵活，有较强的上进心，逻辑推理能力比较强；相信自己的能力；能全神贯注，能够客观地分析和处理问题，对自己要求严格，经常制订目标。

（2）能力劣势：做事过于理性，有严重的个人中心主义，有时听不进别人的劝导。

自我分析小结：本人有明确的职业兴趣及方向，有一定的能力优势，但是也有一定的能力劣势，所以要发挥自己的优势，培养自己不足的能力。平时要多对自己的不足进行强化训练，如要多练练写作，看一些课外书，拓宽自己的视野等。

二、职业认知

从家庭环境、学校环境、社会环境、职业环境、行业环境等方面对职业进行分析，本人得出以下职业认知。

1. 家庭环境分析

家庭经济能力仅能维持正常的生活，本人的学习费用为全额贷款。父母的工作不够稳定，所以经济收入不稳定。家庭文化氛围一般，姐姐从医，妹妹钢琴弹得不错，父母均未完成九年义务教育，但支持我们最低完成大学教育。

2. 学校环境分析

某医科大学，教学设施齐全，且比较先进，教学水平也较先进，只是学校更重视研究生，本科生不受重视。本人所在的预防医学系虽不是全校最好的系，但专业课的科目开设受到一致好评，毕业大学生的就业率达 100%。

3. 社会环境分析

我国人才的竞争日趋激烈，大学毕业生渐渐增多。我国越来越重视预防医学专业，本人正在提高自己的专业能力，以便在众多应聘者中脱颖而出。

4. 职业环境分析

在我国，由于预防医学为新兴专业，这方面的人才需求量较大，社会分工还不错，前景不错，但也因此，报酬不高。

5. 行业环境分析

希望进疾病预防控制中心工作。预防医学目前还处于"幼童期"，不够壮大，但就业范围比较广，在医药、食品、卫生等行业均容易找工作，只是待遇不高。目前国内此类高端人才及技术缺乏，不过国家越来越重视预防，正提倡培养该方面的人才，全国各地都逐渐设立起疾病预防控制中心。现在自己应多考些证，以便在上述就业范围内更容易找到工作。

三、职业决策

综合前面的自我认知和职业认知这两部分内容，得出本人职业定位的 SWOT 分析如下。

1. 内部因素

优势（S）：头脑灵活，逻辑推理能力较强，具有创造力，认真、负责、有毅力，观察力强。

弱势（W）：具有个人中心主义，顽固，不喜欢模式化工作，偶尔会有厌倦心理。

2．外部因素

机会（O）：新兴专业的工作岗位相对多些，预防医学发展前景较大。

威胁（T）：社会环境不断变化，竞争激烈，就业形势日益严峻。

3．结论

（1）职业目标：成为一名预防医学专业的科研工作者。

（2）职业的发展路径：考取各种证书→公务员→疾病预防控制中心工作者→进华中研究院。

四、计划与途径

1．大学期间（2022—2027年）

（1）大学四年级、大学五年级学好各科专业知识，掌握预防医学的基本知识。

（2）大学四年级前英语六级争取过600分，积极考托福，希望能用英语与外国人自由交谈。

（3）大学四年级前考取全国计算机二级证书。

（4）大学三年级开始利用业余时间学习韩语，希望能用韩语和商务伙伴自如沟通。

（5）假期实习和本人专业相符合，积累社会经验。

2．大学毕业后的5年（2027—2031年）

（1）若考上研究生，则继续勤奋学习。

（2）考公务员，去疾病预防控制中心工作。

（3）进科学研究院。

（4）去国外留学，学习本专业，继续深造。

（5）去国外工作。

3．长期计划

（1）在努力工作之余，不断学习各方面的知识，增长各方面见识。

（2）坚持锻炼身体。

（3）学习他人的各种优点，不断发现自己的不足，并予以改正，提高自身的修养。

（4）扩大自己的交际圈，享受友谊。

五、评估调整

计划只是给我指定了一个前进的方向，具体的路还得慢慢走。社会时刻在变，要适应这个社会，就要时刻关注社会的发展，跟上时代的变化。所以在计划实行期间，要进行适当的调整，实现自己的梦想，实现自我。

调整时间应至少每年一次。预防医学行业飞速发展，要在行业中更上一层楼，必须及时回过头来审视自己，用适宜的方法调整自己的计划，以便能跟上时代的发展。

六、评估标准

看是否按时完成了自己制订的目标与计划。

点评：这份职业生涯规划书较为全面、详细，基本具备了职业规划书的7部分内容，也符合文本型职业生涯规划书的格式，条理性强，便于阅读，对大学生而言有较强的参考意义。

2. 表格型

表格型的职业生涯规划书有固定的格式，分为表头和表格内容，但是表格内容并不固定，可以根据自身的需要进行调整删减，如表7-1所示。

表7-1　职业生涯规划表

时间：　年　月　日

姓　名		性　别		年　龄	
专　业		政治面貌		婚姻状况	
首选职业			备选职业		
个人经历	教育经历				
	培训经历				
	工作经历				
个人因素分析					
外部环境分析					
职业生涯目标	总体目标				
	短期目标				
	中期目标				
	长期目标				
实现短期目标的方案					
实现中期目标的方案					
实现长期目标的方案					
实现总体目标的方案					
评估标准	总体目标				
	短期目标				
	中期目标				
	长期目标				

3. 档案型

档案型的职业生涯规划书是由多个分析文书构成的，它将整个职业生涯的制订过程全面详细地保存下来，包括前期准备时的分析、思考过程，如在进行自我认知时所做的兴趣探索、能力分析、价值观判断；在进行职业决策时所采用的原则和方法，以及如何了解自己的职业定位等的具体过程。因此，档案型的职业生涯规划书能反映个人的职业成长历程，具有明显的史料性。

第 三 节　达成职业目标

📝 课堂活动

> 活动主题：职业目标分解。
>
> 活动内容：1769 年，埃特鲁利亚陶瓷工厂把原来由一个人从头到尾完成的制陶流程分成几十道专门工序，分别由专人完成，大大提升了工作效率及产量。这说明将一项复杂的工作分解为简单的部分，有利于工作的完成。达成职业目标是一项复杂的、时间跨度很长的活动，请你将自己的职业目标尽量分解为若干简单易行的小目标，看看自己是否对达成职业目标更有把握了。

大学生无不希望达成自己的职业目标，但职业目标往往比较"高""远"，让大学生往往一时"找不到地方下手"，基于此，达成职业目标的方式就尤为重要，采用适当的方式是达成职业目标的基础。

一　分时间段依次达成

当确立了追求的目标时，虽然雄心壮志，但是往往会因为目标过于遥远而无从下手。这时候，我们需要将目标分解为若干个呈递进关系的小目标，为每个小目标设置相应的时间段，并写出每个时间段实现目标的具体实施方案与评估标准，尤其是对距离现在越近的时间段的目标，实施方案和评估标准就需要越详细。因为时间距离越近，我们就越清楚自己需要做的是什么，很少进行改动；时间距离越远，可能发生的变数越大，则需要进行调整和修改的概率越大。

确定白身职业生涯目标的时候，由于职业生涯的总体目标太遥远，是要用几十年甚至一生来追寻的，因此往往需要把职业目标划分为短期目标、中期目标和长期目标。

（1）短期目标。短期目标的时间一般为 1～3 年。短期目标通常是短期内自己需要掌握的知识技能和工作能力等。在这个阶段，大学生需要找出自身与短期目标之间的差距，并制订出切实可行的详细实施计划和计划评估标准。

（2）中期目标。中期目标的时间一般为 3～5 年或 3～10 年。中期目标通常是对自己的职业晋升有个初步的定位，如要做到公司业务部门的总经理。中期目标的设定在整个目标阶段中起着承上启下的作用，需要有切实性。这个目标既要根据短期目标的完成情况适当进行调整，又要为长期目标的设定和实现做好铺垫、打好基础。

（3）长期目标。中期目标的时间一般为 5 年或 10 年以上。长期目标主要是设定比较长远的目标，如 40 岁时成为公司的负责人。长期目标与职业生涯的总体目标在一定程度上很接近，是实现个人总体目标的最后阶段。

当然，这些时间的划分不是唯一和固定的，可以根据自身的需要进行调整。

二、分阶段分步达成

许多人在实现目标的过程中经常半途而废。究其原因，是由于目标和梦想较远，觉得看不到希望，因此产生懈怠和自暴自弃的消极情绪。如果把这个追梦的路途划分成若干个短距离路途，并将每个短距离路途目标当成目前需要完成的目标，那么完成起来的难度将大大降低。通过不断地完成目标，收获成功和满足感，激发自己前进的动力。因此，大学生在制订职业生涯目标的时候，可以将其分解成若干小目标。这些小目标必须设置时限和评估标准，如果你花费了 10 年、20 年来完成第一个小目标，那就得不偿失了。

苏炳添：做好每一个动作

2021 年 8 月 1 日，苏炳添在东京奥运会男子 100 米半决赛中以 9.83 秒刷新亚洲纪录，成为亚洲短跑第一人。此时的苏炳添 31 岁，对一个短跑运动员来说，这是不折不扣的"高龄"，在这个年龄段成绩还能稳步提高的短跑运动员前所未有。

为何能够在 31 岁跑出这样优异的成绩呢？苏炳添的答案是，做好每一个动作。原来在 2017 年，苏炳添因为成绩无法突破，几乎要选择退役。运动生物力学专家拉尔夫·弗农·曼帮助他开启了运动生涯的"第二春"。

拉尔夫·弗农·曼对比了苏炳添与理想运动模型的差距，他发现与理想中的模型相比，苏炳添的动作有不少的瑕疵，因此损失了不少速度，这是他难以提升的关键。另一位教练兰迪为苏炳添建立了"冠军模型"，参照"冠军模型"对苏炳添进行了全面的诊断与分析。整个100米的路程被分为48步路程，每一步的动作、节奏都经过了专门设计，甚至专门有动作放松脸部的肌肉以减少头部肌肉晃动对运动的影响。之后，苏炳添针对分析出的问题进行了针对性的训练，练好每一个动作、做好动作的每一个细节，跑好第一步，跑好每一步。

随着错误一个一个被改正，动作一个一个精确，苏炳添的成绩也开始稳步上升，2018年，苏炳添在国际田径联合会马德里挑战赛中跑出了9秒91的个人最好成绩，追平了费米·奥古诺德保持的亚洲纪录，成为史上跑得最快的黄种人和亚洲人。2021年，他更是跑出了9.83秒的好成绩，创造了历史。

点评：100米长，不到10秒的时间，如此短的距离和时间，苏炳添团队却能将其详细分解。苏炳添通过将每一个动作细节做好的训练，取得了几乎不可能完成的成就，创造了历史。

大学生在追求自己职业生涯目标的时候，可以把目标分解成若干个阶段。例如，你的专业是人力资源管理，你的职业生涯总体目标是成为某公司的首席人才官，你可以将成为首席人才官这一目标分解为多个职业目标阶段，这时候需要规划你的职业晋升路线，如表7-2所示。

表7-2　人力资源管理专业大学生的职业晋升路线表

职　位	业　绩	知　识	人才培养	目标评估标准
人力资源专员	完成工作要求，进行考核、招聘、薪酬、培训的组织工作，纪律监察合格，业绩考核在良好以上	了解《中华人民共和国公司法》《中华人民共和国劳动法》，掌握考核、招聘、培训、劳动关系等人力资源知识及应用	新员工的培训考试合格率为100%	目标完成度为80%以上，遵守纪律，差错次数每月不超过2次，服务满意度在中度以上
人力资源主管	管理员工满意度合格，考勤、招聘、薪酬、培训工作专业能力及组织能力强	精确了解国家与企业相关的法律法规，具有应用人力资源管理知识的能力，能拿出某一方面工作的方案并实施产生效果	培养人力资源专员1名	目标完成度为80%以上，遵守纪律，差错次数每月不超过2次，服务满意度在中度以上
人力资源副经理	管理员工满意度合格，考核、招聘、薪酬、培训工作专业能力及组织能力强，部门运作支持力度强	精确了解国家与企业相关的法律法规，具有应用人力资源管理知识的能力，能拿出某一方面工作的方法并实施产生效果	培养人力资源主管2名	目标完成度为80%以上，遵守纪律，差错次数每月不超过1次，服务满意度在中度以上

续表

职　位	业　绩	知　识	人才培养	目标评估标准
人力资源经理	制定公司基本制度,设计招聘、培训、绩效、福利等规则,并合理地在企业中应用	精确了解国家与企业相关的法律法规,具有应用人力资源管理知识的能力,具有报告和方案制订能力,具有制度的规划能力	培养人力资源主管2名,培养管理人员5名	人才达成率为80%,人才流失率为年10%以内,人力资源工作满意度为优秀,品行良好
人力资源高级经理	制定公司基本制度,设计招聘、培训、绩效、福利等规则,并合理地在企业中应用;具有培训讲师能力,具有人才测评能力和胜任考核能力	精确了解国家与企业相关的法律法规,具有应用人力资源管理知识的能力,具有报告和方案制订能力,具有制度的规划能力	培养人力资源主管2名,培养管理人员5名	人才达成率为80%,人才流失率为年10%以内,人力资源工作满意度为优秀,品行良好
人力资源总监	公司员工成长正常进行,公司人力资源达成率达到目标,企业人力资源管理及企业文化建设达到预期,制度合适	具有文化建设及导入的能力,具有培训的能力,具有制度建设的能力	培养人力资源经理2名,培养管理人员7名	人才达成率为80%,人才流失率为年10%以内,人力资源体系健全,品行良好
首席人才官	根据公司绩效,由董事会决定任命			

　　通过表7-2可以看出,达成首席人才官这一职业生涯的总体目标,可以分为7个阶段目标,分别由人力资源专员、人力资源主管、人力资源副经理、人力资源经理、人力资源高级经理和人力资源总监过渡,最终成为首席人才官。因此,若大学生在制订阶段目标的时候无从下手,不知道如何设置阶段性目标,可以去了解相关的职业晋升发展路线,并以此作为制订阶段目标的依据。

　　目标的完成需要有一个循序渐进的过程。大学生在开始准备实现自身目标的时候,可以先从比较容易做的事情开始,将一个复杂的大目标、大问题从外部边缘不断地抽丝剥茧,到最后,你会发现最开始以为的那些困难的部分,也都变得条理清晰、情况明朗起来。

三、分难易程度逐级达成

　　确立了自己追求的目标后,大学生可以将目标按照实施的难易程度进行分解,先从简单的事情做起,随着知识和经验的不断积累,对那些在目标初期认为实施难度高的事情就会有清晰的解决思路。

　　分时间段、分阶段和分难易程度达成目标,这3种目标达成方式并不是互相独立的。很多情况下我们同时运用了至少两种方式,如既将总体目标划分为若干小阶段目标,又给这若干个小阶段目标设置时间段,将阶段和时间结合在一起。因此,大学生在追求目标的过程中,可以根据自身的需要,对不同的目标达成方式进行组合,找到最适合自己的目标达成方式。

当然，目标达成方式也不局限于这 3 种，大学生可以根据自身实际情况寻找更适合的方法。

 **拓展阅读——张艺谋的导演梦**

2022 年 2 月 4 日晚，第二十四届冬季奥林匹克运动会开幕式在北京国家体育场举行，北京冬季奥林匹克运动会举世瞩目，这是中国历史上首次承办冬季奥林匹克运动会。开幕式所展现出的独属于中国人的古典浪漫气质及宏大华美的场景惊艳了电视机前的观众。这届冬季奥林匹克运动会开闭幕式总导演和 14 年前的 2008 北京夏季奥林匹克运动会开闭幕式总导演都是张艺谋。2022 年，张艺谋 72 岁，成为导演已有 36 年。

1968 年初中毕业后，张艺谋在陕西乾县农村插队劳动，种田、劳作，在岁月中磨砺蹉跎，后来在陕西咸阳国棉八厂当工人。在平凡枯燥的工厂生活中，他爱上了摄影，萌发了"用镜头讲自己的故事"的愿望，他想成为一名导演。之后，他经历了摄影师 – 演员 – 导演的职业路径，一次次巨大的职业跳跃和转型最终成就了他的导演梦。

1978 年恢复高考后，张艺谋第一时间决定报考北京电影学院。此时，他已经 27 岁，属于超龄大学生，根本不符合电影学院的招生要求，后来历经波折，才被破格录取，进入北京电影学院的摄影系学习。张艺谋明白，很多知名导演有一手独到的摄影技术，干好摄影，是自己成为导演的最佳跳板。

1982 年毕业后，张艺谋任广西电影制片厂摄影师。1984 年他作为摄影师拍摄了影片《黄土地》，1985 年获第五届中国电影金鸡奖最佳摄影奖，随后又获法国第七届南特三大洲电影节最佳摄影奖、第五届夏威夷国际电影节东方人柯达优秀制片技术奖，张艺谋在摄影岗位上学到了很多，也在业内积累了名气。

成名后，张艺谋先是转型为演员，1987 年主演影片《老井》，同年获第二届东京国际电影节最佳男演员奖，1988 年获第八届中国电影金鸡奖最佳男主角奖、第十一届电影百花奖最佳男演员奖。

摄影和演员生涯为张艺谋的导演之路打下了坚实的基础和建立了广泛的社会关系。1987 年，张艺谋执导了《红高粱》，真正成为一名导演。该片以浓烈的色彩、豪放的风格，颂扬中华民族激扬昂奋的民族精神，融叙事与抒情、写实与写意于一炉，发挥了电影语言的独特魅力，获金鸡奖最佳故事片奖、百花奖最佳故事片奖、柏林国际电影节最佳故事片金熊奖等多项大奖。这部电影让张艺谋成功地实现了从演员到导演的转型，并以一个成功导演的角色进入公众视野，奠定了张艺谋在导演界的地位。

此后，张艺谋陆续执导了《菊豆》《大红灯笼高高挂》《秋菊打官司》《活着》《一个都不能少》《我的父亲母亲》等影片，在国内外屡获电影奖项，并3次提名奥斯卡金像奖，5次提名金球奖。2008年，张艺谋作为北京夏季奥林匹克运动会开闭幕式的总导演，更是为全世界呈现了一场精彩的视觉盛宴，将华夏五千年文明的精华展现得淋漓尽致。

到2022年，张艺谋已经执导了上百部电影、歌剧晚会、歌舞剧、宣传短片，成为中国电影界的一面旗帜。

案例启发

从插队农民到著名导演，张艺谋的职业发展得益于其出色的职业生涯规划。他先在摄影上做出一番成绩，再在演员领域有了建树，摄影、演员和导演是3个关系非常密切的职业，通过前两个职业上的积淀，转型导演也就顺理成章了。大学生应该学习张艺谋导演的职业生涯规划和达成职业目标的方式，脚踏实地地做好力所能及的事，才能取得更好的发展。

第五节　自我评估

以下测试能够反映大学生的职业定位类型，帮助大学生进行合理的职业定位。

 测试一　职业定位测试

〖测试说明〗

本测试任务的40道题，代表8种职业定位，请根据自身的实际情况对每道题进行衡量。为了便于统计分析，请将分值填入表7-3所对应的单元格中。非常符合得5分；比较符合得4分；基本符合得3分；不太符合得2分；非常不符得1分。注意：本测试结果仅供参考，不代表最终结论。

1. 希望从事自己擅长的工作，这样自己的内行建议可以不断被采纳。　　　（　　）

2. 在整合和管理他人时，非常有成就感。　　　（　　）

3. 希望能以自己的方式与计划开展工作。　　　（　　）

4. 认为安定与稳定比自由和自主更重要。　　　（　　）

5. 一直在寻找可以创立事业（公司）的创意（点子）。　　　（　　）

6. 认为能对社会做出真正贡献的职业才算成功的职业。　　　（　　）

7. 在工作中，希望去解决那些有挑战性的问题，并且能成功。　　　（　　）

8. 宁愿离开公司，也不愿从事必须牺牲个人和家庭的工作。 （ ）

9. 将专业技术和水平发展到更具有竞争力的层次，是职业成功的必要条件。 （ ）

10. 希望能够管理一个大的公司（组织），能用自己的决策影响别人。 （ ）

11. 能自由地决定自己的工作内容、计划和过程，并非常满意。 （ ）

12. 如果在工作中丧失了安全稳定的感觉，宁愿离开这个工作岗位。 （ ）

13. 创办自己的公司比单纯从事管理工作更有意义和成就感。 （ ）

14. 运用自己的才能去为他人服务，能使自己获得很大的职业满足感。 （ ）

15. 认为职业的成就感来自于克服那些非常有挑战性的困难。 （ ）

16. 希望自己的职业能够兼顾个人、家庭和工作。 （ ）

17. 在自己喜欢的专业领域内做资深专家，比做管理工作更具有吸引力。 （ ）

18. 只有做到公司的管理决策层，才认为自己的职业人生是成功的。 （ ）

19. 理想的职业需要有完全的自主权与自由。 （ ）

20. 愿意在具有安全感、稳定感的公司中工作。 （ ）

21. 通过自己的努力或想法完成工作才是个人成就感的来源。 （ ）

22. 利用自己的才能让人们的生活变得更美好，比个人的职位晋升更重要。 （ ）

23. 解决非常棘手的问题，或在必输无疑的竞赛中胜出时，会非常有成就感。 （ ）

24. 只有很好地平衡了个人、家庭、职业三者的关系，生活才算成功。 （ ）

25. 宁愿离开公司，也不愿接受那些不属于自己技能领域的工作。 （ ）

26. 做管理者比做专业领域的资深专家更有吸引力。 （ ）

27. 用自己的方式不受约束地完成工作，比安全、稳定更重要。 （ ）

28. 只有当收入和工作有保障时，才会对工作感到满意。 （ ）

29. 在职业生涯中，能成功创造属于自己的事业，会感到非常成功。 （ ）

30. 希望从事对人类和社会有贡献的工作。 （ ）

31. 希望工作中有很多的机会，可以不断挑战自己解决问题的能力。 （ ）

32. 很好地平衡个人生活与工作，比达到一个高的管理职位更重要。 （ ）

33. 如果在工作中能经常用到自己独创的技巧和才能，就会特别有成就感。 （ ）

34. 宁愿离开公司，也不愿舍弃自己的管理权力。 （ ）

35. 宁愿离开公司，也不愿丧失自由和自主控制的权利。 （ ）

36. 希望有一份充满安全感和稳定感的工作。 （ ）

37. 梦想着创建属于自己的事业。 （ ）

38. 如果公司不具备为他人提供帮助或服务的企业精神，宁愿放弃这份工作。 （ ）

39. 去解决那些几乎无法解决的难题，比获得一个高的管理职位更有意义。 （ ）

40. 一直在寻找一份能使个人和家庭和谐发展的工作。 （ ）

表 7-3　职业定位测试得分表

类型	技能型	管理型	自主型	安全型	创造型	服务型	挑战型	生活型
得分项	1:	2:	3:	4:	5:	6:	7:	8:
	9:	10:	11:	12:	13:	14:	15:	16:
	17:	18:	19:	20:	21:	22:	23:	24:
	25:	26:	27:	28:	29:	30:	31:	32:
	33:	34:	35:	36:	37:	38:	39:	40:
总分								

〖测试分析〗

测试完毕后，将每个纵向题目的得分进行汇总，得分最高的项目为比较符合个人职业发展方向的类型项。各类型的特点介绍如下。

（1）技能型：追求在技术／职能领域的成长和技能的不断提高，以及应用这种技术／职能的机会。他们对自己的认可来自于自己的专业水平，喜欢面对来自专业领域的挑战。他们不喜欢从事一般的管理工作，因为这将意味着他们放弃在技术／职能领域的成就。

（2）管理型：追求并致力于工作晋升，倾心于全面管理，独自负责一个部分，可以跨部门整合其他人的努力成果。他们想去承担整个部分的责任，并将公司的成功与否看作自己的工作。具体的技术／职能工作仅仅被看作通向更高、更全面管理层的必经之路。

（3）自主型：希望随心所欲地安排自己的工作方式、工作习惯和生活方式。他们追求能施展个人能力的工作环境，最大限度地摆脱组织的限制和制约。他们宁愿放弃提升或工作扩展的机会，也不愿意放弃自由与独立。

（4）安全型：希望能根据组织对他们提出的明确要求和指令行事，力图寻求稳定的职业、稳定可观的收入和稳定的事业前途，比如工作的安全、体面的收入、有效的退休方案和津贴等。

（5）创造型：希望使用自己的能力去创建属于自己的公司或创建完全属于自己的产品（或服务），而且愿意去冒风险，并克服面临的障碍。他们想向世界证明公司是他们靠自己的努力创建的。他们可能正在别人的公司工作，但同时他们正在学习并评估将来的机会。一旦他们感觉时机到了，他们便会自己走出去创建自己的事业。

（6）服务型：追求他们认可的核心价值，如帮助他人，改善人们的安全状况，消除疾病或减轻痛苦。他们一直在追寻这种机会，即使这意味着变换公司，他们也不会接受不允许他们实现这种价值的工作变换或工作提升。

（7）挑战型：喜欢解决看上去无法解决的问题，战胜强硬的对手，克服无法克服的困难障碍等。对他们而言，参加工作或职业的原因是工作允许他们去战胜各种不可能。新奇、变化和困难是他们的终极目标。如果事情非常容易，则他们很快会感到厌烦。

（8）生活型：喜欢允许他们平衡个人的需要、家庭的需要和职业的需要的工作环境。他们希望将生活的各个主要方面整合为一个整体。正因为如此，他们需要一个能够提供足够的弹性让他们实现这一目标的职业环境。他们甚至可以牺牲职业的一些方面，如提升带来的职业转换。他们将成功定义得比职业成功更广泛，他们认为自己如何生活，在哪里居住，如何处理家庭事情，以及在组织中的发展道路是与众不同的。

该测试可引导大学生对自身职业进行定位，有助于进一步缩小职业方向的选择范围。大学生还需要在此基础上综合自身其他方面的能力，通过学习和实践来进一步确定职业方向。

第六节　思考与练习

1. 有位大学生说："我工作就是为了挣钱生活，如果工作天天加班、出差，都干扰我的正常生活了，那我还工作干嘛？"这位大学生的职业定位是哪种类型？他适合从事什么工作？

2. 有位大学生的职业理想是当一名职业经理人，但是他目前并不具备职业经理人必备的管理能力，甚至对企业的具体运作都知之甚少，这位同学应该如何达成自己的职业目标呢？

3. 编写职业生涯规划书的过程中，大家应该注意哪些细节？有什么编写职业生涯规划书的好方法？在编写过程中可能出现哪些常见的错误？请同学们讨论并分享，将所有你认为有用的想法记录下来。

4. 请为自己拟订一份职业生涯规划书，要求包含职业生涯规划书的基本内容，格式自定。

5. 阅读以下材料，回答问题。

　　廖星菊是某大学新闻采编与制作专业的应届毕业生，在进校之初，她就给自己制订了详细的职业生涯规划。她打算在毕业后到电视台应聘新闻编辑的职务，然后一边工作一边考取职业等级证书，希望晋升为主编甚至总编。同时，她也可以接受主持、采访等工作。

　　但是毕业后，廖星菊遇到了困难。原来，由于新媒体的盛行，电视台目前主要招收新媒体部门的人员。廖星菊只得接受新媒体编辑的岗位。很快，廖星菊发现新媒体编辑需要追踪网络热点，有时晚上有突发的热点事件，自己就得起床熬夜工作。同时，新媒体编辑的文风偏向娱乐化、网络化，与廖星菊在校期间学习的准确、精练的行文方法大相径庭。面对种种矛盾，廖星菊在坚持了几个月后，申请调到了后期制作的岗位。她发现这个岗位虽然远离聚光灯，但是能够真正发挥自己的所学。

（1）案例中的廖星菊对自己的职业规划属于哪种职业定位？

（2）面对职业生涯规划和现实的落差，廖星菊该如何实现自己的职业目标？

第八章 实施职业生涯规划

学习目标

了解社会实践活动和实习的相关知识。
掌握实习计划的制订方法。

素养目标

能以正确的心态面对社会实践活动和实习，并积极参加和完成社会实践活动和实习。

案例导入

顾南河是某大学机械工程专业的学生，成绩较好，而且担任学生会干部，对自己期望很高，心想自己就业后就算当不上经理、董事，也能当一名技术总监、副总。

大学四年级（大四）上学期，学校宣布组织大学生参加校企联合实习，为期 3 个月。顾南河等机械工程专业的大学生于是被分配到了企业的金属制造车间。一进车间，顾南河就被车间嘈杂的声音、闷热的环境、闪烁的切割火花弄得不知所措，在车间里待了不到半小时就只想逃离。

金属制造车间的工作比较繁重，顾南河工作了半天便觉得精疲力尽。中午吃饭的时候，他向同桌的工人吐苦。工人向他展示了自己满是厚茧的手掌，说道："年轻人，这才刚开始呢。要干好机械工程的工作，光靠书本知识可不够，还要在基层岗位上多磨炼啊。"

听了老工人的话，顾南河顿时感觉自己要走的路还很长。

案例思考

1. 顾南河在实习中收获了什么？
2. 实习对顾南河的职业生涯规划有何意义？

制订好职业生涯规划后，大学生就需要实施职业生涯规划。对大学生而言，等到毕业后直接通过就业实施职业生涯规划既滞后，又面临较大的风险。因此，在大学期间参加社会实践活动和实习就成了大学生实施职业生涯规划的不二选择。

 参与社会实践活动

课堂活动

活动主题：社会实践经历分享。

活动内容：学校一直鼓励在校学生参加社会实践活动，你是否有参与社会实践活动的经历？如果有，请与全班同学分享。注意，你分享的内容应该包括参与社会实践活动的具体内容及你的感悟。

目前，我国企业对综合素质高、有实践经验的人才的需求非常旺盛。对刚出校园、稚气未脱的大学生来说，最大的不足就是实践经验的缺乏。这部分大学生在大学生活中，要么是重学习轻实践，沉浸在校园开放式的学习氛围里；要么是尝试过一些社会实践活动，却没有总结和反思社会实践活动带来的经验教训，能力提升有限。近年来，各高校越来越重视开展学生的社会实践活动，这在一定程度上培养了学生的实践能力。但最重要的，还是大学生要积极主动地参与，这样才能在内外因素的共同作用下，让自己迅速地成长起来。

一　大学生开展社会实践活动的意义

诗人萨迪曾说："有知识的人不实践，等于一只蜜蜂不酿蜜。"他强调了实践的重要性。在我国古代，许多有识之士曾强调实践活动的重要性，如《荀子·劝学》中："故不登高山，不知天之高也；不临深溪，不知地之厚也。"南宋陆游在其作品中指出："纸上得来终觉浅，绝知此事要躬行。"这些话无不说明实践活动的重要性。作为建设祖国中坚力量的大学生，更应该将课余时间充分利用起来，在实践活动中锻炼和提升自己。

大学是个极其特殊和重要的阶段，它既能丰富大学生的学识，又能让大学生提前接触社会。这个时期是大学生形成世界观、人生观、价值观的重要时期。因此，身体力行对大学生来说格外重要。大学生在学习知识的同时，还要进行一些实践活动，这样可以学到许多课本上没有的知识，丰富自己的阅历。总体来说，大学生开展社会实践活动主要有以下7个方面的意义。

（1）促进自我认识。通过广泛的社会实践活动，大学生能了解自身与社会需求之间的差距，看到自身存在的问题与不足，重新对自己进行客观的认识，从而对自身的成长和综合能力的提高产生紧迫感。

（2）增加社会阅历。大学生平时所学的知识大多来自于书本，通过开展丰富的社会实践活动，大学生能够接触到社会，亲身体验社会活动，这对丰富大学生的社会阅历，增加大学生的社会经验有很大的益处。

（3）培养创新意识。在社会实践活动中，大学生从事的大多是自己感兴趣的事情，使自身兴趣高涨，从而放飞思想，主观能动性空前增大，这往往能产生一些灵感，有利于培养大学生的创新意识和能力。

（4）提高个人能力。无论是校内实践活动还是社会实践活动，无论实践工作是细小简单还是复杂庞大，只要你耐心地去完成，都会获得相应的收获，得到能力的提升。

（5）拓宽规划思路。伴随着社会实践活动的开展，大学生可能会对以往不了解的领域产生兴趣，或觉得自己适合从事某一职业，这样就能回过头来完善自己的职业生涯规划，拓宽自己的职业发展方向。

（6）有利于培养学习兴趣。大学生在进行社会实践活动尤其是专业性较强的社会实践活动时，一定会遇到许多自己不懂、无法解决的问题。在遇到不懂的专业问题时，大学生解决问题的欲望能提升其对专业知识的学习兴趣。

（7）有助于构建健康的三观。大学阶段是大学生塑造自身人生观、世界观和价值观的重要时期。一个人的三观，是在认识世界、了解世界的过程中逐步构建起来的。在大学生进行社会实践活动的过程中，尤其是在如"三下乡"等社会实践活动中，大学生可以深入社会、深入生活，丰富他们的认识，这有助于形成正确和科学的三观。

总之，大学生进行社会实践活动，对成长有非常大的好处。希望大学生都能积极参与各种社会实践活动，丰富自己的大学生活，提高自身能力，全面发展。

二、社会实践活动的内容

大学生社会实践活动指大学生利用课余时间，有组织、有目的地深入社会的一种行为方式，它能充分发挥大学生的主观能动性，很好地培养、提升大学生的素质和实践能力。大学生社会实践活动主要分为两种类型：一是在校内进行的实践活动（校内实践活动），如校园勤工助学、校园兼职等；二是在校外进行的实践活动（校外实践活动），包括社会实习和假期校外兼职等。大学生参与社会实践活动，能够丰富和深化在课本上学到的知识，学以致用，同时也能提高工作能力，为将来快速适应职场生活奠定良好的基础。

1. 校内实践活动

大学生身处校园之中，与高校的联系最为密切。同时，我国高校普遍提供了多种社会实践活动机会。

（1）担任班级干部或竞选院、校学生会干部。竞选班级干部与学生会干事、干部，是大学生最常见的校内实践活动。它要求同学们参与班级或院校的管理，在同学们和学校、老师之间起到沟通、连接的作用。大学生活丰富多彩，经常会举办许多活动，这需要学生干部进行组织协调和管理。这类实践活动在一定程度上能提高大学生的组织管理能力和人际交往能力，对以后的就业有很大帮助。

（2）参加学校勤工俭学处提供的实践活动。大部分学校会设置勤工俭学处。它的目标群体是那些家庭条件不太好，需要依靠勤工俭学来维持生活与学业的大学生。

去勤工俭学处寻找实践活动的好处在于它能免去寻找的时间成本。勤工俭学处往往提供了现成的信息，大学生只要根据自身的需求和条件来选择即可。常见的勤工俭学方式有家教、兼职和做零工等。不过，需要注意的是，大学生在选择勤工俭学方式的时候一定要结合自身情况，在确保自己课业进程顺利的情况下再去参与实践活动，切勿为了获得实践经验和报酬而忽视了学业。

（3）参加学校社团组织。学校社团组织是一个非常庞大的群体，每个社团组织都有自己明确的主题，大学生可选择加入自己感兴趣的社团组织，尤其是选择参与一些和职业相关的社团，并积极参与社团组织开展的各项活动。所谓和职业相关的社团，指的是那些和以后你职业发展方向相符合的社团，比如以后你想从事和文字相关的工作，则可以加入文学社；若你以后想从事律师职业，则可以加入法律协会或者辩论协会，这样能够培养你的相关职业素养与能力，并且能够交到许多志同道合的朋友。

（4）留意学校或学院网站上的校内兼职信息。很多大学生忽视学校网站上发布的兼职信息。这类兼职一般是在学院内的一些部门当助手、在宿舍楼当宿管员或是给一些学科的老师当助教等。这类兼职能锻炼和提升大学生的工作能力，不过一般名额有限且竞争激烈。但大学生不要因为竞争压力大就放弃这类实践活动，只要认为自己是合适的人选，就应该去争取，以免错失机会、留下遗憾。

2. 校外实践活动活动

校外实践活动，又称社会实践活动，顾名思义，就是在社会中进行的实践活动，它是指除了校内实践活动之外的所有实践活动，主要包括校外实习和假期兼职等。校外实践活动在某种程度上比校内实践活动更加锻炼大学生的能力。通过校外实践活动，大学生能更好地接触社会，了解社会的用人需要。

许多校外实践活动，尤其是假期兼职，往往是一些如接打电话、收发文件的工作，有些大学生认为自己被当成了"打杂工"，无法锻炼自己的能力，从而轻视这类校外实践活动。大学生不应该轻视做这些小事情，应该珍惜每一次社会实践机会，接打电话可以锻炼大学生的语言表达能力，收发文件可以锻炼大学生的人际交往能力。大学生要养成吃苦耐劳的精神，要从基层、小事做起，不要好高骛远，这样才能扎实培养个人职业素养，让能力获得全方位的提升。

社会实践内容形式丰富多彩，其信息获取渠道也有很多。常见的社会实践活动机会可以从以下 6 个方面去寻找。

（1）学校论坛板块。大部分学校有各自的学校内部论坛。在这些论坛上大多有实习兼职发布的板块，里面有来自同学转发的实习信息，也有企业、公司发布的实习、兼职信息。大学生可以充分利用这一资源，在上面找寻自己感兴趣的实习、兼职信息并进行实习兼职申请。

（2）与学校有合作关系的用人单位。有的学校和学院有自己特定的合作单位，尤其是那些专业性质较强的学科院校。学院一般会组织学生去定点单位进行专业实习，这是为了培养专业应用型的人才而开设的活动。这些社会实践活动对大学生的能力提升有很大的帮助，不仅能拓宽大学生相关专业的前沿知识，丰富大学生的眼界，还能提高大学生的专业技能水平。

（3）大学生"三下乡"活动。大学生"三下乡"活动指的是各大高校在暑期中开展的一项"文化、科技、卫生"下乡社会实践活动，其旨在提高大学生的综合素质。20 世纪 80 年代初，共青团中央首次号召全国大学生在暑期开展"三下乡"社会实践活动。1996 年 12 月，中共中央宣传部、国家科学技术委员会、农业部、文化部等 10 部委联合下发《关于开展文化科技卫生"三下乡"活动的通知》。1997 年，"三下乡"活动在全国正式开展。2021 年，全国 3600 余所大中专院校组织 34 万余支队伍、632 万余名学生，围绕党史学习、理论宣讲、国情观察、乡村振兴、民族团结 5 个方面，就近就便深入基层一线，开展"三下乡"社会实践活动。

"三下乡"活动需要大学生深入农村基层，在农村传播先进的文化知识和科学技术，并在农村进行基层调研工作，体验农村生活。"三下乡"活动能提高大学生的政治觉悟和实践水平，使大学生用自己的所学服务基层、建设基层。大学生应该积极参与这样的社会实践活动。

七彩假期　诚毅童行

2013 年，集美大学诚毅学院教师组建了"诚毅童行"暑期社会实践志愿服务团队，以改进乡村儿童教育现状为出发点，采用"阅读夏令营"的新支教方式，深入教育资源短缺的欠发达地区，开展教育关爱服务。

几年时间里，"诚毅童行"暑期社会实践志愿服务团队组织了 24 位带队老师，152 位大学生，服务了 6 所山区学校，辐射 28 个自然村，开设了 32 个班级，服务了 700 多个孩子，带去 14000 多本绘本书籍。2019 年，"七彩假期 诚毅童行"志愿服务队入选 2019 年暑期"三下乡"社会实践活动国家级重点队。

"一种相遇，两种成长"，山区孩子在绘本阅读和主题课程中得到了高质量的教育。在向乡村儿童提供教育资源的同时，志愿服务团队成员也纷纷感到自己深深受到了革命老区红色文化的教育。大学生在服务中学习、在学习中成长，锻炼了能力、传承了精神。

在支教之余，志愿服务团队还在服务地进行了多种社会实践，在寿宁县下党乡，参观下党乡党性教育展馆，聆听现场党课教学；在长汀县，志愿服务团队拜访了红军烈士家属；在于都县富竹村，志愿服务团队参观红军烈士纪念馆，感受革命的艰苦卓绝。

点评："三下乡"社会实践活动与其他社会实践活动最大的不同，就是其面向农村基层，"诚毅童行"便是其中的典型代表。大学生参与"诚毅童行"志愿服务队，能够深入乡村，锻炼自己多方面的能力；同时升华自己的精神，磨炼自己的意志；还能够加深自己对于基层、对于社会的理解。

（4）招聘网站。在一些常见的招聘网站上，除了全职的招聘工作信息，还有针对大学生的实习及假期兼职工作的招聘信息。这些招聘网站上的信息量很大，内容形式很多，大学生可以根据自身条件来进行申请。不过需要注意的是，有些招聘信息属于虚假招聘信息，同学们要擦亮眼睛，仔细辨别。

（5）亲朋好友和老师的介绍。平时在和朋友、老师聊天的时候，大学生可以请他们帮忙留意有无适合自己的实习或者兼职工作，毕竟人多力量大，他们可能会有一些你不知道的实习资讯，从而扩大你的信息来源范围。

（6）自己搜集和寻找。许多公司或者商场会把假期兼职信息张贴在门口或商场布告栏上，大学生平时在外出的时候，可以多留意，这也有助于养成善于观察生活、观察细节的好习惯。

一些大学生不能处理好社会实践活动与学业的关系，有时候面对社会实践活动与课程时间的冲突，不知道该如何处理。其实针对这个问题，有两个解决办法：一是在搜集社会实践活动信息的时候，看清楚其时间要求，并对应学校课程时间，尽量选择那些在时间上无冲突的社会实践活动；二是若时间交错，就应当分清两件事情的轻重缓急，去做更重要的事情。

三、参与社会实践活动的注意事项

社会实践活动是大学生成才过程中的重要环节,在能力培养、树立正确的价值观、服务社会等方面都具有重要的意义。大学生在参与社会实践活动时,还存在需要注意的事项,具体如下。

1. 正视社会实践活动的态度

工作没有高低贵贱之分,同样,不同的社会实践活动内容没有孰优孰劣。在社会实践活动中,大学生应该端正自己的态度,要重视各种社会实践活动,不要因为觉得社会实践活动达不到自身的期望就产生消极的情绪。

阅读材料

暑期实践经历

大学三年级(大三)的小吴同学凭借自身优秀的条件到一家律师事务所实习快半个月了。他的实习职位是律师助理。本来,他想通过这次实习机会给自己带来一些岗前经验和能力的提升,但是他每天的工作是整理文件等一些琐碎的工作。小吴同学很失望,觉得和自己想象中的能够在律师事务所大放光彩的场景完全不同,觉得"这样的实习简直是在浪费时间"。

中文系的诗诗进了一家杂志社实习。诗诗平时在学校也常发表一些文章,文笔很好,由于所学专业对口,因此她想着进入杂志社后能够充分发挥自己的文学功底优势,但是没想到杂志社里的人都认为诗诗只是一个大学生,没有太多的经验,就只让她做打字、跑腿的工作。诗诗私下自嘲自己是来当勤杂工的。

在师范大学读书的小琴利用暑假进行实践,在一家教育培训机构找了一份班主任的实习工作。小琴想这份实习工作肯定可以锻炼自己,提升自己的工作能力,增加自己以后的就业竞争优势。但是在这近一个月的实习时间里,小琴做的全是接待学生家长和招生的工作。小琴感慨每天做的工作和自己想的完全不一样,做的不是教师的工作,反而像在做业务。

点评:所有的工作都是从小事做起的,大学生在做看似杂事的工作时,要留心观察前辈的工作方式与方法。例如,如何待人接物、一些办公的具体流程等,这些都是需要自己端正心态去学习的。

提醒　大学生自身实践水平能力不够,缺乏社会经验和阅历,所以就算是一件很小的事情,也要认真地对待、完成。只有不怕吃苦,不怕麻烦,愿意从基层、从小事做起,勤学好问、善于观察,才能让自己有所提升,才能获得更多的成长机会。

2. 争取优质的社会实践活动机会

社会上的实践活动数量不少，但是其中优质的并不多，竞争激烈，因此大学生一旦发现适合自己的社会实践活动机会，就应该赶紧行动，并且尽量争取。

当然，优质的社会实践活动对大学生自身能力的要求往往也较高，大学生应该认识到社会实践活动是为了提升自身的能力，是为增强未来的就业竞争力、更好地适应职场生活而服务的。因此，大学生首先要正确地认识自己，制订一个详细的职业生涯规划，明确自己的兴趣、爱好、性格和价值观等。同时，要对本专业的就业方向有一定的了解，如本专业主要培养的是哪方面的人才，本专业毕业生大多选择从事的行业是什么。如果自己不喜欢与本专业就业方向相关的工作，则需尽早地确定自己未来的职业发展方向。职业发展方向可以和专业不对口，但要和自己的兴趣、爱好或价值观有所结合。其次，大学生在确立了职业方向后，就要充分利用各种实践机会锻炼与提升自己。有一些大学生在走向社会后，发现自身仅仅具备专业基础知识，这是不够的。由于缺乏实践能力而无法适应社会和职场环境，因此有一些大学生选择了"回炉重造"，或利用空余时间来学习，参加职业培训，通过这样的方式提升自己的职业技能水平。

第二节　做好实习准备

📝 **课堂活动**

> 活动主题：整理实习须知。
>
> 活动内容：实习是大学生从学生迈向职场的重要一步，现在请大家自由发言，说一说在实习期间应该注意哪些事项，有哪些措施对实习有益，实习期有哪些禁忌等。全班共同编制一份实习须知，供大家共同使用。

实习不仅能巩固与提升大学生在学校中学到的知识，还能为未来的职业发展和就业做好铺垫、提供参考。但实习不同于社会实践活动，一般时间较长、工作专业性较强，并且对大学生的就业有较大影响。因此，大学生在正式实习前应该做足准备，争取能够有较好的实习表现。

一　做好实习心理建设

大学生做好实习前的心理准备是非常重要的。在和竞争对手条件旗鼓相当的情况下，往往心理准备充足、心理素质强的人会取得成功。因此，大学生一定要在实习前做好心理准备，具体而言，大学生可以从以下 5 个方面着手。

1. 要正确地评价自己

大学生实习，往往是为就业做准备的。因此大学生在参加实习前，最好能结合个人的兴趣、性格、价值观和能力等有针对性地选择实习岗位。正确地评价与认识自我十分重要，它能帮助大学生了解自身的特点，缩小职业选择范围并确定未来的职业发展方向。需要强调的是，能够选择与个人未来职业发展方向相近的实习岗位固然重要，但是也不要因此好高骛远、心比天高。在实习岗位上积累经验，发现自己的不足并加以弥补，为将来的就业奠定基础才是值得我们重视的。

2. 要对自己充满信心

一些大学生在实习前会畏首畏尾，觉得自己从未接触过工作内容，什么都不懂，生怕自己做不好，出差错，其实这都是很正常的事情。作为实习生，做事不专业、出点小差错是在所难免的，在遇到困难、挫折时，不要想着退缩，而要树立信心去克服它、挑战它；犯了错误，要总结经验汲取教训，争取不在同一个地方摔倒两次；要相信自己在学校里已经掌握了丰富的基础理论知识，只要踏实努力地去做，工作就一定会做得越来越得心应手。

3. 要做好角色转变的准备

在学校生活里，大学生往往习惯于轻松自然的学习环境，加之有学校的教务安排和老师的指导，往往会产生强烈的依赖心理，自律和自主性不强。参加实习后，周围是陌生的领导和同事，企业有严格的规章制度，再加上高强度、快节奏的职场生活，容易使大学生一时间无法适应和接受，导致产生逃避、悲观甚至放弃的消极态度。因此，大学生在校园生活期间，应该主动培养自己独立自主、吃苦耐劳的精神，养成遇到困难不逃避、不依赖，勇于面对挫折的独立人格品质，为之后快速融入职场生活做好积极准备。

4. 要有积极的工作态度

在职场生活中，每个人都有自己的工作任务和职责，因此企业可能并不会安排同事来带你，甚至也不会给你指定具体的工作内容。这时你应该积极主动地观察同事在工作中处理问题的方式，并乐于接受前辈布置的任务，遇到不懂的问题要主动询问，这样才能快速积累工作经验，从而能在工作中独当一面。

积极的实习态度是开启职业生涯大门的钥匙

伍婷婷刚刚被一家很有发展前景的会展公司录用为实习生。公司最近要承办会展场地的业务，每个人都忙各自的事务，没有人抽出时间来带这个新来的实习生。于是伍婷婷就从最基本的打杂工作做起，哪里需要她，她就去帮忙。在工作闲暇时间，伍婷婷经常翻看公司之前接手完成的项目案例，并认真学习，遇到不懂的问题就及时记录下来，并在同事空闲时进行询问。后来公司派伍婷婷跟着前辈一起去布置会展现场，伍婷婷趁着这次实地布置机会又积累了许多知识。

伍婷婷的认真努力公司都看在眼里，觉得这个年轻人对工作有很大的热情和上进心，认为她是个可用之人。于是在她实习期结束时，公司和她签订了协议，等她大学毕业，就可以成为公司正式的员工。

点评：案例中的伍婷婷作为一个实习生，并没有想着混日子，而是主动学习相关的知识与技能。她积极的工作态度收获了让自己满意的工作机会。在职场工作中，能力的高低固然重要，但更重要的是你对工作的态度。拥有积极进取的工作之心，是大学生顺利开展职场工作和长期良好发展的必要条件。

5. 要学会处理人际关系

与单纯的校园人际关系相比，职场的人际关系往往较为复杂，因此大学生要学会处理不同的人际关系，也只有懂得如何处理好人际关系，才能工作得更加顺心，把实习工作做得更好。对实习的大学生来说，最重要的就是待人诚信礼貌，真诚地对待同事和客户，重视与同事之间的团结协作与融洽相处，使自己处于一个和睦的职场氛围里，让自己的实习工作顺利进行。

二、梳理知识与专业技能

大学生在学校里学习的知识与专业技能是相辅相成的。只有专业基础知识扎实，专业技能才会更加突出。大学生只有将自己所拥有的知识与专业技能梳理好，根据自身情况有针对性地准备，实习才会达到事半功倍的效果。

1. 知识的梳理

在实习的准备阶段，大学生需要将自己已掌握的知识进行通透梳理，明确自己对知识能力把握的程度。

（1）专业学术知识。许多企业需要招聘专业知识型人才，这就需要应聘者有良好的专业知识基础。在步入职场生活后，你会发现每天很忙碌，能够用来学习、给自己充电的时间很零碎。只有作为一名学生，在学校才能有大量的时间去学习和涉猎知识，能够心无旁骛地去提高自己的能力。因此，大学生应该珍惜在学校的学习时光，充分利用每一分每一秒，丰富自己的专业知识和技能。

（2）外语知识。随着经济全球化的发展，掌握一门或一门以上的外语是每个大学生增强竞争力所必须具备的能力。越来越多的跨国公司来我国投资、创办企业，若应聘者没有良好的外语口语能力和读写能力，则连简单的日常工作沟通都没法完成，更别提未来的职业晋升了。因此，熟练地掌握一门外语能让大学生在众多的求职者中脱颖而出。

（3）其他知识。现在是一个多元化的社会，需要的知识也呈多元化结构。因此，大学生除了牢固掌握专业学术知识，还需要掌握一些其他有助于职业发展的知识。

① 基础通用知识。基础通用知识指除专业学术知识之外的知识，如法律知识、人文知识等。基本的法律知识是每个大学生都必须了解和掌握的。人文知识涉及的面很广，可以运用到各行各业当中，如文员、秘书、助理等文职工作者，以及导游、教师等职业。从某种意义上说，基础通用知识是一个人综合职业素养的体现。

② 办公知识与技能。办公知识与技能指电子办公与企业运营管理方面的知识与技能等。现代企业办公基本离不开互联网与计算机，这就要求大学生掌握网络与办公软件的应用，如 Office 办公软件、简单的图像处理软件等。在日常工作中，每个人都会不知不觉地参与企业的运营与管理，因此熟悉与企业相关的知识，能够帮助你快速正确地理解公司的动态和决策，使你与企业共同进步、共同成长。

2. 专业技能的梳理

除了对自身知识进行整理，大学生还要对在日常学习与生活中掌握的技能进行梳理。如果对自身技能掌握得不是很全面和熟练，可以询问他人来辅助完成专业技能的梳理。

（1）语言表达能力。语言表达能力指运用文字交流信息、表达思想感情、反映客观事物的能力，是一个人驾驭文字强弱的综合表现。良好的语言表达能力能够帮助大学生在工作中处理好公文写作、沟通、销售等各个环节的问题，直接关系到工作效率和工作质量。大学生在实习或就业面试的时候，其语言表达能力也是十分重要的考察内容。因此在平时的校园生活中，大学生应该通过多阅读书籍，多与人沟通，多参加辩论、演讲等活动，努力提升自己的语言表达能力。

（2）人际交往能力。人际交往能力指妥善处理组织内外关系的能力，通俗来讲就是处理自身与他人关系的能力。想要在社会中生存，人际交往能力是个人必须具备的能力之一。大学生在校期间，可以多参加社团活动、班级活动等，并尝试多结交不同类型的朋友，以培养自己的人际交往能力。

（3）组织管理能力。组织管理能力指为了有效地实现目标，灵活地运用各种方法，把各种力量合理地组织和有效地协调起来的能力，包括协调关系的能力和善于用人的能力等，是一个人的知识、素质等基础条件的外在综合表现。良好的组织管理能力能帮助大学生协调好与同事、上司、下属之间的关系，尽快融入新的工作环境和工作团队。因此，大学生在学校里应该多参与班级建设和院校学生会的管理工作，可以通过竞选班干部和学生会干部的方式，积极锻炼自己的组织管理能力。

（4）应变能力。应变能力指个人在外界事物发生改变时做出的本能反应，或经过大量思考后做出决定的能力。大学生步入社会后，筛选和分析每天接收到的各种信息，紧跟时代发展的步伐，以及在工作中处理各种突发的状况，都需要具备良好的应变能力。因此，大学生可以在学校学习知识的同时，积极参与社会实践活动，多关注国内外新闻，学习和借鉴他人的经验来提高自己的应变能力。

（5）创新能力。创新能力指人在思维中基于对已有经验和知识的加工消化，提出新概念、新知识、新见解的技能和本领。创新是一个民族进步的灵魂，是一个国家兴旺发达的不竭动力。如今国家正大力鼓励和提倡大众创新，作为接受高等教育的大学生，更应该培养自己的创新能力。

个人所拥有的知识与专业技能具有相辅相成的关系。首先，技能的获得是在掌握、学习知识的过程中实现的，随着知识的积累和熟练掌握程度的加深，技能也会相应获得提高；其次，技能的高低又影响获取、掌握知识的快慢、难易程度。大学生在日常生活中，不能只侧重某一方面，而要同时重视知识和技能的累积，实现自身的全面协调发展。

第三节　制订实习计划

📝 课堂活动

活动主题：设计实习方案。

活动内容：一个合理的实习方案能够为大学生的实习生活提供指导，请同学们为自己设计一个实习方案，要求包括实习内容、实习时间、要锻炼的技能、要培养的能力等内容。

学校与职场、学习与工作、学生和职员之间的差异是巨大的。实习可以让大学生开始了解、适应它们之间的差异，促进角色的转变，使自身能够适应工作、社会的需要，为将来离开学校后融入社会与职场生活做好准备。大学生需要明确实习的价值，并在了解其重要性的基础上，结合自身的情况和条件，制订相应的实习计划。

一、明确实习的价值

实习是大学生在步入职场生活前的重要实践环节。通过实践，大学生能够检验自身对于理论知识的掌握程度，修补自身薄弱的环节，巩固提高所学的专业理论知识，还能在实践中发现课本中并未提及的东西，扩大自己的知识面，加深对原有理论的理解和消化。同时，实习还能让大学生更加全面地认识和了解自己所感兴趣的某一行业或领域，并思考自己与该行业或领域的契合度。

1. 将课本上的知识与行动进行转化，发现自身不足

通过实习，大学生能够把在课本上学到的知识运用到实际的操作中去，在具体的实践过程中发现自己的问题，再反过来补充和巩固所学知识。这就好比学数学一样，原理记得再牢固，公式背得再熟练，不勤于做题的话，依然无法掌握该公式原理的用法。实习对大学生来说，是一个很好的查漏补缺、检验自身的机会。

2. 加深对职业的了解，为自身角色的转变做准备

通过实习，大学生可以了解自己选择的职业发展方向是否符合自身，也能够深入了解某一行业或企业的文化氛围，能够知晓自身与该行业或企业用人要求之间的差距，还可以明白自己是否真正喜爱这个职业，逐渐明确自己的未来职业规划，知道自己想要的是什么，以及需要付出和能得到的东西，因而开始调整自身为人处世等的行为方式，开始尝试从学生向员工的角色转变。这有助于大学生思考当下职业生涯规划的合理性，为未来的就业做出更加科学、理性的选择。

3. 增加就业竞争优势

每个企业在招聘的时候，侧重点都有不同，有的重视学历，有的重视专业等。但大多数企业特别重视的一点是，应聘者是否具有相关工作经验。相较于那些在学校中单纯学习的竞争者，拥有实习经历的大学生更容易受到企业的青睐。因此，实习经历成为大学生在未来应聘工作的竞争优势，会增加成功就业的筹码。

4. 获得一定的报酬，作为就业创业的储备基金

大学生利用空闲时间去企业实习，不仅能够得到相应的工作经验，还能获得相应的实习报酬。对想要创业的大学生来说，这两者都是自身所缺乏的，积累一定的工作经验和资金有助于后续创业计划的顺利开展。

二、结合自身状况制订实习计划

无论做什么事情，都需要有未雨绸缪的想法，要有明确的计划与目标。在实践的过程中，计划就是大学生行动的标尺和灯塔。遇到任何问题，大学生始终不要过于偏离计划的方向，这样才能少走弯路和节约时间。但是，也不能盲目计划，需从实际出发，结合自身条件及状况来制订。下面讲解大学生如何制订实习计划及相关的文书内容。

1. 制订实习计划的步骤

制订实习计划和制订职业生涯规划是大同小异的。制订实习计划的步骤如图 8-1 所示。

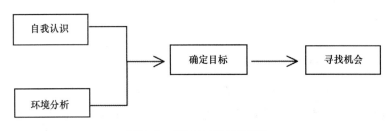

图 8-1　制订实习计划的步骤

（1）自我认识。与制订职业生涯规划一样，自我认识是制订实习计划的首要步骤。通过学习，大学生已经了解了自身的兴趣、性格、能力与价值观，对自身有了总体的了解。大学生通过自我认识，可以客观地总结自己的优势和职业倾向，明确自己的职业定位与核心竞争力，从而可以帮助自己较快地锁定未来职业的发展方向，并根据这些发展方向来选择实习的行业领域。

（2）环境分析。现代社会是知识经济型社会，大学生对未来职业世界的判断和决策依赖于对社会环境和行业环境的认知。从客观上看，大学生现在所处的是一个极其有利的外在大环境，经济发展良好，对各类型人才的需求量大大激增，但这也在无形中增加了大学生的竞争压力。行业环境主要包括各行业的市场结构、运行状况和竞争态势等方面，在分析行业环境时，主要分析的是行业状况、职位环境、企业前景和地域因素这 4 个方面。在实习计划制订阶段已经确立了职业实习定位的情况下，大学生应该尽量选择有前景、发展空间较大的行业。

（3）确定目标。一旦确定了实习方向，接下来就要明确自己的目标是什么。一个好的目标的设定，是实习计划中的核心内容。管理学大师彼得·德鲁克在其著作《管理实践》中首先提出了目标管理 SMART 原则，书中提到："管理人员一定要避免活动陷阱，不能只顾低头拉车，而不抬头看路，最终忘了自己的主要目标。"这一套原则同样可以运用到个人目标设置上来。

① S（specific，明确性），指目标设置必须具体、明确。所谓明确就是清晰、不模糊，要用具体的量化性语言来说明想要达到的目标。例如，目标设置为"会弹钢琴"就很模糊，而"拿到钢琴考试十级证书"就明确得多。

② M（measurable，可量化），指目标设置必须可衡量、可度量。这就需要大学生为自己的目标设置标准，以衡量目标是否达成。例如，"大学期间取得优秀的成

绩"这个目标就缺乏可以衡量的标准，成绩究竟多少才算优秀呢？所以不妨设置为"大学期间每门科目考试成绩在 90 分及以上"。

③ A（attainable，可实现），指设置的目标必须可以达到。大学生在设立实习目标时，不能好大喜功，也不能妄自菲薄，要实事求是地从自身条件出发，设置一个通过不断努力可以实现的目标。

④ R（relevant，相关性），指设置的目标要有相关性。如果实现了这个目标却和其他目标的相关性不大，那么这个目标的设置和实现是没有什么意义的。例如，一名英语专业的大学生，实习的岗位是培训机构的英语教师，那么这个大学生可以设置培养教学管理能力的目标，因为这有助于提高授课能力，而如果设置了学习编程技术的目标，就和英语教师这个职位没有什么关系了。大学生设立实习目标，一般要和自身专业及职业倾向相结合。

⑤ T（time-bound，时效性），指设置的目标要有明确的截止期限。例如，设置目标为"我将在 6 月 30 日之前完成大学计算机基础课程的学习"，那么"6 月 30 日"就是明确的目标时间限制。明确的时间限制能够促使大学生合理地安排目标达成的进程，做到科学合理地规划时间，而不是贸然赶工或是无限期地拖延。

（4）寻找机会。在确立了实习目标的情况下，大学生就应该着眼于寻找和实习目标相关的实习机会。不过能够完全符合目标的实习机会少之又少，大学生需要适时地对计划和目标进行调整，多关注相关企业单位的网站动态，同时也要多留意学校教务信息网站上发布的实习信息。

2. 实习计划的文书内容

完成了实习计划与目标的酝酿后，接下来就要以文字的形式将其展现出来，以便理清自己的思路，随时进行修改。以下是实习计划书包含的 5 项内容。

（1）实习目标。确立自己的实习目标，也就是明确实习的职业选择方向，以及通过实习想要收获什么。实习目标不一定是单一的，可以是 2 ～ 3 个备选的实习目标和职业，这样可增加实习工作选择的范围和灵活性。

（2）自我评估与认识结果。主要是分析自己目前的状况，对自己的兴趣、性格等有一定的剖析，可以在实习计划书中呈现一些自我认识的测评分析和结果。

（3）环境与行业分析。环境与行业分析，需要大学生脱离学生这一角色，站在较为宏观的立场上，搜集综合资料，对目前国家环境或某一行业进行大体的了解，通过了解和认清环境与行业来寻求自身更好的发展机会。

（4）实施方案。将实习目标分解成几个小目标，并分步实施。实习目标一般可分为阶段目标、短期目标和长远目标 3 类。阶段目标是指当前需要做的事情，包括寻找实习机会，在实习中积累什么样的经验，想要培养自己什么样的技能等。短期目标指实习结束后必须达到的目标，如确定真正适合自己的工作，适应企业工作环境和企业文化理念等，同时找出自己与企业要求之间的差距，制订具体的计划来缩小差距。通过实习阶段的磨炼与学习，大学生拥有独当一面的工作能力，可顺利开启自己的职业生涯。

（5）评估标准。设定衡量此计划是否成功的标准，并设置计划实施没能成功达到目标的调整方案。

大学生制订实习计划后，一定要一步一个脚印地去按照计划完成。凡有想法或决定，一定要躬行实践，不然所制订的计划也只是表面功夫，并不能让自己有所提升和进步。

第四节　做好求职准备

📝 课堂活动

活动主题：招聘信息库。

活动内容：实施职业生涯规划，最终要落到就业上。请同学们通过网络搜集本专业相关岗位的招聘信息，并与同学们分享，建立起招聘信息库。招聘信息要求包含岗位、用人单位、待遇、工作内容等。

在实习结束后，大学生就将面临求职的问题。求职是大学生职业生涯的第一步，后续的职业生涯规划都以此为起点。这一步能不能走好，对大学生的职业发展至关重要，因此大学生一定要做好准备。

一、获取就业信息

获取就业信息是大学生求职的第一步，可以说，大学生了解的就业信息越全面、越准确、越及时，找到合适职位的可能性就越高。

1. 什么是就业信息

就业信息是指求职者利用各种渠道，获悉在一定的时空和条件限制下用人单位的人才需求信息及与此相关的情况，是经求职者理解、加工处理后，用以作为择业参考的消息、知识、资料与情报。对大学生来说，最需要关注的是以下3类信息。

（1）关于职业的信息。关于职业的信息是指与用人单位用人需求相关的信息，如用人单位介绍（企业简介）、岗位职责和薪酬福利等。

（2）应聘条件信息。应聘条件信息通常是指用人单位对求职者的知识、能力、年龄、性别、身高、体力和相貌等条件的要求，是基于完成岗位职责的基础上，求职者需要具备的行为能力与素质。其一般包括教育程度、工作经历、知识和技能、团队精神、职业道德、沟通能力等，不同岗位的应聘条件信息的侧重点会有所不同。

（3）就业程序信息。就业程序信息是指用人单位对求职者求职流程的展示内容，包括报名手续、应聘方式、联络方法、考核内容、面试与录用程序和截止日期等。

2. 就业信息的获取渠道

在激烈的就业竞争中，谁的就业信息收集得及时、全面、质量高，谁选择职业的视野就越开阔，就业的主动性就越强。大学生在就业过程中，应该着重关注各种就业信息，了解和掌握各种就业信息的获取渠道。随着互联网的发展和普及及新媒体的崛起，大学生就业信息的获取渠道得到了极大的拓展，具体介绍如下。

（1）学校就业指导机构。高校专门设立了为大学毕业生就业提供服务的机构，如毕业生就业指导中心、就业工作处或就业办公室等。这类机构所提供的信息，无论是全国性的、地方性的还是行业性的，大多来自政府部门或大型企业，主要由用人单位根据高校学科专业设置提供。该途径的准确性、权威性、可信度非一般就业渠道可比，而且通过这个渠道获取的信息，专业对口性强、成功率高，是令大学毕业生放心的就业信息渠道。

（2）校园招聘会。校园招聘会是指各个企业直接到高校开展的招聘活动，它搭建起了大学毕业生与用人单位之间的桥梁，可以实现充分的双向交流。校园招聘会一般是当年11～12月、下一年3～4月，在各高校举行，每年年底，各大城市也会举办相应的大型校园招聘会。

（3）网上招聘。由于互联网无可比拟的便捷性及信息的多样性，通过互联网获得就业信息已成为现代大学毕业生获取信息的主要渠道。互联网上存在大量的招聘网站，如智联招聘、前程无忧、BOSS直聘、猎聘网、中华英才网、58同城等，大学毕业生可通过各网站提供的岗位，结合自身情况与用人单位联系，传达就业意向。而且，通过招聘网站，大学生还可以留下自己的简历、联系方式、就业目标等关键信息，让用人单位能够精确地找到自己。

（4）社会关系。个人从自己的社会关系网中也可以得到很多就业信息。朋友、家人及其他社会关系都属于个人的社交范围。由于他们分布在社会的各个领域、各条战线，因此通过他们了解和收集就业信息的针对性更强，信息的可信度和有效度都会比较高。

（5）新媒体。近几年，新媒体凭借其社交性、互动性和多元化等优势大行其道，已经成为一种非常重要的就业信息获取渠道。很多用人单位会通过微博、抖音等自媒体平台发布就业信息。

（6）人才中介代理机构。人才中介代理机构提供的就业信息多数面向有经验的工作者，但仍不失为大学毕业生收集就业信息的补充渠道。目前，我国省、市、区相继建立了劳务市场或人才交流中心，为大学毕业生提供就业信息服务。

二、准备个人简历

在求职过程中，大学生需要向用人单位展示自己的基本情况、入职的意愿、胜任岗位的能力及联络方式等，这就需要使用个人简历。同时，个人简历也是用人单位了解应聘者的主要材料，因此大学生需要事先准备好。

1. 什么是个人简历

个人简历反映了大学生求职者的简要经历，是大学生学习、生活、实践和工作的经历与成绩的概括和总结。个人简历能直接和全面地向用人单位呈现大学生的个人信息。从大学生的简历中，用人单位能够直接了解该大学生在专业知识、个人能力、性格品德、工作经验和实践业绩等方面的综合表现。

个人简历包含了求职者及其应聘职位的相关信息，通常会因个人情况不同而导致具体内容有所差异，大学生在求职时制作的个人简历通常包括以下内容。

（1）封面。在个人简历中，封面并不是必需的，但封面可以保护个人简历的内页内容不受污损，也可以展示求职者的风格，体现求职者对于求职的重视，可以酌情添加。个人简历的封面设计应该简单，写明"简历"即可，也可再加上姓名、求职意向等信息。

（2）标题。常用标题有"简历""个人简历""求职简历"等。

（3）个人基本情况。个人基本情况主要包括姓名、性别、年龄（出生年月）、籍贯、民族、学历、身体状况、政治面貌、学校、专业、毕业时间等。填写个人简历中的个人基本信息时，应讲究条理性和"点到即止"，写出关键信息即可。

（4）联系方式。联系方式主要包括通信地址、电话号码、电子邮箱、微信或QQ号码等，大学生一定要留下自己最常用的联系方式，确保第一时间收到消息。

（5）求职意向。求职意向即想要入职的岗位，该项务必填写明确，如"求职意向：行政助理"。

（6）教育经历。教育经历主要是大学生从高中阶段至就业前所获得最高学历教育阶段之间的教育经历。对大学生的个人简历来说，教育经历是排在前列的重要信息，包括毕业学校、所学专业、所获学位等。大学生在填写时，注意时间上应该是倒序，把自己获得的最高学历写在前面，即"大学－中学"或"博士－硕士－学士"。

（7）主要课程。主要课程即对在校学习的主要课程（主修课、辅修课与选修课）进行罗列，尤其是体现与所谋职位相关的学科和专业知识。为了强调专业特长（尤其是特殊专业），大学生也可以把与应聘工作相关的课程集中起来（特别是专业课程），使用人单位能够一目了然。

（8）实习实践经历。实习实践经历及所获得的技能是大学生个人简历的核心部分，是反映大学生生产实践能力和岗位适应能力的重要参考内容。无论是全职还是兼职，是校园实习还是社会实践，是发表的文章还是科研成果等，都可以算是大学生的实习实践经历。

（9）等级证书情况。求职者的外语及计算机水平越来越被用人单位重视，因此大学生在个人简历中应当写明自己的英语四（六）级证书、计算机等级证书。同时，按照应聘的工作内容，大学生在简历里还可写明普通话水平测试等级证书、机动车驾驶证及各种职业资格证书等。

（10）获奖情况。大学生在个人简历中也需要将在校期间获得的各种奖励、奖学金或其他荣誉称号列举出来，在罗列奖项时一般应采用时间倒叙的形式，或者按使用价值从大到小的顺序进行排列。

（11）能力。能力部分内容应包括自己所接受的教育和培训，因为教育和培训可以转化为能力，能力是求职择业和事业成功的重要保证。大学生既要写明自己具备的工作能力，如专业能力、写作能力、学习能力等，还要写明自己具备的独立性、抽象性、敏锐性等思维能力。

（12）兴趣爱好。兴趣爱好可反映出自己的品德、修养、社交能力及协作能力等。大学生可以挑选一两个与工作相匹配的兴趣爱好进行简单说明。如果没有兴趣爱好也可不写，而描述自己的性格特点。

（13）自我评价。自我评价一般是概括自己的突出优势、工作态度或座右铭。

2. 写作个人简历的原则

写作个人简历并不需要依照固定的格式，但为了清楚地表达信息，同时尽量获得用人单位的认可，大学生在写作时也要遵循一些原则。

（1）真实客观。诚信是立身之本，没有一家用人单位愿意录用不诚信的人。个人简历是大学毕业生交给企业的第一张"名片"，更不可不真实。大学生应该客观描述自己的情况，尽量避免主观性评价。例如，"本人对待工作严谨且认真负责，在实习过程中有出色的表现"。这种主观性评价很难令用人单位信服，不如直接提供具体的展示能力的事实和数据。例如，"本人在实习过程中，连续两个月综合绩效排名前三"。

另外，对于自己的能力描述不可以夸夸其谈，可以选择优化处理，即可以把自己的强项突出展示，将弱项进行忽略。另外，谈能力时也不要空谈，而应借用相关的事实材料进行衬托，如"本人动手能力强，在实习期间独立排除了某故障"。

（2）重点针对。用人单位的相关负责人往往会阅读很多份个人简历，浏览每一份个人简历的时间有限。如果求职者在个人简历中没有突出工作和职位的重点内容，没有围绕一个求职目标来写，或将自己描述成一个适合于所有职位的求职者，则很可能无法在求职竞争中胜出。

求职者在一份个人简历中，应该有针对性地围绕一个求职目标，针对用人单位和职位的需求，突出自己与之相应的能力与经历。例如，要应聘一个程序员岗位，求职者就应突出自己写过什么程序，而不要长篇累牍地写如自己当过销售。

大学生如果求职于不同的行业、不同的公司和不同的职位，就应该针对不同的要求制作不同的个人简历，而不要将同一份个人简历投向多家企业。用人单位招聘的通常是适合某一个特定职位的人，含糊的、笼统的、毫无针对性的个人简历无法吸引用人单位的注意。

（3）简洁有力。简洁是指个人简历的内容应该简短且富有感召力，简历的"简"就是指简洁。个人简历越长，被认真阅读的可能性越小。大学生的个人简历应该限制在一页以内，个人概况的介绍尽量使用短语，做到言简意赅。另外，个人简历中可以写一段总结性的语言，陈述自己在求职上最大的优势，然后在个人介绍中，将大学生求职者的职业发展规划与担任本岗位的优势，以过往经历和成绩的形式加以叙述。

有力则是指个人简历中要陈述有力信息，以尽量避免在简历筛选阶段就被淘汰。在个人简历涉及的内容中，相应的教育背景、技术水平和能力是大学生在求职过程中取得成功的关键，只有符合这些关键条件，并将这些信息在个人简历中进行陈述，才能打动用人单位并赢得面试机会。

第五节　拓展阅读——大学生社会实践活动的内容

2014年，中共中央宣传部、中央文明办、教育部、共青团中央联合发布的《关于进一步加强和改进大学生社会实践的意见》（以下简称《意见》）中指出：大学生参加社会实践，了解社会、认识国情，增长才干、奉献社会，锻炼毅力、培养品格，具有不可替代的重要作用，对于培养中国特色社会主义事业的合格建设者和可靠接班人具有极其重要的意义。

《意见》要求动员社会各方面力量支持大学生参加社会实践活动，制定社会各方面力量支持大学生社会实践活动的政策和具体办法，不断丰富社会实践活动的内容。以下是《意见》提出的，大学生社会实践活动应包括的具体内容。

（1）进一步加强以教学实践、专业实习为主要内容的实践教学。把实践教学作为课堂教学的重要组成部分和巩固理论教学成果的重要环节，使大学生在参与实践教学的过程中，深刻体会蕴涵在各门课程中反映人类文明成果、弘扬民族精神、体现科学精神、揭示事物本质规律的内容，培养大学生的创新精神和实践能力。要把实践教学的要求落实到每一个部门、每一门课程和每一位教师，体现在专业培养计划、课程教学大纲和教师的岗位职责中。要着重解决好实践教学经费投入、实验教学资源、实习教学质量、毕业设计质量、实践教学管理等方面存在的问题和不足。

（2）认真组织军政训练。要把军政训练作为必修课，纳入学校整体教学计划，认真组织实施，使大学生在军政训练中提高思想政治觉悟，增强国防观念和国家安全意识，培养爱国主义、集体主义、社会主义和革命英雄主义精神，加强组织纪律观念，发扬艰苦奋斗、吃苦耐劳作风。要积极争取解放军和武警部队的支持，选派优秀指战员组织指导大学生军政训练。

（3）深入开展社会调查。要组织大学生围绕经济社会发展的重要问题，开展调查研究，提出解决问题的意见和建议，形成调研成果。高校要加强对大学生社会调查的选题、途径、过程的管理和指导，开设社会调查课程或讲座，帮助大学生正确认识社会现象，掌握科学研究方法，提高分析问题和解决问题的能力，努力把握事物的本质和规律。本、专科生和研究生在校期间每人至少要开展一次社会调查，写出一篇较高质量的社会调查报告。

（4）广泛开展生产劳动和社会服务。高校要创造条件，引导大学生参加生产劳动，培养大学生的劳动观念和职业道德。大力倡导大学生参加志愿服务等公益活动，引导大学生运用所学知识和技能服务人民，奉献社会，培养为人民服务的道德观，弘扬社会主义道德风尚。要拓展社会服务的新领域、新载体、新形式，鼓励大学生参加志愿服务西部计划、贫困地区支教计划、青春红丝带志愿行动等活动。要把大学生志愿者纳入中国青年志愿者规范管理的范畴，激发大学生参与社会服务的热情，带动更多大学生参与到志愿服务中来。

（5）大力开展科技发明。引导大学生在社会实践中参与技术改造、工艺革新、先进适用技术传播，为经济社会发展献技出力，不断提高大学生的科学素养，培养良好的学术道德，弘扬求真务实、开拓创新的科学精神。要规范和促进大学生科技成果转化，鼓励大学生开展创业实践，提高创业技能。

（6）扎实开展勤工助学。要为大学生参加勤工助学创造条件，建立规范有效的勤工助学管理制度，鼓励大学生在完成学业的同时，积极参加勤工助学活动。各级政府要广开渠道，努力帮助经济困难的大学生参加勤工助学，取得合理的经济收入，增进对社会和国情的了解。要加强大学生参加校外勤工助学活动的管理，维护大学生的合法权益。坚决禁止大学生参与传销等非法活动。

（7）积极开展"红色之旅"学习参观。要组织大学生到革命纪念地、改革开放前沿和经济社会发展成效显著的地方学习参观，了解中国革命、建设和改革开放的历史和成就，增强大学生对党的感情，对中国特色社会主义的热爱，激发他们全面建设小康社会、实现中华民族伟大复兴的责任感。要充分发挥博物馆、纪念馆、展览馆、烈士陵园等爱国主义教育基地的教育作用。学习参观要突出教育主题，增强教育效果，力戒形式主义。

案例启发

我国党和政府一贯重视大学生社会实践活动，认为大学生社会实践活动具有重要意义。《意见》中为大学生指出了 7 个具体的社会实践活动，这些社会实践活动各有侧重，对大学生的成长和发展有重要的作用。作为新时代的大学生，应该深入参与以上社会实践活动，在实践活动中锻炼自己的身体、提升自己的能力、武装自己的精神，做更好的自己！

第六节　自我评估

以下测试包括心理健康水平测试和求职准备测试。心理健康水平测试能够帮助大学生在实习或求职时了解自己的心理健康水平，发现问题可以及时干预。求职准备测试可以帮助大学生了解自己的求职准备情况。

 测试一　心理健康水平测试

〖测试说明〗

本测试共 40 道题目，对于题目内容，如果感到常常是，画"√"（2 分）；偶尔是，画"△"（1 分）；完全没有，画"×"（0 分）。注意：本测试结果仅供参考，不代表最终结论。

1. 平时不知为什么总觉得心慌意乱，坐立不安。（　）
2. 上床后，怎么也睡不着，即使睡着也容易惊醒。（　）
3. 经常做恶梦，惊恐不安，早晨醒来就感到倦怠无力、焦虑烦躁。（　）
4. 经常早醒 1～2 小时，醒后很难再入睡。（　）
5. 学习的压力常使自己感到非常烦躁，讨厌学习。（　）
6. 读书看报甚至在课堂上也不能专心一致，往往自己也搞不清楚在想什么。（　）
7. 遇到不称心的事情便长时间沉默少言。（　）
8. 感到很多事情不称心，无端发火。（　）
9. 哪怕是一件小事情，也总是很放不开，整日思索。（　）

10．感到现实生活中没有什么事情能引起自己的乐趣，郁郁寡欢。（　）

11．老师讲概念，常常听不懂，有时懂得快忘得也快。（　）

12．遇到问题常常举棋不定，迟疑再三。（　）

13．经常与人争吵发火，过后又后悔不已。（　）

14．经常追悔自己做过的事，有负疚感。（　）

15．一遇到考试，即使有准备也紧张焦虑。（　）

16．一遇挫折，便心灰意冷，丧失信心。（　）

17．非常害怕失败，行动前总是提心吊胆，畏首畏尾。（　）

18．感情脆弱，稍不顺心就暗自流泪。（　）

19．自己瞧不起自己，觉得别人总在嘲笑自己。（　）

20．喜欢跟年幼或能力不如自己的人一起玩或比赛。（　）

21．感到没有人理解自己，烦闷时别人很难使自己高兴。（　）

22．发现别人在窃窃私语，便怀疑是在背后议论自己。（　）

23．对别人取得的成绩和荣誉常常表示怀疑，甚至嫉妒。（　）

24．缺乏安全感，总觉得别人要加害自己。（　）

25．参加春游等集体活动时，总有孤独感。（　）

26．害怕见陌生人，人多时说话就脸红。（　）

27．在黑夜行走或独自在家有恐惧感。（　）

28．一旦离开父母，心里就不踏实。（　）

29．经常怀疑自己接触的东西不干净，反复洗手或换衣服，对清洁极端注意。（　）

30．担心是否锁门和可能着火，反复检查，经常躺在床上又起来确认，或刚一出门又返回检查。（　）

31．站在悬崖边、大厦顶、阳台等地方时，总有摇摇晃晃要掉下去的感觉。（　）

32．对他人的疾病非常敏感，经常打听，深怕自己也身患同病。（　）

33．对特定的事物、交通工具（电车、公共汽车等）、尖状物及白色墙壁等稍微奇怪的东西产生恐怖。（　）

34．经常怀疑自己发育不良。（　）

35．一旦与异性交往就脸红心慌或想入非非。（　）

36．对某个异性伙伴的每一个细微行为很注意。（　）

37．怀疑自己患了癌症等严重不治之症，反复看医书或去医院检查。（　）

38．经常无端头痛，并依赖止痛或镇静药。（　）

39．经常有离家出走或脱离集体的想法。（　）

40．感到内心痛苦无法解脱，只能自伤或自杀。（　）

〖测试分析〗

计算自己的得分，测试结果如下。

0～8分：心理非常健康，生活态度积极向上，已经做好了实习的心理准备。

9～16分：大致属于健康的范围，针对个别自身难以消化和调节的问题，可以找同事、直属上司或者实习带队老师聊聊。

17～30分：心理方面有一些障碍，应采取适当的方法进行调适，或找学校心理辅导老师帮助你。

31～40分：可能患了某些心理疾病，应找专门的心理医生进行检查治疗。

41分以上：有较严重的心理障碍，应及时找专门的心理医生治疗。

 测试二 求职准备测试

〖测试说明〗

根据自己的实际情况回答以下问题，如果符合自身的情况，回答"是"，不符合回答"否"，不太清楚的则回答"不确定"。回答结束后对照评分标准表计算自己的得分，如表8-1所示。注意：本测试结果仅供参考，不代表最终结论。

1. 你还不太想就业。

2. 你对将要面试的岗位所知不多。

3. 你的社会实践经历对接下来的求职没有帮助。

4. 你已经参加过与就业岗位相关的实习或社会实践。

5. 你在求职多个不同的职业或岗位时，使用同一份简历。

6. 你已经准备好了如何回答面试官的问题。

7. 你已经准备好了面试所需的一身行头。

8. 你认为接来下的求职是非常困难或非常轻松的。

9. 你常想象自己工作后的场景。

10. 你满怀信心在工作上取得出色的成绩。

表8-1 评分标准表

题 号	"是"评分/分	"否"评分/分	"不确定"评分/分
1	−1	2	0
2	0	4	1
3	0	2	1
4	4	−2	0
5	−1	2	0

续表

题　　号	"是"评分 / 分	"否"评分 / 分	"不确定"评分 / 分
6	3	−1	0
7	2	0	1
8	0	2	1
9	3	0	1
10	2	0	1

〖测试分析〗

计算表 8-1 的得分总和，分析参考如下。

22 分以上：说明被测试者对于求职的准备很充分，他已经跃跃欲试地想要投入工作了。

11 ～ 21 分：说明被测试者有一定的求职准备，但是可能有过于理想化、认识不充分的问题。

10 分以下：说明被测试者的求职准备不足，可能会在求职上遭遇困难。

第七节　思考与练习

1. 有的大学生表示："实习就是去给企业充当廉价劳动力，根本学不到知识和技能，简直是浪费时间！"这种想法是否正确？请运用本章所学的知识来反驳这样的观点。

2. 近年来，我国公安机关多次破获借实习或社会实践活动之名进行诈骗的案件。大学生在参加社会实践活动或实习时，应该如何保护自己的合法权益？怎样才能识别出相关的骗局？

3. 请同学们讨论并分享：在同一社会实践活动或实习中如何取得更多的收获？

4. 请写作一篇实习日记，记录实习中难忘的事。如果你还没有参加过实习，请写一篇社会实践活动的感悟。

5. 阅读以下材料，回答问题。

出于改善自己生活、增加零花钱的目的，安安去学校勤工俭学部申请当家教。安安所学的专业是数学，因此很快就找到了一份辅导高中三年级学生完成数学作业的兼职工作。这份工作感觉挺轻松的，一周补习 3 次，一次两小时。安安想着自己经历过高考，又是学数学专业的，补习的那些功课对他来说是小菜一碟，所以并没有认真做准备。很快第一次补课开始了，安安信心满满地翻开该学生的习题本，打算给他讲解他不会的题目并针对他的弱点进行一些加强练习，但是让安安感觉很窘迫的是，以前对自己来说很简单的题目，却因为和现在所学知识联系少，有些知识的记忆不是很深，因此花了不少时间才把题目做出来，事后安安觉得又羞愧又后悔。此后，安安在每次补课前认真备课，温习以前学过的知识点和运算公式，对学生的补课辅导做得越来越顺畅，学生的数学成绩也在一次次考试中不断提高，这让安安感到非常骄傲。安安也在一次次的备课与"温故"中，对以前的知识有了新的认识，进一步强化了自己的数学基础能力。这次的勤工俭学让安安收获颇多，如果可以的话，安安希望能有更多的机会去尝试不同的兼职工作。

（1）本案例中，社会实践活动给安安带来了哪些积极、正面的影响？

（2）安安的社会实践活动有哪些值得我们学习的地方？

第九章 管理职业生涯规划

学习目标

认识管理职业生涯规划的重要性。
掌握评估和修正职业生涯规划的方法。

素养目标

能根据现实情况合理管理职业生涯规划，实现自身较好的职业发展。

案例导入

张小伟是个活泼开朗的大男孩，以优异的成绩毕业于某沿海大学的管理学专业。

在上大学的时候，张小伟的职业生涯目标是成为一家跨国公司的销售总监。在毕业后的两年里，他换了3份工作，目前在一家小公司里做销售管理。根据张小伟的职业生涯规划，这相当于完成了短期目标。

但是张小伟对现在的状况不是很满意，他觉得现在的工作状态过于平稳，想谋求更具挑战、更好的发展，这样才符合自身的性格。于是，张小伟开始修正自己的职业发展道路。

最终他备选了3个方向：一是继续就业；二是读MBA（master of business administrdtion，工商管理硕士）深造；三是出国到公司总部积累经验。

在经过几番权衡之后，张小伟选择了最适合自己的MBA深造之路。他相信，在MBA毕业后，自己的职业发展将更上一层楼。

案例思考

1. 张小伟为什么要修改自己的职业生涯规划？
2. 大学生如何对自己的职业生涯规划进行合理的调整？

职业生涯规划是贯穿大学生整个人生的长期规划。在如此漫长的时间跨度中，大学生会经历很多事情，内外部环境也会发生巨大的变化，兴趣可能转移、能力可能进步、行业可能衰落。如果大学生不能根据这些因素的变化及时调整自己的职业生涯规划，那么就难以实现预定的目标和效果。综上，大学生需要对自己的职业生涯规划进行有效的管理。

第 一 节 管理职业生涯规划的意义和方法

📝 课堂活动

活动主题：我该怎么办？

活动内容：你在单位工作了好几年，年年的工作成绩都数一数二，老板也表示会提拔你，但每次提拔的都是其他人，让你再等一等。请问遇到这种状况，你会如何处理，请和同学讨论。

大学生不能机械地实施自己的职业生涯规划，在自己职业生涯中，也不能忽视对职业生涯规划的管理。如果大学生不能有效管理自己的职业生涯，就无法有效应对内外部变化，进而无法取得职业生涯的成功。

一 管理职业生涯规划的意义

在步入职场生活后，随着对职场环境认识的逐步加深，大学生开始对自己的职业生涯进行管理，这是一种对前期职业生涯规划的延伸和完善。职业生涯规划管理对大学生个人来说至关重要，从某种程度上说，它是一个人能否成功的关键因素之一。

1. 能够逐步提高自己的工作能力

通过职业生涯管理，尤其是在有了一定的职业发展目标之后，大学生能够认识到自己的优缺点，并努力改正自己的缺点，提升自己的能力，使自己符合职业发展目标的要求。

2. 能够不断提升自我价值

有的人最初的工作目标可能是让自己不再待业，能够养活自己，但随着职业生涯的开展和对其的管理，所追求的目标可能会发生改变，如开始追求财富、地位、名望，甚至是追求更高层次的自我价值的实现。

二、管理职业生涯规划的方法

大学生只有亲自进入职场生活中，对职场环境有了充分的认识后，才能反过头来完善之前制订的职业生涯规划，使职业生涯规划与职业环境相匹配。对大学生而言，管理职业生涯规划的方法有以下几点。

1. 积极配合单位安排

用人单位也会参与员工的职业生涯发展，如为员工做好能力评估和反馈工作、为员工提供多种职业发展道路、为员工提供培训等学习发展机会。大学生进入职场后，应该积极配合单位的安排，不断提高自己。

2. 不断提升自己的能力

大学生只有不断努力提高自己的专业知识、技能和工作能力，才能确保职业生涯的顺利进行。因此，无论处于职业生涯的哪一阶段，大学生都要本着"学无止境"的想法去认真努力地学习与提高自我。

3. 遵循职业生涯发展变化的客观规律

很多同学在大学期间完成了初次职业生涯规划后，再也没有对其进行过修改，导致当初制订的职业生涯规划与现实脱轨。一切事物都是在变化发展的，大学生应当增强个人的职业生涯规划意识，能对职业生涯规划进行适时修改。

4. 采取积极行动去争取职业目标的实现

大学生可向企业说明自己的职业生涯规划，与企业共同制订双方都能接受的目标达成实施方案。

阅读材料

根据实习经历进行职业生涯规划调整

陈虹是某大学法学专业大学三年级的学生，为了减轻家庭经济负担，入校之后她便立志找一份薪水不错的工作。在校期间，她扎扎实实学习，并获得了优秀的成绩，打算一毕业就投入工作。

在大学四年级实习的时候，陈虹通过努力，成功进入当地一家知名的律师事务所担任律师助理，并打算认真工作，及早转正。陈虹在这家律师事务所认识了许多学历和能力很优秀的同事，在与一位资深律师沟通时，陈虹了解到，律师事务所对陈虹很看好，但是律师事务所最近几年招聘的大多是研究生，如果陈虹以本科生的身份参与招聘，就算成功入职，之后的发展也可能受到限制。

陈虹跟父母认真沟通了自考的想法并得到了父母的支持。在跟老师和学长咨询后，陈虹确定了考研的想法并制订了详细的学习计划。在陈虹的努力下，她成功考上了研究生。通过这次职业生涯规划的评估调整，陈虹最后确定了当律师的职业目标，并准备投入研究生阶段的学习。

　　点评：陈虹本打算一毕业就投入工作，但是在实习的过程中，发现自己的学历并不能满足自己理想工作的要求，于是调整了自己的职业生涯规划，决定考研。最终，陈虹成功考上研究生，得以继续向自己的职业生涯目标前进。

职业生涯规划的评估

📝 课堂活动

　　活动主题：评估学习计划。

　　活动内容：想必此时，同学们之前制订的学习计划已经实施了一段时间。请同学们拿出之前制订的学习计划，看一看执行情况如何？有哪些内容没能得到有效的执行？未能执行的原因是什么？

　　通过刚才的活动，大学生可以发现，所制订的学习计划多多少少会有一些执行不到位的地方，其原因则是多方面的。职业生涯规划也是如此，因此，为了及时调整职业生涯规划，大学生就需要对其进行准确评估。

　　实践是检验真理的唯一标准。在这一节中，我们主要基于大学生这个身份对职业生涯规划评估内容进行讲解。

　　在实施职业生涯规划的过程当中，无论是外部环境中的社会环境、行业环境，还是个人因素中的兴趣、价值观等都会变化，有许多变化我们无法事先预测，因此大学生要对自身的职业生涯规划不断进行评估与调整，通过修订职业生涯规划的目标来确保职业生涯规划的可行性，从而实现设定的目标。

一　职业生涯规划评估的内容

　　职业生涯规划评估是指用一套客观的方法或措施去检测一个人在职业生涯中的发展状况和行为表现等。这就需要我们在实践过程当中，根据主客观情况的变化来进行评估与修订，并且要运用科学系统的评估方法来认识自我的发展状况，评估方式的理性客观与否决定着整个职业生涯的发展质量。

　　职业生涯规划评估一般围绕以下 4 点进行。

1. 对职业生涯规划目标的评估

大学生对职业生涯规划目标的评估，也就是要思考是否需要更改个人的职业生涯规划目标。如果大学生一直无法找到和自己目标职业相关的社会实践活动，没能获得所希望的机会，或在社会实践活动过程当中发现自己一直无法适应或胜任该职业，不仅不能得到相应的发展，反而导致了自身的压抑与痛苦，那么就应该考虑更换或调整所设定的职业生涯规划目标，使其更符合自身成长。

2. 对职业生涯规划前景的评估

大学生对职业生涯规划前景的评估，指的是要思考是否需要调整自身职业发展的方向。当原先规划的职业前景随着社会环境的变化而变得不太明朗时，或是大学生在社会实践活动过程中找到了更适合自己发展的职业方向时，就应当考虑是否对职业方向进行调整。

3. 对职业生涯规划实施方法的评估

大学生对职业生涯规划实施方法的评估，指的是要思考是否需要改变达成目标的行动方法。如果大学生发现自己的目标达成方法在实施过程中有难度或阶段目标设置不合理，或现实中客观因素的变化导致不得不修改职业方向时，就需要相应地修改职业生涯规划实施方法。

4. 对其他因素的评估

大学生对其他因素的评估，指的是需要对家庭情况、身体健康状况、意外突发事件等做出及时的评估，如发现家庭需要投入更多的精力去经营照顾，就要在家庭和工作之间做出权衡；又如，身体健康状况不大好，则不得不降低自己的职业目标和要求。

二、职业生涯规划评估的方法

大学生要对职业生涯规划进行客观理性的评估，就需要运用正确科学的评估方法。不管是自我评估、他人评估还是过程与结果评估、内外部评估，都是为了判断自己与现实环境、职业目标的兼容性，并找出其中的差距。

管理学中有一个著名的木桶理论，又称短板效应，指的是一个木桶的容量大小，不取决于最长的那块木板长度，而取决于最短的那块木板长度。这启发大学生在进行职业生涯规划评估时，需要找准突破方向，评估出自己最弱的环节，从而找准自身与现实的差距，只有这样才能更有针对性地进行调整。常见的职业生涯规划评估方法有对比反思法、交流反馈法和分析总结法。接下来对这 3 种方法进行介绍。

1. 对比反思法

对比反思法指的是在规划职业生涯的过程中，大学生要善于思考和向他人学习。

每个人都有自己不同的职业生涯规划方法，大学生要学会对他人的职业生涯规划进行分析，吸取有用的，再对自己的职业生涯规划进行反思，看是否存在他人在做职业生涯规划时出现的问题，有则改之。

在开展职业生涯规划实施的过程中，大学生也需要对自身职业生涯规划进行不断的反思，如职业生涯规划中的某些计划按时完成了没有？通过实践活动有没有收获？与预期效果的差距是什么？为什么会产生这些差距？这些都是需要大学生不断自问的问题，再根据答案和客观事实对自身职业生涯规划进行调整与修改。

2. 交流反馈法

交流反馈法又称为 360 度反馈方法。这套评估方法是由英特尔公司率先提出并实施的。在这套评估方法中，评估者包括所有与被评估者有密切接触的人，也就是说，评估者的上司、同事、下属、客户和自己都需要参与到整个评估中来，被评估者通过评估者对自己职业生涯规划的评估反馈意见，来对自己的职业生涯规划进行修改。作为大学生，交流反馈法的评估者应该包括学校、老师、同学、朋友和自己，其中，最重要的是需要做好来自同学和朋友的评估，以及自我剖析评估。

（1）同学和朋友的评估。同学和朋友是个人在大学生活中相处时间最长的人，不同的同学和朋友给出的评估各不相同，这有助于大学生集思广益，更清楚地发现自身的优势和不足，从而对职业生涯规划加以完善。

（2）自我剖析。自我剖析是对自我进行反思总结，这是一种充分发挥个人主观能动性的过程，可以使自我剖析成为自我认识、自我完善的有效手段，并在不断自我剖析和完善中对职业生涯规划做出相应的调整。

3. 分析总结法

分析总结法指大学生对自己职业生涯规划分类别地进行分析。该方法可以借用表 9-1 所示的表格来完成。

表 9-1　分析职业生涯规划的评估方案

类　　别	分　析　问　题
分析基准	（1）我的人生价值观是否发生了变化？
	（2）外部环境是否发生了变化？
	（3）我目前遇到的最大问题是什么？
	（4）我在实践过程当中发现了自己的哪些不足？
目标与标准	（1）我现在处在职业生涯的哪个阶段，这个阶段的特点是什么？
	（2）我先前制订的职业生涯规划目标是否可行？有没有其他更佳的目标出现？
	（3）如何判断自己是否成功？

续表

类　别	分 析 问 题
生涯策略	（1）我是否需要调整职业生涯规划的实施策略？
	（2）我对相应职业能力的获取和吸收能力如何？
	（3）我在职业目标的角色转变方面存在什么问题？
	（4）对我而言，现在还有什么问题是暂时无法解决的？
生涯行动计划	（1）我的目标达成计划是否合理？
	（2）我的目标达成需要哪些人的帮助？
	（3）我在达成目标的过程中最大的障碍是什么？
生涯考核	（1）在目前职业生涯规划开展的过程中，我有哪些做得好，哪些做得不够好？
	（2）我现在最欠缺的是什么？是知识水平、技能，还是人脉？
	（3）我应该如何应用我所学到的知识和技能？
	（4）我现在应该立刻去做的是什么？应该停止做什么？
生涯修正	（1）我是否需要重新选择职业方向？
	（2）我是否需要重新调整职业生涯规划目标的实施线路？
	（3）我是否需要更换人生目标？
	（4）我是否有其他需要更正的方面？

大学生通过对自己进行系统的分析，能够认识和思考自己的职业生涯规划存在的问题，只有在分析出问题后，才能进一步地去解决，从而完善职业生涯规划。

校企联合职业生涯规划大赛，助力大学生职业生涯规划

为普及大学生职业生涯规划理念，引导大学生树立正确的就业观和职业生涯规划意识，在2020年4月，中建四局六公司和苏州科技大学联合举办了"精诚杯"职业生涯规划大赛。这届大赛已经是苏州科技大学举办的第十五届大学生职业生涯规划大赛了。

经过激烈角逐，最终有15名选手进入决赛。决赛评选包括文字作品评审和现场陈述及问答两个环节，现场评委按照评分标准对参赛选手进行现场评审，决出各奖项的获奖选手。

赛场上，参赛选手们现场积极展示各自的演示文稿，讲解自己的职业生涯规划书，同时从自我性格、职业兴趣、个人特质、环境影响等方面阐述自己的职业生涯规划，评委老师则从各方面对每一位选手进行点评。

主办方表示，通过本次比赛，参赛选手以既有的成就为基础，评估了个人目标与现状的差距，重新认识自身的价值，确立人生的方向。

点评：职业生涯规划大赛是一个优秀的大学生职业生涯规划评估平台。在大赛上，大学生可以向专业评委展示自己的职业生涯规划，获得专业意见，同时还能了解到其他参赛选手的职业生涯规划，并与其他参赛选手交流，进而与自己的职业生涯规划进行对照，互相促进。

三、职业生涯规划评估的作用

一个人的职业生涯不可能是一帆风顺的，规划也不是万能的。在实践过程中，必然存在各种问题或不适应。职业生涯规划评估与实践是相辅相成的，在实践时产生的问题能够帮助大学生更好地评估与修改职业生涯规划，而评估与修改职业生涯规划能够帮助大学生更好地规避更多问题。

1. 能够让大学生更加全面地认识自我

评估是一个不断深化认识自我的过程，它能使大学生在成长过程中不断正确而全面地认识自己。随着大学生心智的不断成熟和阅历的不断丰富，以及兴趣、价值观的变化，原本的自我认识已经具有滞后性，进行职业生涯规划评估能让大学生进一步认识自己。同时，大学生在评估的过程中能够更加清楚地看到自身的优势与劣势，对自己认知的不断丰富能带来自身潜能的激发。因此，大学生要及时在各个阶段对自己进行职业生涯规划评估，明确自己在不同阶段的发展方向和目标，明确需要自己进一步加强的知识、技能和能力，从而激发自身潜力，不断成长，增大个人职业生涯成功的概率。

2. 能够抓住职业生涯发展中的重点

由于职业生涯规划评估是一个全方位的评估，不仅只是对自身进行评估，还要对整个职业生涯发展过程中的方方面面进行分析，因此它能够帮助大学生科学客观地分析职业生涯中出现的问题，让大学生在职业生涯发展的各个阶段趋利避害，找到每个阶段应该完成的重点内容，激发工作动力与潜力，促使大学生有顺序、有条理地实现规划内容，以最佳的状态来成功地发展职业生涯，并更上一层楼。

3. 能够调整职业发展的方向与目标

在社会实践活动中对自身职业生涯规划进行评估，能使大学生深刻了解和认识自己。大学生在开始制订职业生涯规划时，就要对自己有充分的认识。然而一切事物都是变化发展的，大学生应该通过不断自我评估来不断地认识自己，完善对自己的认知，从而对职业生涯的方向与目标进行相应的调整。只有这样，大学生才能做出最适合自己的职业生涯规划，为自己职业生涯的成功奠定基础。

4．有助于落实职业生涯发展过程中的具体措施

大学生制订了职业生涯规划后，还需要采取具体的措施去实现职业生涯规划的目标。大学生通过对所采取的措施进行评估，可以对自身起到监督、提醒的作用，有助于改进方式方法，用最优的方式去达成职业目标。

四　评估结果与规划目标存在偏差的原因

在对职业生涯规划进行评估后，大学生往往会发现评估的结果与规划的目标之间有一定的差距，这种差距主要是由以下几个方面的原因造成的。

1．目标设置不合理

有的大学生把目标设置得过高或者过低。当目标过高、超出自己的能力时，再努力也没有用，反而会伤害自己的自信心；当目标设置得过低时，自己不需要过多努力就能实现，这样的目标是没有价值的，无法提升自己的能力。

2．目标实施方案不合理

目标实施方案的不合理，往往会导致目标无法实现，更甚者会出现南辕北辙的状况。例如，将职业目标设置为要成为高级工程师，可是在目标实施方案里并没有提及具体实施内容。

3．目标执行力度不够

在目标设置和实施方案都合理的情况下，大学生由于自身的执行力度达不到，也会造成结果与目标之间的差距。例如，员工按照公司提供的职业发展线路，努力工作、稳步提升，可以在两年之内晋升，但由于自己懒散，工作能力没有得到稳步提升，就达不到晋升要求。

4．外部环境限制

大学生或许是在制订职业生涯规划的时候对外部环境的认识不到位，或许是外部环境发生了剧烈变化，或许是外部环境的发展与自己的预计有较大落差，导致职业生涯规划无法实施。例如，国家于2017年宣布取消会计从业资格证，如果大学生本来计划考取这一证书，此时自然就无法实施。

5．自身出现变化

随着时间的流逝和个人工作经历的增长，大学生个人的想法可能也会发生变化，使原有职业生涯规划无法继续实施。例如，在年轻时，大学生可能更偏好冒险性的工作，而在年纪增长后，则倾向于稳定的工作。除此之外，家庭的变故、婚恋关系、个人健康因素等都可能导致职业生涯规划出现偏差，无法继续。

6．看到了更好的机会

有的大学生可能在就业后发现了更好的机会，于是舍弃了原本的职业生涯规划目标，导致职业生涯发展偏离规划。

评估与调整职业生涯从而踏上创业致富之路

小强以优异的成绩考上了大学，学的是生物学专业。小强对学术研究很感兴趣，对自己的职业生涯规划是留在科研机构做生物学方面的科研工作。毕业后，小强积极准备考研，打算在生物学方面深造。

可在这时，小强听到了一个噩耗，他的爸爸病倒了，虽然没有生命危险，但用尽了家里的积蓄，后续还需要有人照料。这样，家庭的重担一下子就压在了小强的身上。小强现在面临两个选择：一是继续按照自己的职业生涯规划前进，可是这样做无法照顾生病的父亲；二是回乡发展，在工作的同时还能兼顾对家人的照顾。

在反复思考过后，小强利用自己的学科知识，在乡政府申请了一笔创业贷款，在村子里大搞生物农业，这样不仅能照顾生病的父亲，承担起家庭的责任和重担，而且能从事自己感兴趣的职业，并且能利用自己所学知识带领村子共同致富，可谓一举多得。

点评：小强本来有一个规划好的职业生涯发展道路，可是在实施过程中，家庭遭遇了变故，因此小强对职业生涯规划进行了评估，最后做出了调整。我们在进行职业生涯规划的过程中会遇到各种各样的问题，及时地评估与调整是确保职业生涯良好发展的必要手段。

第三节　职业生涯规划的修正

课堂活动

活动主题：修正学习计划。

活动内容：在上一节课堂活动中，同学们评估了自己的学习计划。现在，请大家根据自己的评估结果修正学习计划，使学习计划更符合现实情况和日后学习的需要。

评估和修正是一个连续的行为。我们对职业生涯规划进行了评估后，若有必要，需要对其进行修正。对职业生涯规划的修正包括对职业生涯规划目标的修正、对职业生涯实施策略的修正和对阶段目标的修正等。但是，这并不意味着我们在每次评估过后都要对目标和方向进行改动，"无志者常立志，有志者立长志"，对职业生涯规划进行评估与修正，是为了帮助我们更好地去实现职业生涯目标，而不是为了修改去评估，切记莫本末倒置。

一　修正职业生涯规划的目的

对职业生涯规划进行的修正，包括对职业生涯规划目标的修正、对职业生涯实施策略的修正和对阶段目标的修正等。对大学生而言，对职业生涯规划进行修正，通常是为了达到以下 4 个目的。

（1）清楚自己的优势。在进行职业生涯规划修正的过程中，大学生应该清楚自己所具备的优势和强项，并对自己所具有的优势充满自信。

（2）了解自己的不足。找到自己的不足之处，了解自己还有哪些方面值得改进，还有哪些方面需要进一步提升。

（3）找出重点需要改进的地方。需要重点改进的地方是大学生进行职业生涯规划修正的关键部分。大学生只有对需要重点改进的地方有一个正确的认识，才能优化职业生涯规划。

（4）做出具体改进计划。既然找出了职业生涯规划中需要修正的地方，就需要拿出具体的改进方案和措施。方案和措施的制订要科学合理，从实际出发，确保通过一定的努力可以实现，具有可行性。

二　修正职业生涯规划应遵循的原则

合理修正能够使职业生涯规划贴近现实，助力大学生职业发展，而不合理修正只会适得其反。大学生需要注意，在进行职业生涯规划修正时需要遵循以下原则，保证修正的合理性。

1. 目标导向原则

在进行职业生涯规划修正时，大学生同样需要遵循目标导向原则，目标是职业生涯规划的核心，规划中的具体内容都应紧紧围绕目标展开。

2. 人职匹配原则

不同职业都对从业者应具备的个体职业特质有一定要求。若从业者不具备该职业素质或难以培养出该职业素质，则不适合从事该职业。因此，大学生在调整职业生涯规划时，应注意职业与个人的匹配性，尽量做到人与职位的匹配。

3. 需求导向原则

职业目标应建立在个人需求之上。随着个人进入不同的发展阶段，其需求也不尽相同。例如，有的人逐渐看重家庭，不打算从事需要经常出差的工作；有的人则以事业为重，更加看重职位发展空间；有的人注重经济条件，看重职位能提供的薪酬待遇等，因此职业规划也应根据个人需求的变化进行调整，以满足个人实际所需。

4．人尽其才原则

人尽其才是人职匹配的最高境界，代表个人能力在该职位上的充分发挥，这有利于个人潜能的激发和最终价值的实现，也有利于企业经济效益的提升，不管对企业还是个人都是非常有利的。

三　修正职业生涯规划需要考虑的因素

修正职业生涯规划，主要是从外部和内部因素进行考虑，前者主要为外部环境因素，后者则指大学生的自身实际情况。在这基础上，大学生再根据个人需要，结合更多因素进行考虑。

1．考虑外部环境因素

外部环境因素包括社会环境、行业环境、职业环境、学校环境和家庭环境。例如，国家政策变动，可能导致某一行业兴盛或衰落；某项科技突破，可能会导致市场的巨大变化等。

事实上，外部环境一直处于不断变化的过程中，大学生需要从宏观的角度来认识和把握这些变化，顺应外部变化，修正自己的职业生涯规划。同时，由于外部环境的变化并非个人能力所能改变的，因此大学生需要努力地适应这些变化，而不能"逆时而动"。

2．考虑自身实际情况

大学生在修正职业生涯规划时，不要脱离现实，不要想当然地给自己制订一个实际上实现很渺茫的目标，而要充分结合个人的实践实习经历、学历、家庭背景、兴趣爱好和价值观念等。同时，大学生也应对自己有更正确的认识，不断地完善自己。

通过对这两类因素的综合考虑，大学生可以确定职业生涯规划调整的策略，并能够在不断变化的社会环境中顺利地实现目标。

职业生涯规划修正是大学生职业生涯发展的必经之路，但并不是每一次职业生涯规划评估之后都要进行修正，大学生应根据评估结果选择修正与否。

 # 第四节　拓展阅读——企业内职业生涯管理中的角色定位

一个人进入企业，融入社会，其职业生涯规划既是个人的事情，又是企业的事情。在一家企业中，职业生涯规划是一项全员参与的活动，需要调动员工、管理者、企业的主动性，才有可能成功实现职业生涯规划目标。

在企业内进行员工职业生涯规划的过程中，员工、管理者、企业都扮演不同角色，

承担不同的责任。

1. 员工

企业对员工进行的职业生涯规划，也是员工对自己人生的规划和设计，但是这种职业生涯规划局限于该企业内。企业在开展员工职业生涯规划的过程中，应该让员工承担哪些责任？员工在其中又扮演什么样的角色呢？

总体来说，作为员工，在职业生涯规划中要做到如下6点。

（1）初步了解职业生涯规划的理论知识，明确当前自己所处的职业生涯阶段，以及后续可能的发展方向。这是员工对自身的一个定位，以及对自身未来的期许，是职业生涯规划的开始，也是重点。

（2）在企业工作中展现出良好的工作状态并且有较好的工作绩效。这样，员工才会在公司中有进一步发展。

（3）主动与上司、同事、客户等与自己工作密切相关的人交流，认识到自己在工作中的优势及不足。

（4）主动了解公司内部有哪些培训和学习活动，通过自我评估，确定自己在哪方面需要提升，以助力职业发展。

（5）和人力资源部的管理者、自己的上司开展有关职业生涯规划的面谈，让他们知道你的目标。

（6）与来自公司内外不同的群体进行接触，如一些专业协会、项目小组等，一方面可以进一步收集更多的信息，另一方面也可以在学习中提高自己的能力。

2. 管理者

管理者在职业生涯规划的过程中扮演的角色相当重要。在大多数情况下，员工会从管理者处得到有关职业生涯发展的相关信息和建议。这里的管理者很多时候由员工的上司担任，也可以由人力资源部门的人担任。在职业生涯的不同阶段，管理者承担了教练、评估者、顾问和推荐人等角色。

（1）教练，指管理者在工作中及时发现员工出现的问题，如工作松懈、绩效下降、对工作有不满的情绪等。发现这些问题后，管理者应与员工进行面谈，倾听员工面临的问题，根据员工的诉求及现实的客观分析来确定员工的需求，并加以界定。

（2）评估者，指管理者针对员工的职业生涯规划做出反馈。职业生涯规划的目标在于激励员工提高绩效，因此，需要管理者明确公司的标准、需求、工作职责，从而使工的职业生涯目标沿着公司的目标轨迹前进。

（3）顾问，指管理者能够向员工提供不同的职业生涯选择，帮助员工设定自己的职业生涯目标，并提供理论和实践方面的建议等。

（4）推荐人，指管理者向员工推荐其他方面的职业生涯规划资源，如公司内部培训、外部业务研讨会等；还要向员工反馈有关职业生涯规划情况，适时向员工推荐不同的学习和提升机会。

3. 企业

在企业内开展员工职业生涯规划，企业既是策划者又是监督者，除了做好咨询、帮助和信息支持，还应从制度上给予保证。总体来说，企业在员工职业生涯规划中要做好两方面的事情。

（1）设立相应的部门，负责与职业生涯相关的职能和工作，承担员工职业生涯规划的系统设计工作。这是实施员工职业生涯规划的基础。

（2）授予人力资源部门相关权力，使其承担起相关的责任。例如，在招聘系统中，为目前岗位与职业目标不很匹配的员工设立内部选拔机制，企业内部满足条件的员工优先填补职位空缺，帮助员工在本企业内部寻找到更适合自己发展的岗位等。

> **案例启发**
>
> 职业生涯规划虽然是个人的事情，但是如果能够得到外部的帮助，则更有利于使职业生涯规划和外部环境紧密结合。在校内，大学生可以向老师和学校寻求帮助。就业后，大学生可以和企业共同管理自己的职业生涯规划，将自己的目标与企业的利益结合起来，助力职业生涯的发展。

第五节 自我评估

以下测试能够帮助大学生了解自己的职业状况，并帮助大学生合理评估自己的职业生涯规划。

 职业状况测试

〖测试说明〗

以下共有 10 道题，每道题有 4 个选项，请为每道题选择一个你认为最合适的选项。

注意：本测试结果仅供参考，不代表最终结论。

1. 现在的工作符合你的职业生涯规划吗？（ ）

A. 完全符合　　B. 岗位符合　　　　C. 行业符合　　　　D. 都不符合

2. 你在目前这份工作中获得了（ ）成长。

A. 超过计划的　　　　　　　　B. 符合计划的

C. 不太显著的　　　　　　　　D. 没有

3. 你现在的收入与你之前的计划相比（ ）。

A. 超过　　　　B. 基本符合　　　　C. 略低于　　　　D. 无法接受的低

4．对于现在这份工作，你还像你入职时感到有益或有趣吗？（　）

A．完全如此　　　B．基本如此　　　　C．并非如此　　　　D．从未如此

5．目前这份工作能够为你之后的发展提供怎样的帮助？（　）

A．是我日后发展的绝佳平台　　　　B．是我日后发展的有益积累

C．仅仅是糊口而已　　　　　　　　D．对我日后的发展有害

6．你如果离开这份工作，你的下一份工作将会是（　）。

A．与这份工作同行业的高级职位　　B．其他行业类似岗位的高级职位

C．行业内其他公司的同等职位　　　D．不会选择同行业或同类职位

7．你的晋升状况是（　）。

A．已在计划中，最近几年就可晋升　B．刚刚晋升不久，还需积累

C．或许需要通过跳槽寻求晋升　　　D．短期内无晋升机会

8．在这份工作中，你认为你的付出和回报对等吗？（　）

A．我的付出得到了合理的回报　　　B．回报不多，但我获得了宝贵的工作经验

C．回报不足，以至于不愿意继续付出　D．回报远低于付出但没有对策

9．你自认为自己失业的风险是（　）。

A．没有风险　　　B．风险很低　　　C．有一定风险　　　D．岌岌可危

10．你认为你的工作表现（　）。

A．我是精英　　　B．我是中坚　　　C．我处在中游　　　D．表现不佳

〖测试分析〗

对于以上10道题的答案，选"A"的记4分；选"B"的记3分；选"C"的记2分，选"D"的记1分。将10道题的分数相加，计算你的总分。

总分达到28分及以上，说明你的职业状况非常好，你的职业发展令你满意，如果外部环境没有重大变化，你不太需要主动调整自己的职业生涯规划。

总分在20～27分，说明你的职业境遇尚可，但是你可能隐隐有些不满足或者危机感。对此，你需要仔细审视自己所处的环境，对自己的职业生涯规划进行适当的调整。

总分在12～19分，说明你的职业发展状况无法令自己满意，你有明显的不满、焦虑或者担忧。你需要全面地、客观地审视自己，同时根据内外部环境修正自己的职业生涯规划。如果有条件，你应该咨询职业规划师。

总分在12分以下，说明你的职业境遇很糟糕，你可能已经做好了离职的准备，但辞职后的境遇可能并不能让你满意。你应该尽快向专业的职业规划师求助，并且考虑重新进行职业生涯规划。

第六节　思考与练习

1. 有的大学生表示："与其不断评估和修正职业生涯规划，还不如再制订一个新规划。"这种观点是否合理，为什么？

2. 请同学们讨论并思考：职业生涯规划中的某一个目标一直没能达到，每次又好像就差一点，面对这种情况我们该如何处理？

3. 俗话说"计划赶不上变化"，在各种内外部因素的影响下，提前制订的计划很可能会落空。请同学们讨论并分享：为什么会出现这样的问题，又该如何避免这样的问题？

4. 你是否评估过你的职业生涯规划，你的职业生涯规划与客观实际之间是否存在差距？你又是如何进行修正的？根据你对上述问题的思考，完成表 9-2。

表 9-2　评估与修正表

阶段目标 （预计结果）	实施结果	评估差距	差距原因	修正措施

5. 阅读以下材料，回答问题。

季方在读高中的时候成绩不错，但高考失误让他与本科院校擦肩而过。进入专科院校学习后，他一蹶不振，旷课对他而言是家常便饭。

进入大学三年级后，眼看秋招在即，季方也和大部分同学一样，开始积极求职。他也为自己规划了一个美好的未来，但由于自己的专业知识水平和实践技能都难以达到企业的要求，他没能找到一份满意的工作。

毕业后，为了谋生，季方选择进入一家工厂工作。工厂流水线的工作简单而枯燥，每天都是日复一日的重复性劳动，让季方一下班就只想睡觉，他对这份工作并不感兴趣，想要换一份工作。但是经历了之前求职的挫败，他已经没有精力，也没有热情再重新评估自己的兴趣和能力，调整自己的职业生涯规划了。目前，季方仍然在工厂工作，他感觉自己每一天的生活都是前一天的重复，自己已经适应了工厂的生活，虽然心有不甘，但也没有改变的动力了。

（1）季方为什么没能够及时评估和修正自己的职业生涯规划？

（2）你如何评价季方的职业生涯规划管理？如果你是季方，你会如何修正自己的职业生涯规划？

参考文献

［1］马林. 关于探索青年员工职业生涯规划管理的思考 [J]. 社会科学前沿，2021.

［2］周丹. 新形势下企业员工职业生涯规划建设的探索 [J]. 财经界，2013.

［3］唱新，李洪臣. 新员工职业生涯规划与管理模式探析 [J]. 人力资源管理，2014.

［4］龙泳奎. 对新进青年员工职业生涯规划的思考 [J]. 中外企业家，2015.

［5］赵玉娟，尚爱凤. 青年员工职业生涯规划的实践研究 [J]. 现代经济信息.

［6］刘洁. 浅谈员工职业生涯规划与设计 [J]. 时代经贸，2013.

［7］高瑞翔，王珂瑜，张彦，等. 基于学科素养培养的职业情境实践教育理论——我国职业生涯规划教育新视角 [J]. 教育进展，2021.

［8］袁庆红. 职业生涯管理 [M]. 北京：科学出版社，2009.

［9］教育部考试中心. 中国高考评价体系说明 [M]. 北京：人民教育出版社，2019.

［10］张华. 论核心素养的内涵 [J]. 全球教育展望，2016，45(4)：10-24.

［11］莫雷. 学习过程与机制研究——我国学习双机制理论与实验 [M]. 北京：经济科学出版社，2012.

［12］赵慧娟. 大学生职业生涯规划 [M]. 北京：北京大学出版社，2014.

［13］朱爱胜，鲁鸿志. 大学生职业生涯规划 [M]. 北京：机械工业出版社，2015.

［14］刘万韬，那菊华，等. 大学生职业生涯规划 [M]. 西安：西安电子科技大学出版社，2015.

［15］陈传德. 大学生职业发展与就业指导 [M]. 北京：人民出版社，2008.

［16］李成森，单庆新. 职业生涯规划原理与实务 [M]. 2 版. 大连：东北财经大学出版社，2011.

［17］金国砥. 职业与就业指导——迈好职业生涯的第一步 [M]. 北京：清华大学出版社，2010.

［18］李家宏，韩咏梅. 大学生职业生涯发展与规划 [M]. 长春：吉林人民出版社，2011.

［19］张艳. 大学生职业指导实训手册 [M]. 北京：高等教育出版社，2008.

［20］谢宝国，李冬梅. 大学生涯规划与职业发展 [M]. 北京：电子工业出版社，2011.

［21］周文霞. 职业生涯管理 [M]. 上海：复旦大学出版社，2006.

［22］施恩. 职业的有效管理［M］. 北京：生活·读书·新知三联书店，1992.

［23］龙立荣. 职业生涯管理的结构及其关系研究［M］. 武汉：华中师范大学出版社，2002.

［24］高桥，葛海燕. 大学生涯与职业规划［M］. 北京：清华大学出版社，2007.

［25］罗明辉，龙健飞. 大学毕业生就业指南［M］. 武汉：华中师范大学出版社，2005.

［26］朱应举. 完善大学生职业生涯规划的建议［J］. 决策探索（下半月），2014（3）.

［27］李璞，杨德祥. 提升大学生就业竞争力的培养体系研究［J］. 东南大学学报（哲学社会科学版），2010（2）.

［28］李冰封. 自我认识与大学生职业生涯规划［J］. 西南科技大学高教研究，2011（3）.

［29］丁萍芳. 论大学生团队精神现状及其培养途径［J］. 武汉商业服务学院学报，2010（5）.

［30］杨元超. 大学生如何建立正确的就业观［J］. 佳木斯职业学院学报，2015（11）.

［31］周瑜弘. 试谈大学生职业生涯规划的反馈修正与调整［J］. 现代农业科学，2008（6）.